Das Recht der Kriegsgefangenen in modernen bewaffneten Konflikten

SCHRIFTEN
zum internationalen und zum öffentlichen RECHT

Herausgegeben von Gilbert Gornig

Band 108

Zu Qualitätssicherung und Peer Review der vorliegenden Publikation

Die Qualität der in dieser Reihe erscheinenden Arbeiten wird vor der Publikation durch den Herausgeber der Reihe geprüft.

Notes on the quality assurance and peer re-view of this publication

Prior to publication, the quality of the work published in this series is reviewed by the editor of the series.

Jörg Sommer

Das Recht der Kriegsgefangenen in modernen bewaffneten Konflikten

PL ACADEMIC RESEARCH

Bibliografische Information der Deutschen Nationalbibliothek
Die Deutsche Nationalbibliothek verzeichnet diese Publikation in der DeutschenNationalbibliografie; detaillierte bibliografische Daten sind im Internet über http://dnb.d-nb.de abrufbar.

Zugl.: Marburg, Univ., Diss. 2012

Gedruckt auf alterungsbeständigem,
säurefreiem Papier.

D 4
ISSN 0943-173X
ISBN 978-3-631-64115-6 (Print)
E-ISBN 978-3-653-02819-5 (E-Book)
DOI 10.3726/978-3-653-02819-5

PL Academic Research ist ein Imprint der Peter Lang GmbH.
Peter Lang – Frankfurt am Main · Bern · Bruxelles · New York · Oxford · Warszawa · Wien

www.peterlang.de

Meinen Eltern

Vorwort

Die vorliegende Arbeit habe ich dem Fachbereich Rechtswissenschaften der Philipps-Universität Marburg im Sommersemester 2012 als Dissertation vorgelegt. Seit dem Sommersemester 2002 habe ich meine Dissertation berufsbegleitend und neben dem Referendariat verfasst.

Ich danke Allen, die mich bei der Fertigstellung dieser Arbeit unterstützt haben.

Mein besonderer Dank für die Betreuung des Promotionsverfahrens gilt Prof. Dr. Dr. h.c. mult. Gilbert Gornig, der mich dazu ermutigt hat, diese Dissertation zu verfassen, mich mit gutem Rat immer unterstützt und mir die für die Auseinandersetzung mit dem Recht der Kriegsgefangenen willkommene wissenschaftliche Freiheit ermöglicht hat. Weiterhin danke ich für die Erstellung des Zweitgutachtens Prof. Dr. Christoph Safferling LL.M (LSE).

Herzlich danke ich meinen Eltern Christa und Siegfried Sommer, die mir mit ihrer Unterstützung mein Studium und die Anfertigung dieser Arbeit erst ermöglicht haben. Ein großes Dankeschön gilt meiner Ehefrau Dr. Julika Sommer, die mich für die Fertigstellung der Dissertation motiviert, sich kritisch mit mir über das Thema der Arbeit ausgetauscht und bei der formalen Überarbeitung der Dissertation geholfen hat. Vornehmlich danke ich auch meinem Kameraden Stefan Exner, der als Germanist das Manuskript dieser Arbeit korrekturgelesen und mit hilfreichen Denkanstößen versehen hat.

Inhaltsverzeichnis

Literaturverzeichnis XV

Abkürzungsverzeichnis XXV

Einleitung 1

Kapitel 1
Geschichte des Kriegsgefangenenrechts 3
I. Altertum 3
 1. Alter Orient 4
 2. Griechische Antike 4
 3. Römische Antike 6
II. Mittelalter 10
 1. Kreuzzüge 10
 2. Christliches Abendland 12
III. Neuzeit bis 1785 15
 1. Begründung der modernen Völkerrechtslehre 16
 2. Autoren 18
  a) Balthasar de Ayala (1548-1584) 18
  b) Alberico Gentili (1552-1608) 19
  c) Hugo Grotius (1583-1645) 20
  d) Emer de Vattel (1714-1767) 21
 3. Austauschverträge und Lösegeldvereinbarungen 23
 4. Aufklärung 24
IV. Neuzeit ab 1785 25
 1. Preußisch-amerikanischer Freundschafts- und Handelsvertrag von 1785 26
 2. Lieber-Code von 1863 28
 3. Erste internationale Rotkreuzkonvention von 1864 (Erstes Genfer Abkommen) 30
 4. Brüsseler Konferenz von 1874 31
 5. Manuel D'Oxford von 1880 33
 6. Haager Friedenskonferenzen von 1899 und 1907 33

V. Erster Weltkrieg ... 35
VI. Zwischen den Weltkriegen ... 37
VII. Zweiter Weltkrieg ... 39
VIII. 1945 bis heute ... 40
1. III. Genfer Abkommen über die Behandlung von Kriegsgefangenen von 1949 ... 41
2. Zusatzprotokolle I und II zu den Genfer Konventionen ... 43

Kapitel 2
Rechtsquellen und Bestand des heutigen Kriegsgefangenenrechts ... 45
I. Kriegsgefangenenrecht als Völkervertragsrecht ... 45
1. Haager Recht ... 45
2. Kriegsgefangenenkonvention von 1929 ... 47
3. System der vier Genfer Konventionen von 1949 ... 48
4. Drittes Genfer Abkommen von 1949 ... 49
5. Zusatzprotokolle zu den Genfer Konventionen ... 50
6. Weitere anwendbare Abkommen (Schutz der Menschenrechte) ... 52
a) Internationaler Pakt über bürgerliche und politische Rechte ... 52
b) Europäische Menschenrechtskonvention ... 53
c) Amerikanische Menschenrechtskonvention ... 54
d) Afrikanische Charta der Menschenrechte und Rechte der Völker ... 55
7. Geltung des vertraglichen Kriegsgefangenenrechts ... 55
8. Beteiligtenklausel gemäß Art. 2 III GA III ... 56
II. Kriegsgefangenengewohnheitsrecht ... 57
III. Kriegsgefangenenrecht als zwingendes Völkerrecht (ius cogens) ... 63

Kapitel 3
Anwendungsbereich ... 67
I. Sachlicher Anwendungsbereich ... 67
1. Internationaler bewaffneter Konflikt ... 68
a) „Klassischer" völkerrechtlicher Kriegsbegriff ... 69
b) Materieller Kriegsbegriff/Bewaffneter internationaler Konflikt ... 72
c) Zusatzprotokoll I von 1977 ... 73
2. Kriegerische Besetzung (occupatio bellica) ... 76
3. Nicht-internationaler bewaffneter Konflikt ... 78
a) Begriff und Rechtsquellen ... 78
b) Status der Aufständischen ... 81
II. Personeller Anwendungsbereich des Kriegsgefangenenrechts ... 82

1. Grundprobleme der Trennung von Kombattanten und Zivilbevölkerung 84
2. Historische Entwicklung des Kombattantenstatus 89
   a) Germanischer Volkskrieg 89
   b) Stehendes Heer des antiken Rom 90
   c) Mittelalter und Ancien Regime 91
3. Kodifikationen des Kombattantenstatus 94
   a) Kombattantenstatus nach der HLKO 96
      aa) Streitkräfte 97
      bb) Nichtintegrierte Milizen und Freiwilligenkorps 99
      cc) Levée en masse 101
   b) Persönliche Anwendbarkeit nach der Kriegsgefangenenkonvention von 1929 104
   c) Persönliche Anwendbarkeit nach Art. 4 GA III 105
      aa) „die in Feindeshand gefallenen Personen“ 107
      bb) Mitglieder von Streitkräften, eingegliederten Milizen und Freiwilligenkorps, Art. 4 A Nr. 1 GA III 108
         (1) Kombattanten und Nichtkombattanten 108
         (2) Angehörigkeit zu einer Konfliktpartei 108
         (3) Streitkräfte 110
         (a) Konstitution und Legitimation durch die Staatsgewalt 111
            (b) Ständiger Kampf- und Verteidigungsauftrag 112
            (c) Staatlich eingesetzter Befehlshaber und hierarchische Struktur 113
            (d) Mindestmaß militärischer Disziplin zur Gewährleistung der Beachtung des Kriegsrechts .. 114
            (e) Kennzeichnung der Streitkräfte 114
            (f) Bewaffnete Staatsorgane außerhalb der regulären Streitkräfte 115
      cc) Mitglieder anderer Milizen und Freiwilligenkorps, Art. 4 A Nr. 2 GA III 116
         (1) Entstehung und Hintergrund 116
         (2) Zugehörigkeit zu einer Konfliktpartei 117
         (3) Aktionen auf besetztem Gebiet 119
         (4) Legalbedingungen des Art. 4 A Nr. 2 a) – d) GA III... 121
         (5) Kumulatives Vorliegen der Voraussetzungen des Art. 4 A Nr. 2 121
      dd) Mitglieder regulärer Streitkräfte einer von der Gewahrsamsmacht nicht anerkannten Konfliktpartei, Art. 4 A Nr. 3 123

ee) Ziviles Gefolge der Streitkräfte, Art. 4 A Nr. 4 GA III 125
ff) Besatzungen der Handelsschiffe und Zivilluftfahrzeuge, Art. 4 A Nr. 5 GA III 125
gg) Levée en masse, Art. 4 A Nr. 6 GA III 127
d) Zusatzprotokolle von 1977 128
aa) Zusatzprotokoll I 128
(1) Streitkräftedefinition gemäß Art. 43 Abs. 1 ZP I 129
(a) Organisation 129
(b) Verantwortliche Führung 129
(c) Internes Disziplinarsystem 130
(2) Mitteilung über die Eingliederung paramilitärischer Einheiten oder bewaffneter Vollzugsorgane gemäß Art. 43 Abs. 3 ZP I 130
(3) Kombattanten und Kriegsgefangene gemäß Art. 44 ZP I 131
(a) Einhaltung der Regeln des in bewaffneten Konflikten anwendbaren Völkerrechts gemäß Art. 44 Abs. 2 ZP I 131
(b) Pflicht zur Unterscheidung von der Zivilbevölkerung gemäß Art. 44 Abs. 3 Satz 1 ZP I 133
(c) Minimalbedingungen gemäß Art. 44 Abs. 3 Satz 2 ZP I 134
(4) Status der Spione gemäß Art. 46 ZP I 137
(5) Status der Söldner gemäß Art. 47 ZP I 140
bb) Zusatzprotokoll II 142
e) Entwicklung des personellen Anwendungsbereichs bis heute .. 142
III. Zeitlicher Anwendungsbereich 143
1. Allgemeines 143
2. Freilassungs- und Repatriierungspflicht 145
a) Beendigung der Feindseligkeiten 146
b) Heimschaffung während des Konflikts 148
c) Repatriierungspflicht gegen den Willen des Kriegsgefangenen 149
3. Flucht gemäß Art. 91 GA III 150
4. Todesfälle von Kriegsgefangenen 151
5. Freilassung auf Ehrenwort gemäß Art. 21 Abs. 2 und 3 GA III 152
6. Sondervereinbarungen gemäß Art. 6 Abs. 2 GA III 153
7. Verurteilte Kriegsgefangene gemäß Art. 108 und 85 GA III 154
8. Zurückhaltung von Kriegsgefangenen bei Anhängigkeit eines Strafverfahrens gemäß Art. 119 Abs. 5 GA III 155

9. Freilassung unter ungewöhnlichen Kampfbedingungen gemäß Art. 41 Abs. 3 ZP I 155
IV. Gerichtliche Feststellung des Status „Kriegsgefangener“ gemäß Art. 5 Abs. 2 GA III 156

Kapitel 4
Irreguläre oder unrechtmäßige Kombattanten 161
I. Guerilleros/Partisanen 162
1. Guerilla-/Partisanenkriegsführung 163
2. Status von Guerilleros und Partisanen 164
a) Organisation von Guerilla-/Partisanengruppen 165
b) Kennzeichnung von Guerilla-/Partisanengruppen 165
c) Offentragen der Waffen durch Guerilla-/Partisanengruppen 166
d) Einhaltung der Gesetze und Gebräuche des Krieges durch Guerilla / Partisanengruppen 167
3. Guerilla- und Partisanengruppen nach dem I. Zusatzprotokoll 167
4. Zwischenergebnis 169
II. Terroristen 170
1. Krieg gegen den Terrorismus 170
2. Status von Terroristen 173
3. Exkurs: Taliban-Streitkräfte 176
III. Private Militärunternehmen 177
1. Einsatz privater Militärunternehmen 178
2. Historische Entwicklung privater Militärunternehmen 181
3. Kein Söldner-Status für Angehörige privater Militärunternehmen 183
a) Anwerbung zu einem besonderen Konflikt 184
b) Unmittelbare Teilnahme an Kampfhandlungen 184
c) Materielle Vergütung 185
d) Keine Zugehörigkeit zu einer Konfliktpartei 185
e) Keine Angehörigkeit zu Streitkräften einer Konfliktpartei 187
f) Keine Entsendung in amtlichem Auftrag einer Konfliktpartei 188
4. Status der Angehörigen privater Militärunternehmen 188
5. Zwischenergebnis 192

Ergebnisse 193

Anhang
Instructions for the Government of Armies of the United States in the field „Lieber-Code“ (auszugsweise) 195

Literaturverzeichnis

Althoff, Gerd: Spielregeln der Politik im Mittelalter, Kommunikation in Frieden und Fehde, Darmstadt 1997

Ambos, Kai: Afghanistan-Einsatz der Bundeswehr und Völker(straf)recht, in: Neue Juristische Wochenschrift 2010, S. 1725 ff.

Baxter, Richard R.: So called „unprivileged belligerency": Spies, Guerrillas and Saboteurs, in: British Yearbook of International Law, Vol. 28 (1951), S. 323 ff.

Behnsen, Alexander: The Status of Mercenaries and Other Illegal Combatants Under International Humanitarian Law, in: German Yearbook of International Law, Vol. 46 (2003), S. 494 ff.

Bell, Johannes (Hrsg.): Völkerrecht im Weltkriege. Das Werk des Untersuchungsausschusses der Verfassungsgebenden Deutschen Nationalversammlung und des Deutschen Reichstages 1919-1928, Berlin 1927

Berber, Friedrich: Lehrbuch des Völkerrechts, Bd. 1, Allgemeines Friedensrecht, München 1960

Berber, Friedrich: Lehrbuch des Völkerrechts, Bd. 2, Kriegsrecht, 2. Auflage, München 1969

Bindschedler, Rudolf L.: Die Unterscheidung zwischen Zivilbevölkerung und bewaffneten Kräften – Ein Grundproblem des Kriegsrechts in der heutigen Zeit, in: Marcic, Rene / Mosler, Hermann / Suy, Eric / Zemanek, Karl (Hrsg.), Internationale Festschrift für Alfred Verdross zum 80. Geburtstag, München / Salzburg 1971, S. 55 ff.

Binz, Gerhard L.: Volksbewaffnung in kriegsvölkerrechtlicher Sicht, in: Wehrwissenschaftliche Rundschau, Bd. 13 (1963), S. 332 ff.

Bluntschli, Johann Caspar: Das moderne Völkerrecht der civilisirten Staaten, 2. Auflage, Nördlingen 1872

Boldt, Nicki: Outsourcing War – Private Military Companies and International Humanitarian Law, in: German Yearbook of International Law, Vol. 48 (2005), S. 502 ff.

Born, Wolf-Ruthart: Guerillakämpfer nach Artikel 43 und 44 des am 8. Juni 1977 verabschiedeten I. Zusatzprotokolls zu den Genfer Konventionen, in: Neue Zeitschrift für Wehrrecht, Bd. 21 (1979), S. 56 ff.

Botha, Christo: From mercenaries to private military companies, in: South African Yearbook of International Law, Vol. 24 (1999), S. 133 ff.

Bothe, Michael: Völkerrechtliche Aspekte des Angola-Koflikts, in: Zeitschrift für ausländisches öffentliches Recht und Völkerrecht, Bd. 37 (1977), S. 572 ff.

Bothe, Michael: Occupation Pacivic, in: Encyclopedia of Public International Law, Vol. 3 (1982), S. 67 ff.

Brandweiner, Heinrich: Das Partisanenproblem und die Genfer Konventionen vom 12. August 1949, in: Juristische Blätter, Heft 11 (1950), S. 261 ff.

Buß, Regina: Der Kombattantenstatus, Bochum 1992

Cardini, Franco: Der Krieger und der Ritter, in: Le Goff, Jacques (Hrsg.) Der Mensch des Mittelalters, 3. Auflage, Frankfurt am Main 1994

Cassese, Antonio: Mercenaries: Lawful Combatants or War Criminals?, in: Zeitschrift für ausländisches öffentliches Recht und Völkerrecht, Bd. 40 (1980), S. 1 ff.

Daniels, Emil: Das antike Kriegswesen, Leipzig 1920

Diener, Holger: Terrorismusdefinition im Völkerrecht, Berlin 2008

Dinstein, Yoram: Unlawful Combatancy, in: Israel Yearbook on Human Rights, Vol. 33 (2003), S. 247 ff.

Draper, G.I.A.D.: The Geneva Conventions of 1949, in: Academie de Droit International Recueil des Cours 1965 I, Leyden 1965

Draper, G.I.A.D.: The Status of Combatants and the Question of Guerilla Warfare, in: British Yearbook of International Law, Vol. 45 (1971), S. 173 ff.

Draper, G.I.A.D.: Combatant Status: An historical perspective, in: Revue de Droit Penal Militaire et de Droit de la Guerre, Vol. 11 (1972), S. 135 ff.

Ducrey, Pierre: Kriegsgefangene im antiken Griechenland, in: In der Hand des Feindes, Köln 1999, S. 63 ff.

Fischer, Horst: Der aktuelle Fall: Die Rückführung von marokkanischen Kriegsgefangenen in der Hand der Polisario, in: Humanitäres Völkerrecht, Heft 1 (1990), S. 14 ff.

Fischer, Horst: Neue Studien über „Der geplante Tod“ von James Bacque, in: Humanitäres Völkerrecht, Heft 3 (1991), S. 117 ff.

Fischer, Horst: Protection of Prisoners of War, in: Fleck, Dieter (Hrsg.), The Handbook of International Humanitarian Law, 2. Edition, Oxford/New York 2008, S. 367 ff.

Fischer, Horst: Schutz der Kriegsgefangenen, in: Fleck, Dieter (Hrsg.) Handbuch des humanitären Völkerrechts in bewaffneten Konflikten, München 1994, S. 260 ff.

Fleck, Dieter: Kriegslisten und Perfidieverbot, in: Fleck, Dieter (Hrsg.) Beiträge zur Weiterentwicklung des humanitären Völkerrechts für bewaffnete Konflikte, Hamburg 1973, S. 105 ff.

Fleischmann, Max: Völkerrechtsquellen, Halle a.S. 1905

Fleischmann, Max: Die preußisch-amerikanischen Verträge von 1785 und 1799 (1828), in: Zeitschrift für Völkerrecht, Bd. 9 (1916), S. 546 ff.

Forsythe, David P.: The 1974 Diplomatic Conference on Humanitarian Law: Some Observations, in: American Journal of International Law, Vol. 69 (1975), S. 77 ff.

Friedman, Leon: The Law of War – A Documentary History, Vol. 2, New York 1972

Fuhrmann, Horst: Einladung ins Mittelalter, München 1987

Garner, James G.: General Order 100 Revisited, in: Military Law Review, Vol. 27 (1965), S. 1 ff.

Gasser, Hans-Peter: Humanitäres Völkerrecht – Eine Einführung, Zürich 2008

Gasser, Hans-Peter: An Appeal for Ratification by the United States, in: American Journal of International Law, Vol. 81 (1987), S. 912 ff.

Gasser, Hans-Peter: Schutz der Zivilbevölkerung, in: Fleck, Dieter (Hrsg.) Handbuch des humanitären Völkerrechts in bewaffneten Konflikten, München 1994, S. 168 ff.

Gimmerthal, Michael: Kriegslist und Perfidieverbot im Zusatzprotokoll vom 10. Juni 1977 zu den vier Genfer Rotkreuz-Abkommen von 1949 (Zusatzprotokoll I), Bonn 1990

Götze, Andreas: Fragen der Anwendbarkeit des humanitären Völkerrechts unter besonderer Berücksichtigung der sogenannten Nationalen Befreiungskriege, Frankfurt am Main 2002

Goldman, Robert/Tittemore, Brian D.: Unprivileged Combatants and the Hostilities in Afghanistan: Their Status and Rights under International Humanitarian and Human Rights Law, The American Society of International Law, Task Force on Terrorism, abrufbar unter http://asil.org/Taskforce/goldman.pdf.

Gornig, Gilbert: Die Erweiterung des Geltungsbereichs des Humanitären Völkerrechts durch die Zusatzprotokolle zu den Genfer Konventionen, in: Revue de Droit Penal Militaire et de Droit de la Guerre, Vol. 27 (1988), S. 11 ff.

Greenwood, Christopher: Scope of Applications of Humanitarian Law, in: Fleck, Dieter (Ed.), The Handbook of International Humanitarian Law, New York 2008

Greenwood, Christopher: Geschichtliche Entwicklung und Rechtsgrundlagen, in: Fleck, Dieter (Hrsg.), Handbuch des humanitären Völkerrechts in bewaffneten Konflikten, München 1994

Greenwood, Christopher: Terrorism and Humanitarian Law – The Debate over Additional Protocol I, in: Israel Yearbook on Human Rights, Vol. 19 (1989), S. 187 ff.

Grewe, Wilhelm G.: Epochen der Völkerrechtsgeschichte, Baden-Baden 1984

Grob, Fritz: The Relativity of War and Peace, New Haven 1949
Groh, Franz: Die vier Genfer Abkommen zum Schutze der Opfer des Krieges vom 12.8.1949, Frankfurt am Main 1954
Groh, Franz: Das Recht der Kriegsgefangenen und Zivilpersonen nach den Genfer Konventionen vom 12.8.1949, Hamburg 1952
Grotius, Hugo: De iure belli ac pacis, Tübingen 1950
Günther, Gerhard: Deutsches Kriegertum im Wandel der Geschichte, Hamburg 1934
Hermann, Carl Hans: Deutsche Militärgeschichte – Eine Einführung, Frankfurt am Main 1966
Hess, Martin: Die Anwendbarkeit des humanitären Völkerrechts, insbesondere in gemischten Konflikten, Zürich 1985
Heydte, Friedrich August von der: Völkerrecht, Ein Lehrbuch, Bd. 2, Köln 1960
Hinz, Joachim: Das Kriegsgefangenenrecht unter besonderer Berücksichtigung seiner Entwicklung durch das Genfer Abkommen vom 12. August 1949, Berlin 1955
Holtzendorff, Franz von: Handbuch des Völkerrechts, Bd. 4, Die Staatsstreitigkeiten und ihre Entscheidung, Hamburg 1889
Horn, Lutz: Die Rechtsstellung von EG-Beobachtern im Jugoslawien-Konflikt, in: Humanitäres Völkerrecht 1992, S. 11 ff.
Horsmann, Gerhard: Die Massenversklavungen der Einwohner eroberter Städte in der hellenistisch-römischen Zeit, 2. Auflage, Stuttgart 1990
Ipsen, Knut: Kombattanten und Kriegsgefangene, in: Schöttler, Horst / Hoffmann, Bernd (Hrsg.) Die Genfer Zusatzprotokolle, Bonn 1993, S. 136 ff.
Ipsen, Knut: Kombattanten und Nichtkombattanten, in: Fleck, Dieter (Hrsg.) Handbuch des humanitären Völkerrechts in bewaffneten Konflikten, München 1994, S. 56 ff.
Ipsen, Knut: Völkerrecht 4. Auflage, München 1999
Ipsen, Knut: Combatants and Non-combatants, in: Fleck, Dieter (ed.), The Handbook of International Humanitarian Law, 2. Auflage, Oxford 2008
Jakovljevic, Bosko: Armed Conflict in Yugoslavia – Agreements in the Field of International Humanitarian Law and Practice –, in: Humanitäres Völkerrecht 1992, S. 108 ff.
Kadelbach, Stefan: Zwingende Normen des humanitären Völkerrechts, in: Humanitäres Völkerrecht 1992, S. 118 ff.
Kalshoven, Frits: The Position of Guerrilla Fighters under the Law of War, in: Revue de Droit Penal Militaire et de Droit de la Guerre, Vol. 11 (1972), S. 55 ff.
Keen, Maurice H.: The Laws of War in the Late Middle Ages, London 1965

Kessler, Birgit: Die Durchsetzung der Genfer Abkommen von 1949 in nicht-internationalen bewaffneten Konflikten auf Grundlage ihres gemeinsamen Art. 1, Berlin 2001

Kimminich, Otto: Guerilla Forces, in: Encyclopedia of Public International Law, Vol. 2 (1995), S. 639 ff.

Kirchenheim, Artur v.: Kombattanten, in: Hatschek, Julius (begr.)/Strupp, Karl (Hrsg.), Wörterbuch des Völkerrechts und der Diplomatie, Bd. I, Berlin 1924, S. 653 ff.

Kirchenheim, Artur v.: Kriegsgefangene, in: Hatschek, Julius (begr.)/Strupp, Karl (Hrsg.), Wörterbuch des Völkerrechts und der Diplomatie, Bd. 1, Berlin 1924, S. 743 ff.

Kirchenheim, Artur v.: Das Kriegsgefangenenrecht, in: Hatschek, Julius (begr.)/Strupp, Karl (Hrsg.), Wörterbuch des Völkerrechts und der Diplomatie, Bd. 3, Berlin 1929, S. 456 ff.

Knackstedt, Heinz: Miliz, in: Strupp, Karl (begr.)/Schlochauer, Hans-Jürgen (Hrsg.), Wörterbuch des Völkerrechts, Bd. II, Berlin 1961, S. 527

Knackstedt, Heinz: Staatsorgane als Kombattanten, in: Revue de Droit Penal Militaire et de Droit de la Guerre, 1965, S. 409 ff.

Köhler, Anna: Private Sicherheits- und Militärunternehmen im bewaffneten Konflikt – Eine völkerrechtliche Bewertung, Frankfurt am Main 2010

Krawietz, Werner: Internationaler bewaffneter Konflikt und militärischer Gehorsam, in: Deutsches Verwaltungsblatt, Bd. 85 (1970), S. 610 ff.

Krieger, Heike: Der privatisierte Krieg: Private Militärunternehmen im bewaffneten Konflikt, in: Archiv des Völkerrechts, Bd. 44 (2006), S. 159 ff.

Kröger, Herbert: Völkerrecht Teil 1, Köln 1973

Kunz, Josef L.: Kriegsrecht und Neutralitätsrecht, Wien 1935

Kurth, Michael E.: Der völkerrechtliche Status der Gefangenen von Guantánamo Bay, in: Zeitschrift für Rechtspolitik mit Rechtspolitischer Umschau, Bd. 35 (2002), S. 404 ff.

Kussbach, Erich: Die Brüsseler Deklaration 1874 über die Gesetze und Gebräuche des Krieges, in: Österreichische Militärische Zeitschrift 1974, S. 468 ff.

Lange, Katja: Der Status der Aufständischen im modernen humanitären Völkerrecht, Frankfurt am Main 2007

Laun, Rudolf: Die Haager Landkriegsordnung, 3. Auflage, Wolfenbüttel-Hannover 1947

Lavalle, Roberto: The International Convention for the Suppression of the Financing of Terrorism, in: Zeitschrift für ausländisches öffentliches Recht und Völkerrecht, Bd. 60 (2000), S. 492 ff.

Lehmann, Karl: Zum altnordischen Kriegs- und Beuterecht – Aus der Frensdorff-Festschrift der Göttinger Juristenfakultät, in: Beyerle, Konrad (Hrsg.), Deutschrechtliche Beiträge, Bd. 9, Heft 1, Heidelberg 1913, S. 1 ff.

Levie, Howard S.: Prisoners of War in International Armed Conflicts, in: Naval War College International Law Studies, Vol. 59 (1978), Newport, Rhode Island

Levy, Albert: Beiträge zum Kriegsrecht im Mittelalter, in: Gierke, Untersuchungen zur Deutschen Staats- und Rechtsgeschichte, Bd. 29, Breslau 1889, S. 1 ff.

Lodemann, Ernst: Die Genfer Rotkreuz-Abkommen vom 12. August 1949, in: Archiv des Völkerrechts, Bd. 4 (1953/54), S. 72 ff.

Maaß, Rainald: Der Söldner und seine kriegsvölkerrechtliche Rechtsstellung als Kombattant und Kriegsgefangener, Bochum 1990

Martens, Friedrich von: Völkerrecht – Das internationale Recht der civilisierten Nationen, Bd. 2, Berlin 1886

Mc Cormack, Tim: The „Sandline Affair“: Papua New Guinea Resorts to Mercenarism to End the Bougainville Conflict, in: Yearbook of International Humanitarian Law, Vol. 1 (1998), S. 292 ff.

Meier, Walter: Die Bestimmungen über das Kriegsverbrechens- und Besatzungsstrafrecht in den Genfer Abkommen zum Schutze der Kriegsopfer von 1949, Winterthur 1964

Meiertöns, Heiko: Keine Gefangenen? – Auf der Suche nach dem „zuständigen Gericht” gemäß Art. 5 der III. Genfer Konvention, in: Humanitäres Völkerrecht 2008, S. 134 ff.

Meron, Theodor: The Geneva Conventions as Customary Law, in: American Journal of International Law, Vol. 81 (1987), S. 348 ff.

Meron, Theodor: The Time has come for the United States to ratify Geneva Protocol I, in: American Journal of International Law, Vol. 88 (1994), S. 678 ff.

Meurer, Christian: Die Haager Friedenskonferenz, Bd. 2: Das Kriegsrecht der Haager Konferenz, München 1907

Meynert, Hermann: Geschichte des Kriegswesens und der Heerverfassungen in Europa, Bd.1, Vom frühen Mittelalter bis zur Einführung der Feuerwaffen, Wien 1868

Micknat, Gisela: Studien zur Kriegsgefangenschaft und zur Sklaverei in der griechischen Geschichte, in: Abhandlungen der Geistes- und Sozialwissenschaftlichen Klasse, Nr. 11 (1954)

Moritz, Günther: Völkerrechtlicher Status des Zivilpersonals der Streitkräfte im Falle eines bewaffneten Konflikts internationalen Charakters, in: Bundeswehrverwaltung, 1965, S. 49 ff.

Moritz, Günther: Die Wandlung des völkerrechtlichen Kriegsbegriffs und das moderne Kriegsbild, in: Neue Zeitschrift für Wehrrecht, Bd. 8 (1966), S. 145 ff.

Müller, Helmut: Deutsche Geschichte in Schlaglichtern, 2. Auflage, Mannheim 1990
Naqvi, Yasmin: Doubtful Prisoner-of-War Status, in: Revue Internationale de Croix Rouge 2002, S. 571 ff.
Niewerth, Martin: Private Militärunternehmen im Völkerrecht, München 2008
Nöding, Arnulf: MIN SICHERHEIT SI DIN Kriegsgefangenschaft im christlichen Mittelalter, in: Overmans, Rüdiger (Hrsg.), In der Hand des Feindes, Köln 1999, S. 99 ff.
Nussbaum, Arthur: Geschichte des Völkerrechts in gedrängter Darstellung, München 1960
Oeter, Stefan: Die Entwicklung des Kriegsgefangenenrechts, in: Overmans Rüdiger (Hrsg.), In der Hand des Feindes, Köln 1999, S. 41 ff.
Oppenheim, Lassa F./Lauterpacht, Hersch: International Law, Vol. 2, Disputes, War and Neutrality, 7. Ausgabe, Edinburgh 1952
Paust, Jordan J.: Antiterrorism Military Commissions: Courting Illegality, in: Michigan Journal of International Law, Vol. 23 (2001), S. 1 ff.
Plassmann, Clemens: Das Kriegsgefangenenrecht und seine Reform, in: Zeitschrift für Völkerrecht, Bd. 14 (1928), S. 521 ff.
Plassmann, Clemens: Das neue internationale Kriegsgefangenen-Recht, in: Zeitschrift für Völkerrecht, Bd. 15 (1930), S. 410 ff.
Probst, Hermann: Die Kriegsgefangenen nach modernem Völkerrecht, München 1911
Rajower, Felix: Das Recht des bewaffneten nicht-internationalen Konflikts seit 1949, Zürich 1990
Reding, Alois von: Die rechtliche Stellung der Kriegsgefangenen im modernen Völkerrecht, Bern 1952
Roberts, Adam: The Laws of War and the War on Terror, in: Israel Yearbook on Human Rights, Vol. 32 (2002), S. 103 ff.
Roberts, Adam: What is a Military Occupation?, in: British Yearbook of International Law, Vol. 55 (1984), S. 256 ff.
Root, Elihu: Francis Lieber, in: American Journal of International Law, Vol. 7 (1913), S. 453 ff.
Rosas, Allan: The Legal Status of Prisoners of War, Helsinki 1976
Rosenau, Peter-Udo: Wehrverfassung und Kriegsrecht in der mittelhochdeutschen Epik, Bonn 1959
Rubin, Alfred P.: Terrorism and the Laws of War, in: The Denver Journal of International Law and Policy, Vol. 12 (1983), S. 219 ff.
Rüpke, Jörg: Kriegsgefangene in der römischen Antike, in: Overmanns, Rüdiger (Hrsg.), In der Hand des Feindes, Köln 1999, S. 83 ff.

Rumpf, Helmut: Zur Frage der Relativität des Kriegsbegriffs, in: Archiv des Völkerrechts, Bd. 6 (1956/1957), S. 51 ff.

Ruud, Morten: The Term Combatant an Analysis, in: Revue de Droit Pénal Militaire et de Droit de la Guerre, Vol. 24 (1985), S. 426 ff.

Safferling, Christoph/Kirsch, Stefan: Die Strafbarkeit von Bundeswehrangehörigen bei Auslandseinsätzen: Afghanistan ist kein rechtsfreier Raum, in: Juristische Arbeitsblätter 2010, S. 81 ff.

Schätzel, Walter: Freischärler, in: Zeitschrift für Wehrrecht, Bd. 5 (1940/41), S. 209 ff.

Schaller, Christian: Operieren private Sicherheits- und Militärfirmen in einer humanitär-völkerrechtlichen Grauzone?, in: Humanitäres Völkerrecht 2006, S. 51 ff.

Scheen, Thomas: Gaddafi rekrutiert Söldner unter den Tuareg, in: FAZ 2011, online-Abruf unter www.faz.net am 01.06.2011

Scheidl, Franz: Die Kriegsgefangenschaft, Berlin 1943

Scheuner, Ulrich: Krieg und Bürgerkrieg in der Staatenwelt der Gegenwart, in: Blumenwitz, Dieter / Randelzhofer, Albrecht (Hrsg.), Festschrift für Friedrich Berber zum 75. Geburtstag, München 1973, S. 467 ff.

Schindler, Dietrich / Toman Jiri: The Laws of Armed Conflicts: A Collection of Conventions and other Documents, 3. Auflage, Genf / Dordrecht 1988

Schlögel, Anton: Die Genfer Abkommen zum Schutze der Kriegsopfer vom 12. August 1949, 2. Auflage, Bonn 1953

Schlosser, Reiner: Das völkerrechtliche Problem des Partisanenkrieges, Dissertation, Mainz 1959

Schmid, Jürg H.: Die völkerrechtliche Stellung der Partisanen im Kriege, Zürich 1955

Schmidt, Peter.: Bellum iustum – Gerechter Krieg und Völkerrecht in Geschichte und Gegenwart, Frankfurt am Main 2010

Schmidtchen, Volker: Kriegswesen im späten Mittelalter – Technik Taktik Theorie, Weinheim 1990

Schmitt, Carl: Der Nomos der Erde im Völkerrecht des Jus Publicum Europaeum, Köln 1950

Schneider, Hartmut: Zur Auslegung des Art. 118 Abs. 1 der Genfer Konvention über die Behandlung von Kriegsgefangenen, in: Humanitäres Völkerrecht, 1989, S. 13 ff.

Schneider, Michaela: Der 11. September und die militärischen Reaktionen: Anwendbarkeit des humanitären Völkerrechts, in: Humanitäres Völkerrechts – Informationsschriften 2001, S. 222 ff.

Schwab, Herbert: Irreguläre Kombattanten als Kriegsgefangene, Würzburg 1976

Schwarzenberger, Georg: Terrorists, Hijackers, Guerrilleros and Mercenaries, in: Current Legal Problems, Vol. 24 (1971), S. 257 ff.

Seidl-Hohenveldern, Ignaz: Kombattantenstatus für Terroristen?, in: Neue Zeitschrift für Wehrrecht, Bd. 15 (1973), S. 81 ff.

Seidl-Hohenfeldern, Ignaz / Stein, Thorsten: Völkerrecht, 10. Auflage, Köln 2000

Shields Delessert, Christiane: Release and Repatriations of Prisoners of War at the End of Active Hostilities, Zürich 1977

Singer, Peter Warren: War, Profits and the Vacuum of Law: Privatized Military Firms and International Law, in: Columbia Journal of Transnational Law, Vol. 42 (2004), S. 251 ff.

Spinnler, Peter: Das Kriegsgefangenenrecht im Koreakonflikt, Zürich 1976

Strauss, Barry S.: Aegospotami Reexamined, in: American Journal of Philology, Vol. 104 (1983), S. 24 ff.

Strebel, Helmut: Die Genfer Abkommen vom 12. August 1949 – Fragen des Anwendungsbereichs, in: Zeitschrift für ausländisches öffentliches Recht und Völkerrecht, Bd. 13 (1950/51), S. 118 ff.

Strupp, Karl: Urkunden zur Geschichte des Völkerrechts, Bd. 1, Gotha 1911

Strupp, Karl: Das internationale Landkriegsrecht, Frankfurt am Main 1914

Stuckenberg, Carl-Friedrich: Das zähe Ringen um die Rechtsstellung der Gefangenen von Guantánamo Bay, in: Juristenzeitung, 2006, S. 1142 ff.

Tietje, Christian/Nowrot, Karsten: Völkerrechtliche Aspekte militärischer Maßnahmen gegen den internationalen Terrorismus, in: Neue Zeitschrift für Wehrrecht, Bd. 44 (2002), S. 1 ff.

Tittemore, Brian: Afghanistan: Their Status and Rights under International Humanitarian and Human Rights Law – The American Society of International Law – Task Force on Terrorism, Dez. 2002, www.asil.org

Thürer, Daniel: Guantánamo: Ein „Legal Black Hole" oder ein System sich überschneidender und überlagernder „Rechtskreise"?, in: Schweizerische Zeitschrift für internationales und europäisches Recht, Bd. 14 (2004), S. 1 ff.

Ullrich, Johannes: Das Kriegswesen im Wandel der Zeiten, Leipzig 1940

Vattel, Emer de: Le Droit des Gens ou Principes de la Loi Naturelle, Buch 3, Deutsche Übersetzung, Tübingen 1959

Verdross, Alfred/Simma, Bruno: Universelles Völkerrecht, 3. Auflage, Berlin 1984

Vöneky, Silja: Der Lieber´s Code und die Wurzeln des modernen Kriegsvölkerrechts, in: Zeitschrift für ausländisches öffentliches Recht und Völkerrecht, Bd. 62 (2002), S. 423 ff.

Vogel, Karl-Heinz: Zur rechtlichen Behandlung der römischen Kriegsgewinne, in: Zeitschrift der Savigny-Stiftung für Rechtsgeschichte – Romanistische Abteilung, Bd. 66 (1948), S. 394 ff.

Wagner, Norbert B.: Zur Anwendung des Humanitären Völkerrechts in Nordafghanistan, in: Neue Zeitschrift für Wehrrecht, Bd. 53 (2011), S. 45 ff.

Waltzog, Alfons: Recht der Landkriegsführung, Berlin 1942

Wesel, Uwe: Geschichte des Rechts, Von den Frühformen bis zur Gegenwart, 2. Auflage, München 2001

Wieczorek, Judith: Der völkerrechtliche Status der Gefangenen von Guantánamo nach dem III. Genfer Abkommen über die Behandlung der Kriegsgefangenen vom 12. August 1949, in: Humanitäres Völkerrecht – Informationsschriften 2002, S. 88 ff.

Wieczorek, Judith: Unrechtmäßige Kombattanten und humanitäres Völkerrecht, Berlin 2005

Witten, Samuel M.: Current Developments – The International Convention for the Suppression of Terrorist Bombings, in: American Journal of International Law, Vol. 92 (1998), S. 774 ff.

Wolff, Hans-Jürgen: Kriegserklärung und Kriegszustand nach klassischem Völkerrecht: mit einem Beitrag zu den Gründen für eine Gleichbehandlung Kriegführender, Berlin 1990

Wolfrum, Rüdiger: Kommentierung Präambel, in: Simma, Bruno (Hrsg.), Charta der Vereinten Nationen, München 1991, S. 1 ff.

Wyss, Gabriela M.: Der nicht internationale bewaffnete Konflikt in El Salvador, Winterthur 1989

Zarate, Juan Carlos: The Emergence of a New Dog of War: Private International Security Companies, International Law and the New World Disorder, in: Stanford Journal of International Law, Vol. 34 (1998), S. 75 ff.

Ziegler, Karl-Heinz: Völkerrechtsgeschichte, 2. Auflage, München 2007

Abkürzungsverzeichnis

a.A.	andere Ansicht
a.a.O.	am angegebenen Ort
AJIL	American Journal of International Law
AMRK	Amerikanische Menschenrechtskonvention
AVR	Archiv des Völkerrechts
BGBl.	Bundesgesetzblatt
begr.	begründet von
BYIL	British Yearbook of International Law
CJTL	Columbia Journal of Transnational Law
DJIL	The Denver Journal of International Law and Policy
DVBl	Deutsches Verwaltungsblatt
EPIL	Encyclopedia of Public International Law
EuGRZ	Europäische Grundrechte Zeitschrift
f. oder ff.	folgend
FAZ	Frankfurter Allgemeine Zeitung
Fn.	Fußnote
GA	Genfer Abkommen vom 12. August 1949
GYIL	German Yearbook of International Law
HLK	IV. Haager Abkommen betreffend die Gesetze und Gebräuche des Landkrieges vom 18.10.1907
HLKO	Haager Landkriegsordnung
Hrsg.	Herausgeber
IGH	Internationaler Gerichtshof
IKRK	Internationales Komitee vom Roten Kreuz
IPbpR	Internationaler Pakt über bürgerliche und politische Rechte
IYHR	Israel Yearbook on Human Rights
JA	Juristische Arbeitsblätter
JZ	Juristenzeitung
MJIL	Michigan Journal of International Law
NJW	Neue Juristische Wochenschrift
NZWehrR	Neue Zeitschrift für Wehrrecht
OAU	Organisation für Afrikanische Einheit
Rdnr.	Randnummer

RGBl.	Reichsgesetzblatt
S.	Seite
SAYIL	South African Yearbook of International Law
SJIL	Stanford Journal of International Law
SZIER	Schweizerische Zeitschrift für internationales und europäisches Recht
vgl.	vergleiche
WVK	Wiener Vertragsrechtskonvention von 1969
YIHL	Yearbook of International Humanitarian Law
ZaöRV	Zeitschrift für ausländisches öffentliches Recht und Völkerrecht
Ziff.	Ziffer
zit.	zitiert
ZP	Zusatzprotokoll

Einleitung

Die vorliegende Arbeit behandelt das Recht der Kriegsgefangenen unter besonderer Berücksichtigung seiner Entwicklung sowie eine Übersicht über seinen gegenwärtigen Bestand und eine Darstellung der Anwendungsvoraussetzungen. Vor diesem Hintergrund soll die Anwendbarkeit des Kriegsgefangenenrechts auf die in aktuellen bewaffneten Konflikten agierenden Personen und Personengruppen sowie deren ordnungsgemäße kriegsvölkerrechtliche Behandlung anhand der dargelegten Rechtsgrundlagen überprüft werden. Soweit sich die vorliegende Arbeit auf die Entwicklung des Kriegsgefangenenrechts bezieht, knüpft sie an die Abhandlungen von Probst „Die Kriegsgefangenen nach dem modernen Völkerrecht“ aus dem Jahr 1911 und von von Reding „Die rechtliche Stellung der Kriegsgefangenen im modernen Völkerrecht“ aus dem Jahr 1952 sowie von Groh „Das Recht der Kriegsgefangenen und Zivilpersonen nach den Genfer Konventionen vom 12.08.1949“ aus dem Jahr 1952 an.

Zuletzt hat die Behandlung von Gefangenen im „Krieg gegen den Terror“, insbesondere den Kampfhandlungen in Afghanistan auf Grund der Terroranschläge vom 11. September 2001 und deren Internierung durch die Vereinigten Staaten im Lager Guantánamo Bay Anlass zu zahlreichen völkerrechtlichen Veröffentlichungen gegeben.

Das Kriegsgefangenenrecht sieht insbesondere im III. Genfer Abkommen von 1949 über die Behandlung der Kriegsgefangenen und ergänzend im Zusatzprotokoll von 1977 umfangreiche humanitäre Mindeststandards für die Behandlung von Kriegsgefangenen vor. Ziel der Arbeit ist es, aufzuzeigen, wann und unter welchen Voraussetzungen Personen (regelmäßig Kombattanten) den Schutz des Kriegsgefangenenrechts beanspruchen können. Von besonderem Interesse sind dabei Personengruppen, die in den Kodifikationen des Kriegsgefangenenrechts noch keine Berücksichtigung gefunden haben, aber an gegenwärtigen bewaffneten Konflikten teilnehmen. Dazu zählen vor allem Guerilleros/Partisanen, Terroristen und Angehörige privater Militärunternehmen.

Kapitel 1
Geschichte des Kriegsgefangenenrechts

I. Altertum

Sofern im Altertum bereits von völkerrechtlichen Beziehungen gesprochen werden kann, sind diese häufig kriegsrechtlicher Natur. Dabei lassen sich durchaus auch Hinweise für ein Kriegsgefangenenrecht finden[1]. Eine Kriegsgefangenschaft, wie wir sie heute im modernen Völkerrecht kennen, lässt sich bis zur Neuzeit jedoch nicht nachweisen[2]. Für ein wirkliches Kriegsrecht fehlten wichtige Voraussetzungen, insbesondere die Anerkennung der vom Staatstum unabhängigen Persönlichkeit des Individuums[3].

Der Krieg im Altertum war grundsätzlich ein umfassender Vernichtungskrieg. Massentötungen und sonstige mannigfache Grausamkeiten gegen alle Personen, also nicht nur gegen die am Kampf beteiligten Krieger des feindlichen Landes, waren die allgemeine Regel[4]. Es lassen sich jedoch auch Ausnahmen dazu finden. Diese waren allerdings nicht immer auf humanitäre Erwägungen zurückzuführen, sondern gründeten oftmals auf eigennützigen Interessen[5].

Die Kriegsgefangenschaft von Kämpfern und Nichtkämpfern war im Altertum der Ursprung für die Sklaverei. Die Gefangenen wurden in die Gesellschafts- und Rechtsstruktur des Siegers eingegliedert. Sie hatten dann einen minderen Status: So waren sie gegenüber ihrem Herrn zur Arbeit verpflichtet oder an Dritte veräußerbar[6]. Das Phänomen der Sklaverei ist in nahezu allen Kulturen des Altertums zu beobachten[7].

---

1 Holtzendorff, Handbuch des Völkerrechts, Bd. 4, S. 424; Hinz, Das Kriegsgefangenenrecht, S. 1 ff.
2 Vgl. Hinz, Das Kriegsgefangenenrecht, S. 1 ff.
3 Meier, Die Bestimmungen über das Kriegsverbrechens- und Besetzungsstrafrecht, S. 5.
4 Holtzendorff, Handbuch des Völkerrechts, Bd. 4, S. 424.
5 Hinz, Das Kriegsgefangenenrecht, S. 2.
6 Wesel, Geschichte des Rechts, Rdnr. 62.
7 Ziegler, Völkerrechtsgeschichte, S. 30 f., 41 f.

1. Alter Orient

Der Kodex Hammurabi, benannt nach seinem Verfasser, dem König von Babylon (1728-1686 v. Chr.), statuierte den Schutz der Schwachen gegen die Unterdrückung der Starken sowie die Freilassung von Geiseln gegen Lösegeld. Auch das Sklavenrecht ist im Kodex Hammurabi ausführlich geregelt und entspricht grundsätzlich den sumerischen Vorschriften[8]. Dies kann als Hinweis auf eine vergleichbare Behandlung von Kriegsgefangenen im gesamten Orient aufgefasst werden. Der Perserkönig Kyros I. ließ im 7. Jahrhundert v. Chr. die verwundeten Chaldäer gleich den eigenen verwundeten Soldaten behandeln[9].

Nach den indischen Manu-Gesetzen (nach der Zeitenwende) war die Tötung sich ergebender oder schwer verwundeter wie auch schlafender Feinde verboten[10]. Diese Gesetze fanden aber nur auf Kriege zwischen indischen Völkern Anwendung. Später im Krieg gegen Alexander den Großen wurden sie nicht mehr beachtet[11].

2. Griechische Antike

Die Behandlung der Kriegsgefangenen in der griechischen und auch römischen Antike ist bislang wenig untersucht worden. Dennoch lassen sich im antiken Griechenland Regelmäßigkeiten für die Beschränkung der Kriegführung finden, die allerdings nicht immer exakt beachtet wurden[12]. Sie betrafen die einzelnen griechischen Staaten und dem darauf gründenden Amphiktyonenbund und beruhten damit nur auf einer „nationalen Grundlage“[13]. Im Gegensatz zu den griechischen Staaten unterwarfen die Königreiche im nahen Osten (Babylonien, Assyrien, Persien, Medien) ihre Kriegsgegner mit radikalsten Methoden. Dazu zählten Massaker und die Deportation ganzer Völker[14].

So gab es in der griechischen Sprache zu klassischer und hellenistischer Zeit einen Begriff für die im Krieg gefangenen Feinde. Die wörtliche Übersetzung

8 Wesel, Geschichte des Rechts, Rdnr. 73; Greenwood, in: Fleck, Handbuch des humanitären Völkerrechts in bewaffneten Konflikten, S. 11.

9 Greenwood, in: Fleck, Handbuch des humanitären Völkerrechts in bewaffneten Konflikten, S. 11.

10 Holtzendorff, Handbuch des Völkerrechts, Bd. 4, S. 258; Greenwood, in: Fleck, Handbuch des humanitären Völkerrechts in bewaffneten Konflikten, S. 11.

11 Holtzendorff, Handbuch des Völkerrechts, Bd. 4, S. 425.

12 Ducrey, in: Overmans, In der Hand des Feindes, S. 63.

13 Meier, Die Bestimmungen über das Kriegsverbrechens- und Besetzungsstrafrecht, S. 4.

14 Ducrey, in: Overmans, In der Hand des Feindes, S. 63.

dieses Begriffes lautet „der Speererbeutete“[15]. Dieser Ausdruck ist aber nicht gleichzusetzen mit dem des Kriegsgefangenen nach modernen kriegsrechtlichen Vorstellungen. Für die Behandlung und das Schicksal der Unterlegenen in den Kriegen waren wirtschaftliche Erwägungen ausschlaggebend. So stellten Verkauf, Zuteilung und Einlösung das gewöhnliche Verfahren mit ihnen dar, wobei Frauen als höchste Belohnung für den Sieger galten[16].

Kriegsgefangenschaft bedeutete im antiken Griechenland Sklaverei[17]. Nach Aristoteles gehörte jener, der im Krieg besiegt wird, dem Sieger[18]. Gleiches galt auch nach Platon, der die Frage stellte: „Derjenige, der von den Feinden lebendig gefangen genommen wird, muss man ihn nicht jenen als Geschenk überlassen, die ihn gefangen genommen haben, damit sie mit ihrer Beute nach eigenem Gutdünken verfahren?“[19]

Der Anreiz für die Versklavung der Kriegsgefangenen war die Aussicht auf ein Lösegeld[20]. So mehrten die im Krieg gefangenen Sklaven die materielle Kriegsbeute des Siegers. Neben der Freilassung gegen Lösegeld kam auch ein Austausch gegen Gefangene aus den eigenen Reihen in Betracht. Damit war der Austausch von Kriegsgefangenen oft Gegenstand von Kriegsverträgen, durchaus im modernen Sinne, wodurch die Kriegführenden den Kriegszustand allerdings nicht beendeten[21]. Oder aber die Gefangenen wurden in die eigenen Truppen aufgenommen, wie etwa bei den Kriegen um die Nachfolge Alexanders, was dazu führte, dass ganze Einheiten das Lager wechselten[22]. Ferner wurde auch von der Verwendung der Gefangenen als Geiseln nicht abgesehen. Ducrey bringt in seiner Abhandlung das Beispiel von 120 Spartanern, die auf der Insel Sphakteria den Athenern in die Hände fielen[23]. Diese Geiselnahme genügte, um die lakedaimonische Armee von weiteren sommerlichen Invasionen in Attika abzuhalten. Die Verwendung der „Kriegsgefangenen“ als Geiseln fand im Griechenland der Stadtstaaten auch insgesamt eine weite Verwendung.

Nennenswert sind auch zwei weitere Ereignisse der antiken griechischen Kriegsgeschichte während des Peloponnesischen Krieges. Thukydides schildert

15 Ducrey, in: Overmans, In der Hand des Feindes, S. 65.

16 Ducrey, in: Overmans, In der Hand des Feindes, S. 70.

17 Ziegler, Völkerrechtsgeschichte, S. 24, 41.

18 Aristoteles, Politik, 1, 6, 1, 1255a, zit. nach Ducrey, in: Overmans, In der Hand des Feindes, S. 71.

19 Platon, Republik, V, 468, a-b, zit. nach Ducrey, in: Overmans, In der Hand des Feindes, S. 71.

20 Holtzendorff, Handbuch des Völkerrechts, Bd. 4, S. 425; Micknat, Studien zur Kriegsgefangenschaft, S. 579, Fn. 3; Ziegler, Völkerrechtsgeschichte, S. 30.

21 Ziegler, Völkerrechtsgeschichte, S. 31.

22 Ducrey, in: Overmans, In der Hand des Feindes, S. 73.

23 Ducrey, in: Overmans, In der Hand des Feindes, S. 73.

das tragische Ende der sizilianischen Expedition[24]. Demnach wurden etwa 7.000 Athener und Italer nebst ihren Bundesgenossen in den Steinbrüchen von Syrakus gefangen gehalten und zu einer besonders harten Arbeit verpflichtet. Es ist bekannt, dass einige der Gefangenen durch das Eingreifen von außen gerettet werden konnten. Von den übrigen Gefangenen, so deuten Quellen aus dem 4. Jahrhundert an, hat kaum jemand überlebt. Dagegen gehen neuere Forschungen davon aus, dass die Mehrheit der Gefangenen von ihren Familien und Freunden zurückgekauft worden ist[25]. Zum Umgang mit den Gefangenen ist die Schlacht von Aegos Potamos aus dem Jahr 404 v. Chr. bemerkenswert. Die Spartaner überraschten die athenische Flotte nahe des „Ziegenflusses" (Aegos Potamos) und führten ihre Gefangenen, je nach Quelle 3.000 oder 4.000 Athener, in die unweite Stadt Lampsakos ab. Die Gefangenen wurden dort erschlagen. Unklarheit herrscht über die Gründe dieser Massenhinrichtung. So könnte es sich um eine Vergeltungsmaßnahme wegen verschiedener, durch die Athener begangenen Gräueltaten gehandelt haben. Ferner kann schlicht die Absicht, den Gegner zu schwächen, das Motiv für das Massaker gewesen sein. Auch können politische Gründe als Motiv herhalten, denn die meisten Gefangenen zählten zu den unteren sozialen Schichten und unterstützten deswegen die demokratische Regierung, den Gegner[26].

In der Behandlung der Gefangenen hatten die nicht-griechischen Gefangenen kein Recht, die gleiche menschliche Behandlung zu beanspruchen wie griechische Gefangene[27]. Das bedeutet aber nicht, dass gegen die griechischen Gefangenen mit weniger Gewalt vorgegangen worden wäre[28].

Der Umgang mit den Gefangenen der Kriege im antiken Griechenland zeigt, dass ihre Behandlung grundsätzlich vom Gutdünken des Siegers abhing. Danach spiegelt der Umgang mit den Gefangenen die aktuellen Absichten des Siegers und die Umstände der Gefangennahme wider.

3. Römische Antike

Wie in der griechischen Antike war ebenso nach römischem Recht die Kriegsgefangenschaft eine wichtige Voraussetzung für die Sklaverei[29]. Auch in der römi-

24 Thukykides, VII, 80-87, zit. nach Ducrey, in: Overmans, In der Hand des Feindes, S. 72.

25 Ducrey, in: Overmans, In der Hand des Feindes, S. 73.

26 Strauss, in: American Journal of Philology, Vol. 104 (1983), S. 35; Ducrey, in: Overmans, In der Hand des Feindes, S. 73.

27 Holtzendorff, Handbuch des Völkerrechts, Bd. 4, S. 259.

28 Ducrey, in: Overmans, In der Hand des Feindes, S. 67.

29 Ziegler, Völkerrechtsgeschichte, § 9 II. 5.c); Rüpke, in: Overmans, In der Hand des Feindes, S. 83.

schen Antike gab es keine Unterscheidung zwischen Kombattanten und der übrigen zivilen Bevölkerung. Damit konnte wiederum die gesamte feindliche Bevölkerung in Kriegsgefangenschaft, als Kriegsbeute und Sklaven, in die Hände der Sieger fallen[30]. Alternativ und völlig legitim kam grundsätzlich auch die Tötung der Gefangenen in Betracht[31]. Versklavungen römischer Bürger durch römische Befehlshaber waren nach römischem Recht ausgeschlossen[32]. Die Kriegsgefangenen verloren ihre Rechtspersönlichkeit als Sklaven zumindest teilweise. Es stand im Ermessen ihres Herrn, sie zu verkaufen, zu misshandeln oder gar zu töten[33]. Erst später in der Kaiserzeit bedurfte es zur Tötung eines Sklaven der Genehmigung des Staates. Antonius Pius erst ordnete an, dass derjenige, der Sklaven übermäßig misshandelte, zum Verkauf derselben gezwungen wurde[34]. Die Misshandlung selbst unterlag dabei freilich keiner Bestrafung.

Der römische Jurist Gaius erkannte keine Form des Eigentumserwerbs als so eindeutig wie die Beute im Krieg an[35]. Nicht nur in Bezug auf die Kriegsgefangenen ist das römische Kriegsrecht sowohl in der Kaiserzeit als auch in der Republik weitgehend einheitlich[36].

Die Voraussetzung für die Kriegsgefangenschaft war allerdings das Vorliegen eines Krieges im Rechtssinne zwischen staatlich organisierten Gemeinwesen. Dazu bedurfte es einer Kriegserklärung. Nur dann wurde der vom Kriegsgegner gefangene Römer als Kriegsgefangener (captivus) zum Sklaven der Sieger[37]. Daneben gab es aber auch noch andere Möglichkeiten, in die Sklaverei zu geraten. Dazu zählten Sklavenhandel und Sklavenjagd an den Rändern des römischen Reiches. Es wurden auch häufig die Opfer der Seeräuberei versklavt. Dies konnte zwar den Sklavenstatus nach römischem Recht nicht begründen, gelangten aber die Betroffenen irgendwann in den Handel, so ging die Unterscheidung der Herkunft, auch wegen der vielen Kriege, verloren[38].

Während das eroberte Land dem römischen Staat zustand, konnten die plündernden Soldaten an beweglichen Sachen, dazu gehörten auch die Gefangenen

---

30 Ziegler, Völkerrechtsgeschichte, § 9 II. 5.c); Rüpke, in: Overmans, In der Hand des Feindes, S. 83.

31 Rüpke, in: Overmans, In der Hand des Feindes, S. 91.

32 Horsmann, Die Massenversklavungen der Einwohner eroberter Städte in der hellenistisch-römischen Zeit, S. 72.

33 Hinz, Das Kriegsgefangenenrecht, S. 2.

34 Scheidl, Die Kriegsgefangenschaft, S. 14.

35 Gaius, Institutiones 4, 16, zit. nach Rüpke, in: Overmans, In der Hand des Feindes, S. 89.

36 Ziegler, Völkerrechtsgeschichte, § 10 II. 3.

37 Ziegler, Völkerrechtsgeschichte, § 9 II. 5.b).

38 Rüpke, in: Overmans, In der Hand des Feindes, S. 83.

als Sklaven, grundsätzlich originäres Eigentum erwerben[39]. Diese Möglichkeit wurde jedoch durch das römische Militärrecht eingeschränkt. So verfügte der römische Feldherr, oft in großer Entfernung zu Rom, über die Kriegsbeute und deren Verwertung, was auch den Verkauf der Kriegsgefangenen als Sklaven einschloss[40]. Es stand in seiner Verantwortung, Versklavungen und Plünderungen zu befehlen[41]. Der Feldherr war wiederum in dieser Entscheidung an äußere Zwänge gebunden. Er hatte aus der Beute Zuteilungen an die Soldaten und die Staatskasse vorzunehmen. Gerade für den einzelnen Soldaten hing der spätere Wohlstand in republikanischer Zeit von den erworbenen Beuteanteilen, somit auch Sklaven, und Sondergratifikationen durch den Feldherrn ab[42]. Deshalb konnte eine zu hohe private Einvernahme des Feldherrn ohne gleichzeitiges öffentliches Engagement (z.B. Veranstaltung von Spielen, Errichtung öffentlicher Bauten) zu Prozessen gegen ihn führen.[43] Der private Anteil des Feldherrn war allerdings nicht als niedrig einzustufen[44].

In der Regel wurde der Verkauf der Gefangenen in räumlicher Nähe zur Kampfzone an Händler, die den Heereszug begleiteten, durchgeführt[45]. Es kam freilich auch der Freikauf der Gefangenen gegen Lösegeldzahlung durch Verwandte oder vertraglich dazu verpflichtete Dritte in Betracht[46]. Grundsätzlich lag die Zuständigkeit für den Verkauf bei den Quästoren, den Wahlbeamten, denen Aufgaben in den „Provinzen", den unbefriedeten Operationsgebieten, zugeteilt wurden[47], wobei aber der Feldherr verantwortlich blieb. Mit der Konvertierung der „Kriegsbeute" in leicht zu transportierendes Geld konnte die Belastung des Heeres mit der Beute gering gehalten und damit seine Schlagkraft erhalten werden[48].

---

39 Ziegler, Völkerrechtsgeschichte, § 9 II. 5.c); Vogel, in: Zeitschrift der Savigny-Stiftung für Rechtsgeschichte, Bd. 66 (1948), S. 398.

40 Horsmann, Die Massenversklavungen der Einwohner eroberter Städte in der hellenistisch-römischen Zeit, S. 106.

41 Rüpke, in: Overmans, In der Hand des Feindes, S. 88.

42 Rüpke, in: Overmans, In der Hand des Feindes, S. 87 ff.

43 Rüpke, in: Overmans, In der Hand des Feindes, S. 87 ff.

44 Vogel, in: Zeitschrift der Savigny-Stiftung für Rechtsgeschichte, Bd. 66 (1948), S. 421 f.; Rüpke, in: Overmans, In der Hand des Feindes, S. 88.

45 Horsmann, Die Massenversklavungen der Einwohner eroberter Städte in der hellenistisch-römischen Zeit, S. 107.

46 Rüpke, in: Overmans, In der Hand des Feindes, S. 89.

47 Horsmann, Die Massenversklavungen der Einwohner eroberter Städte in der hellenistisch-römischen Zeit, S. 106; Rüpke, in: Overmans, In der Hand des Feindes, S. 89.

48 Vogel, in: Zeitschrift der Savigny-Stiftung für Rechtsgeschichte, Bd. 66 (1948), S. 400.

Rüpke erkennt vier Gruppen von Motiven, welche eine Entscheidung für die Gefangennahme und Versklavung der unterworfenen Gegner begünstigten[49]. Zunächst waren dies strategische Gründe, die auf die langfristige Änderung der politisch-militärischen Landkarte abzielten. Ein taktisches Motiv war die Wirkung der Versklavungen und Gefangennahmen auf bereits laufende oder in Kürze erwartete Konflikte. Diese Aktionen sollten Abschreckungswirkung entfalten oder hatten Strafcharakter gegenüber den Betroffenen. Solche kontrollierten Exzesse wirkten aber auch stabilisierend auf die Funktion der antiken Heere. Als ökonomisches Motiv für die Plünderungen und Versklavungen standen die Gratifikationen der Legionäre im Vordergrund. Als Motiv nicht zu vernachlässigen ist die Prestigebilanz des Feldherrn. So benötigte der römische Feldherr eine ausreichende Zahl von Gefangenen für seinen Triumphzug. Im Triumphzug präsentierte der Feldherr ausgewählte Gefangene, insbesondere führende Gegner oder Angehörige feindlicher Königshäuser. Deren Hinrichtung wurde während des Triumphzuges vorgenommen, wobei jedoch der überwiegende Anteil der zu diesem Zweck zurückgehaltenen Gefangenen bei den sich anschließenden Kampfspielen getötet wurde[50].

Die Angst durch Kriegshandlungen in Gefangenschaft zu geraten und damit versklavt zu werden, war in der Antike bei den Menschen immer vorhanden. So entwickelte sich bereits zu republikanischer Zeit als Vorsorge zur Gefangennahme das römische Rechtsinstitut „Postliminium“. Danach verlor der Römer nach der Gefangennahme seine Freiheitsrechte und seine bürgerlichen Rechte. So konnte die Gefangennahme als rechtlicher Tod aufgefasst werden. Die Rechte des Gefangenen lebten nach seiner Rückkehr allerdings grundsätzlich wieder auf. Kehrte der Betroffene aus der Gefangenschaft nicht zurück und starb, so galt er vom Zeitpunkt der Gefangennahme an als tot[51].

Die Zahl der vom dritten bis ersten Jahrhundert v. Chr. versklavten Kriegsgefangenen dürfte in einer Größenordnung von einigen Zehntausend anzusetzen sein. Ein zentraler Umschlagplatz für Sklaven war die Mittelmeerinsel Delos. Von dort sind Spitzenumsätze pro Tag von bis zu zehntausend Sklaven bekannt, wobei diese freilich auch aus anderen Herkunftsquellen als der Kriegsgefangenschaft stammten[52].

Die Kriegsgefangenschaft war damit in der römischen Antike in der Regel kein vorübergehendes Ereignis, sondern bedeutete wohl zumeist ein Sklavendasein für den Rest des Lebens.

---

49 Rüpke, in: Overmans, In der Hand des Feindes, S. 91 ff.

50 Kirchenheim, in: Hatschek/Strupp, Wörterbuch des Völkerrechts und der Diplomatie, Bd. 1, S. 743.

51 Bluntschli, Das moderne Völkerrecht der civilisirten Staaten, S. 405 ff.

52 Rüpke, in: Overmans, In der Hand des Feindes, S. 86.

II. Mittelalter

Bei einem Blick in das mittelalterliche Japan findet sich nach dem „Bushido", dem Ehrenkodex der Kriegerkaste, das Gebot, Menschlichkeit im Kampf und gegenüber Gefangenen zu üben. Dieses Gebot entwickelte sich bis ins 17. Jahrhundert weiter, wo der Militärtaktiker Sorai denjenigen des Totschlags für schuldig hielt, der einen Gefangenen getötet hat. Dabei sollte unbeachtlich sein, ob sich der Gefangene ergeben oder bis zum letzten Pfeil gekämpft hat[53].

1. Kreuzzüge

Gerade die Kreuzzüge, die Kriege gegen die „Ungläubigen", sind uns aus dem Mittelalter als besonders grausam bekannt. Nach der Einnahme hartnäckig verteidigter Plätze war die Tötung der Gefangenen noch an der Tagesordnung[54]. Es gab jedoch auch Lichtblicke für die Beschränkung der Kriegführung. So ließ Sultan Saladin im 12. Jahrhundert bei Jerusalem die Verwundeten beider Seiten versorgen und erlaubte dem Johanniter-Orden, die Verwundeten zu pflegen[55]. Grundsätzlich standen sich aber die islamische Kriegführung und die der Christen in ihrer Grausamkeit in nichts nach. Dazu überliefern die Chronisten den Gebrauch der Folter, die Unterbringung in fauligen, dunklen Verliesen und das Anlegen schwerer Ketten. Ferner wurden die Gefangenen zur Zwangsarbeit, mithin zu Sklavenarbeiten, herangezogen[56]. Auch in der Behandlung der Kriegsgefangenen sind beide Kriegsparteien grundsätzlich ähnlich vorgegangen.

Für die christlichen Ritter bedeutete Gefangenschaft, in der Schlacht als Krieger versagt zu haben. Es galt zunächst die Maxime der Kreuzritter, die Ungläubigen zu besiegen oder zu sterben[57]. Nur die Flucht oder eine gewaltsame Befreiung waren ideale und ehrenhafte Mittel zur Beendigung der Gefangenschaft[58]. Damit war auch das Bemühen der eigenen Seite um die Auslösung der Gefangen anfänglich eher gering. Von der Kreuzfahrergesellschaft waren keine finanziellen Hilfen für den Freikauf zu erwarten, sie lastete die Schande der Ge-

---

53 Greenwood, in: Fleck, Handbuch des humanitären Völkerrechts in bewaffneten Konflikten, S. 13.

54 Bluntschli, Das moderne Völkerrecht der civilisirten Staaten, S. 425 ff.

55 Greenwood, in: Fleck, Handbuch des humanitären Völkerrechts in bewaffneten Konflikten, S. 12.

56 Friedmann, The Law of War – A Documentary History, Vol. 2, S. 120 ff.

57 Overmans, In der Hand des Feindes, S. 3.

58 Friedmann, The Law of War – A Documentary History, Vol. 2, S. 121.

fangenschaft, und damit die finanzielle Verantwortung, den Gefangenen selbst an[59].

Mit fortschreitender Dauer der Kreuzzüge gerieten immer häufiger Ritter in Gefangenschaft. Dies führte dazu, dass sich die Christen in das bereits im Orient bestehende System der Lösegeldzahlungen einfügten[60]. Bis zum Jahr 1187 n. Chr. änderte sich damit das Bild des gefangenen Kreuzritters grundsätzlich. Es wurde der Trinitarische Orden gegründet, der den Freikauf von Kriegsgefangenen zur Aufgabe hatte. Papst Innozenz III. beschrieb in diesem Zusammenhang die Gefangenen als „Leidende für Christus“[61].

Bemerkenswert ist weiterhin die schonende und respektvolle Behandlung hochrangiger und adeliger Kriegsgefangener. Die vornehme Behandlung der Gefangenen gemäß ihres gesellschaftlichen und militärischen Ranges und die Achtung des Rittertums waren bereits in der moslemischen Tradition des Mittelalters angelegt[62]. Freilich ist zu der vermeintlich besseren Behandlung hochrangiger Kriegsgefangener ihr wirtschaftlicher Wert hinsichtlich einer möglichen Lösegeldzahlung zu berücksichtigen. Ausschlaggebend für das respektvolle Verhalten gegenüber den besagten Gefangenen ist ein bemerkenswertes Solidaritätsgefühl mit dem Adel und den Hierarchien des Gegners[63]. Diese bereits im Mittelalter bekannte Anerkennung des militärischen Ranges ist auch dem modernen Humanitären Völkerrecht nicht fremd. So regelt etwa Art. 39 GA III die Grußpflicht der Kriegsgefangenen[64]. Art. 44 desselben Abkommens bestimmt: *„Offiziere und ihnen gleichgestellte Kriegsgefangene werden mit der ihrem Dienstgrad und ihrem Alter zukommenden Rücksicht behandelt.“*

Ungeachtet der sozialen Herkunft gab es für die Kreuzfahrer nur wenige Möglichkeiten zur Beendigung ihrer Kriegsgefangenschaft. Der Übertritt zum Islam führte zur sofortigen Freilassung der Gefangenen. Die Flucht und die Befreiung durch die eigene Macht waren neben dem Freikauf oder Austausch von Gefangenen weitere Varianten, einer dauerhaften Kriegsgefangenschaft zu entkommen[65].

---

59 Friedmann, The Law of War – A Documentary History, Vol. 2, S. 126.

60 Overmans, In der Hand des Feindes, S. 3.

61 Friedmann, The Law of War – A Documentary History, Vol. 2, S. 140.

62 Friedmann, The Law of War – A Documentary History, Vol. 2, S. 131.

63 Friedmann, The Law of War – A Documentary History, Vol. 2, S. 131.

64 Vgl. Hinz, Das Kriegsgefangenenrecht, S. 93.

65 Friedmann, The Law of War – A Documentary History, Vol. 2, S. 136.

2. Christliches Abendland

Im christlichen Abendland brachte im Jahr 1179 n. Chr. das Dritte Laterankonzil einen erheblichen Fortschritt für christliche Kriegsgefangene. In seiner Entscheidung verbot Papst Alexander III. die Versklavung christlicher Kriegsgefangener, mithin also den Verkauf von Christen durch Christen[66]. Diese Regelung fand, wie von der Kirche beabsichtigt, keine Anwendung zu Gunsten von Nichtchristen. So ist das Recht, kriegsgefangene Nichtchristen als Sklaven zu handeln, noch in den italienischen Stadtrechten des 16. Jahrhunderts nachzuweisen. Aber auch hinsichtlich der Christen fand das Verbot in der Praxis nicht von Anfang an konsequente Anwendung[67].

Während noch im frühen Mittelalter die Kriegsgefangenen häufig getötet wurden[68], ist es dem christlichen Einfluss zu verdanken, dass die nutzlose Tötung von Gefangenen geächtet wurde[69]. So kann Schonung des Lebens der Gefangenen durch einen christlichen Sieger für das frühe Mittelalter als Regelmäßigkeit angenommen werden. Andererseits sind aber Grausamkeiten siegreicher heidnischer Gegner an christlichen Gefangenen zu verzeichnen[70].

Auch die römische Überlieferung ist eine der wichtigsten Wurzeln des mittelalterlichen Kriegsrechts[71]. Die Kirchenväter und Kanonisten im frühen Mittelalter griffen immer wieder auf römische Autoritäten zurück[72]. Bartolus von Sassoferrato (1314-1357), Lehrer des römischen Rechts aus der Schule der Kommentatoren in Bologna, sprach den größeren Herrschaftsträgern das Recht zum öffentlichen Krieg (bellum publicum) in der Tradition des römischen Reiches zu, wobei auch das Recht der Kriegsgefangenen zu achten sei[73].

Die Kriegführung im europäischen Mittelalter wurde durch das Rittertum entscheidend geprägt. Sie zeichnete sich waffentechnisch durch die Nutzung von Schwert, Rüstung und Lanze, sowie in taktischer Hinsicht durch einen massiven

66 Hinz, Das Kriegsgefangenenrecht, S. 3; Holtzendorff, Handbuch des Völkerrechts, Bd. 4, S. 426, Ziegler, Völkerrechtsgeschichte, § 18 IV. 3; Kirchenheim, in: Hatschek/Strupp, Wörterbuch des Völkerrechts und der Diplomatie, Bd. 1, 743.

67 Holtzendorff, Handbuch des Völkerrechts, Bd. 4, S. 426.

68 Lehmann, in: Festschrift für Frensdorff zum 80. Geburtstage, S. 14: „Daß Kriegsgefangene geopfert wurden, ist für die ganze Heidenzeit des Nordens wahrnehmbar, wenngleich die Berichte nicht von Opferung nach der Schlacht, sondern von Opferung an bestimmten Festen sprechen."

69 Nöding, in: Overmans, In der Hand des Feindes, S. 116.

70 Levy, in: Gierke, Untersuchungen zur Deutschen Staats- und Rechtsgeschichte, Bd. 29 (1889), S. 69 f.

71 Insgesamt zur Entwicklung des Rittertums und seiner geistigen Grundlagen: Cardini, in: Le Goff, Der Mensch des Mittelalters, S. 87 ff.

72 Grewe, Epochen der Völkerrechtsgeschichte, S. 144.

73 Grewe, Epochen der Völkerrechtsgeschichte, S. 145.

Reiterangriff mit anschließenden Zweikämpfen aus. Damit oblag die Kriegführung den Reiterkriegern, den Rittern[74]. So festigte sich im Ritterstand ein einheitliches Rechts- und Moralverständnis[75]. Die Grundlagen des ritterlichen Rechts- und Moralverständnisses entstammen der christlichen Moraltheologie und dem Naturrecht[76].

Der unterlegene Ritter konnte sich nach diesem Moralkodex der Achtung und des ehrenhaften Verhaltens seines Gegners sicher sein[77]. Die Gefangennahme erfolgte nach einem festen Verhaltensmuster. Der erste Schritt zur Gefangennahme war das Anbieten der Sicherheit des Besiegten an den Sieger[78]. Darin lag auch der ausdrückliche Verzicht auf weitere Gegenwehr, der Gefangene wird in keinem Fall mehr in den Kampf eingreifen[79]. Nach der Gefangennahme wurde gegenüber den ritterbürtigen Gefangenen aus dem ritterlichen Selbstverständnis heraus eine mildere Behandlung geübt[80]. Es ist gar davon auszugehen, dass in vielen Fällen eine Bewachung oder Festsetzung der Gefangenen nicht nötig war, da ihr Treueversprechen an den Sieger sie von der Flucht abhielt[81]. Der ritterliche Verhaltenskodex sah neben dem unmittelbaren Schutz von Leib und Leben auch die notwendige medizinische Versorgung vor und reichte bisweilen zu einem „Quasi“-Gastrecht[82]. Mit der konsequenten Anwendung der Verhaltensnormen des Ritterstandes konnte die Gefangennahme einer standesgleichen Person als Rechtsakt wahrgenommen werden[83]. Dieser ritterliche Moralkodex wurde auf der einen Seite durch seine ausschließliche Anwendung auf Angehörige des Ritterstandes beschränkt. Auf der anderen Seite beanspruchten die aus dem „ius gentium“ abgeleiteten Verhaltensregeln nur hinsichtlich der Behandlung christlicher Kriegsgegner Geltung[84].

Hinter der „standesgemäßen“ Behandlung der ritterbürtigen Gefangenen standen mitunter handfeste wirtschaftliche Motive. Zwar entwickelte sich im Mittel-

---

74 Schmidtchen, Kriegswesen im späten Mittelalter, S. 55.

75 Cardini, in: Le Goff, Der Mensch des Mittelalters, S. 113 ff.

76 Cardini, in: Le Goff, Der Mensch des Mittelalters, S. 92 ff.; Oeter, in: Overmans, In der Hand des Feindes, S. 42.

77 Rosenau, Wehrverfassung und Kriegsrecht. S. 257, 266 ff.; Fuhrmann, Einladung ins Mittelalter, S. 56.

78 Nöding, in: Overmans, In der Hand des Feindes, S. 104; Allgemein zu den verbindlichen Ritualen der Kommunikation im Mittelalter: Althoff, Spielregeln der Politik im Mittelalter, S. 10 ff.

79 Rosenau, Wehrverfassung und Kriegsrecht, S. 268.

80 Holtzendorff, Handbuch des Völkerrechts, Bd. 4, S. 426.

81 Nöding, in: Overmans, In der Hand des Feindes, S. 107, 111.

82 Schmidtchen, Kriegswesen im späten Mittelalter, S. 69.

83 Hinz, Das Kriegsgefangenenrecht, S. 3; Nöding, in: Overmans, In der Hand des Feindes, S. 102.

84 Oeter, in: Overmans, In der Hand des Feindes, S. 43.

alter, insbesondere wegen des Verbotes der Versklavung christlicher Gefangener, die Auffassung, dass der Kriegsgefangene seine Rechtspersönlichkeit behielt und damit dem Handelsverkehr entzogen war. Üblich blieb aber der regelmäßige Austausch von Kriegsgefangenen oder seine Freilassung gegen Lösegeld. Mithin blieb ein wirtschaftlicher Wert des Gefangenen zu Gunsten des siegreichen Gegners erhalten[85]. Der wirtschaftliche Wert des Kriegsgefangenen war die stärkste Sicherung für sein Leben gegenüber dem Sieger[86].

Zur Behandlung der Masse des Heeres eines unterlegenen Gegners sind dem ritterlichen Moralkodex keine Verhaltensnormen zu entnehmen[87]. Waren die Gefangenen für den Sieger nicht von wirtschaftlichem Wert, oder belasteten sie ihn gar im Hinblick auf Unterbringung und Bewachung, so ließ er sie fliehen oder massakrierte sie[88]. Der Personenkreis der möglichen Kriegsgefangenen geht im Mittelalter deutlich über den heutiger Zeit hinaus, in Betracht kamen neben den „Kombattanten" (aus heutiger Sicht) auch die unbewaffneten friedlichen Einwohner des Landes[89]. Eine rechtliche Unterscheidung zwischen Kombattanten und Nichtkombattanten, wie sie im heutigen Humanitären Völkerrecht üblich ist, ist im Kriegsrecht des Mittelalters nicht angelegt[90]. Die Behandlung der zivilen Einwohner des gegnerischen Landes war oft sehr viel unmenschlicher als die Behandlung feindlicher Kämpfer. Massaker und Verwüstungen zu Lasten der ländlichen Bevölkerung und zur Schädigung des Gegners ereigneten sich häufig in der damaligen Kriegführung[91].

Gegen Ende des Mittelalters ist eine Veränderung der Kriegführung zu verzeichnen. Ritterheere mussten gegenüber Fußkämpfern, die nun mit Schuss(feuer-)waffen ausgestattet werden konnten, und Bogenschützen empfindliche Niederlagen hinnehmen. Hiermit entfiel zunehmend auch die militärische Notwendigkeit und der damit verbundene elitäre Führungsanspruch der Ritterschaft[92]. Durch den

85 Nöding, in: Overmans, In der Hand des Feindes, S. 102.

86 Scheidl, Die Kriegsgefangenschaft, S. 24.

87 Levy, in: Gierke, Untersuchungen zur Deutschen Staats- und Rechtsgeschichte, Bd. 29 (1889), S. 66: „In Schlachten ist bei der gewaltigen Erbitterung des Kampfes sehr wahrscheinlich selten Pardon gegeben worden, vielmehr wurde niedergemetzelt, so viel als möglich war. Eine durchweg gleichmäßige Behandlung in Bezug auf Leib und Leben ist auch hier nicht zu konstatieren."

88 Levy, in: Gierke, Untersuchungen zur Deutschen Staats- und Rechtsgeschichte, Bd. 29 (1889), S. 66 f.; Nöding, in: Overmans, In der Hand des Feindes, S. 102.

89 Levy, in: Gierke, Untersuchungen zur Deutschen Staats- und Rechtsgeschichte, Bd. 29 (1889), S. 58; Oeter, in: Overmans, In der Hand des Feindes, S. 43.

90 Hinz, Das Kriegsgefangenenrecht, S. 3.

91 Keen, The Laws of War in the Late Middle Ages, S. 191; Oeter, in: Overmans, In der Hand des Feindes, S. 43.

92 Müller, Deutsche Geschichte, S. 77.

Niedergang des Rittertums gewannen die Söldnerheere an Bedeutung. Die professionellen und bezahlten Krieger waren nicht wie zuvor die Ritter in der Ausführung ihres „Handwerks“ durch die Standesehre, den ritterlichen Moralkodex, beschränkt. In dieser Zeit verrohten die Kriegssitten und die Kluft zwischen dem ritterlichen Idealbild und der Kriegswirklichkeit wurde größer[93]. Die zunehmend schlechte wirtschaftliche Situation des Adels bewirkte auch, dass für einen Gefangenen kein hohes Lösegeld mehr zu erwarten war. Damit entfiel ein Motiv, die Gefangenen sorgsam zu behandeln[94].

Für das gesamte Mittelalter galt: Der Kriegsgefangene war nicht Staatsgefangener, sondern Gefangener des siegreichen Einzelgegners oder dessen Heerführers[95]. Grewe sieht in seiner Völkerrechtsgeschichte hinsichtlich der Kriegsgefangenen im Mittelalter einen bedeutsamen Fortschritt: „Welches auch immer das Schicksal der Gefangenen sein mochte, Einkerkerung, Folter, Tod oder Auslösung – eine mögliche Folge ihrer Gefangennahme blieb ausgeschlossen: Das Absinken in den Stand der rechtlichen Unfreiheit. War Kriegsgefangenschaft in der Antike der wichtigste Ursprung der Sklaverei gewesen, so war sie im Mittelalter für die Begründung der Leibeigenschaft bedeutungslos“[96]. Zumindest kann dieser Satz für die christlichen Gefangenen christlicher Sieger im hohen und späten Mittelalter gelten; jedenfalls geht die Vorstellung fehl, dass die Sklaverei nur auf die Antike und die Neuzeit in Nord-, Süd- und Mittelamerika beschränkt war, das Mittelalter hingegen die Sklaverei nicht kannte[97].

Das Schicksal der Kriegsgefangenen lag in der gesamten Zeit des Mittelalters in den Händen des Siegers. Anders als nach den Theorien der Neuzeit, wonach der gefangene Gegner zum Kriegsgefangenen des Staates wird, fiel er im Mittelalter in die Gewalt desjenigen, der ihn gefangen nahm[98]. Es fehlten durchsetzbare Rechtssätze zu Gunsten der Gefangenen. Beschränkungen der Willkür des Siegers ergaben sich nur aus moralischen und wirtschaftlichen Erwägungen.

III. Neuzeit bis 1785

Das Jahr 1785 stellt eine Zäsur in der Entwicklung des Kriegsgefangenenrechts dar. In diesem Jahr wurde das preußisch-amerikanische Handels- und Freundschaftsabkommen geschlossen, womit erstmals Regeln über die Behandlung von

93 Grewe, Epochen der Völkerrechtsgeschichte, S. 142.

94 Oeter, in: Overmans, In der Hand des Feindes, S. 43.

95 Hinz, Das Kriegsgefangenenrecht, S. 3.

96 Grewe, Epochen der Völkerrechtsgeschichte, S. 143.

97 Vgl. zur Sklaverei im Mittelalter: Wesel, Geschichte des Rechts, Rdnr. 214.

98 Schmid, Die völkerrechtliche Stellung der Partisanen im Kriege, S. 9.

Kriegsgefangenen unabhängig von einem bereits begonnenen Konflikt kodifiziert wurden[99].

1. Begründung der modernen Völkerrechtslehre

Schon zum Ende des Mittelalters traten Veränderungen in der Kriegführung ein. Neue Waffentechniken[100] und die sich verschlechternde wirtschaftliche Situation des Adels bedingten den Niedergang des Rittertums. Zunächst blieben die Kriegsgefangenen Beute des siegreichen Gegners, der sie gefangen nahm. Ihr Schicksal lag damit in seiner Hand[101].

Zur Beschränkung der Kriegswirkungen bestimmte das fünfte Laterankonzil (1512-1517), dass Geistliche, Mönche, Kaufleute und Bauern, die sich am Kampf nicht beteiligten, unbehelligt bleiben sollten[102]. Sie wurden damit auch aus dem Kreis der möglichen Kriegsgefangenen herausgenommen. Dass sich diese kirchlichen Normen in der tatsächlichen Kriegführung nicht immer wiederfanden, zeigten nicht zuletzt die Gräueltaten und Massaker des Dreißigjährigen Krieges.

Die entstehenden Territorialstaaten bedienten sich nicht mehr der Ritterheere, sondern Truppen aus professionellen Söldnern zur Führung ihrer Kriege. Die Söldner führten den Krieg lediglich aus privater Gewinnerwartung, sie waren nicht an die Standesehre des Adels oder an ritterliche Moralvorstellungen gebunden. Dies trug zunächst deutlich zu einer Verrohung der Kriegssitten zu Beginn der Neuzeit bei[103]. Insgesamt schaffte das Söldnerwesen aber die Vorraussetzung zur Milderung der Behandlung der Söldner, der Kombattanten, selbst[104]. Es gehörte zur Natur des Söldnertums, dass die Söldner dem Herren dienten, der sie gerade bezahlte. Das hatte zur Folge, dass die Söldner einmal gegeneinander, dann aber wieder miteinander in den Krieg zogen. Dieses Verhältnis erzeugte über die Zeit einen milderen Kriegsbrauch gegenüber den Soldaten des Feindes. Oft hatte der Söldner nach seiner Gefangennahme um sein Leib und Leben nicht mehr zu fürchten. Diese Entwicklung setzte sich allerdings erst allmählich durch.

Greenwood sieht in der anfänglichen Entwicklung, dem Entstehen der Söldnerheere, insgesamt den Zusammenbruch des mittelalterlichen Rechts im Krieg

99 Vgl. Hinz, Das Kriegsgefangenenrecht, s. 3; Scheidl, Die Kriegsgefangenschaft, S. 37.

100 Cardini, in: Le Goff, Der Mensch des Mittelalters, S. 126 ff.

101 Berber, Lehrbuch des Völkerrechts, Bd. 2, § 27 I; Hinz, Das Kriegsgefangenenrecht, S. 3.

102 Nachweis bei: Scheidl, Die Kriegsgefangenschaft, S. 32.

103 Oeter, in: Overmans, In der Hand des Feindes, S. 43; Greenwood, in: Fleck, Handbuch des humanitären Völkerrechts in bewaffneten Konflikten, S. 13.

104 Scheidl, Die Kriegsgefangenschaft, S. 29.

(ius in bello)[105]. Den Zustand der Kriegführung und des Kriegsrechts in jener Zeit beschreibt Grotius zu Beginn seines während des Dreißigjährigen Krieges 1625 erschienen Werkes „De iure belli ac pacis" und gibt damit auch Auskunft über die Motivation für seine Auseinandersetzung mit dem Kriegsrecht. „Ich sah in den christlichen Ländern eine entartete Kriegführung, derer sich selbst rohe Völker geschämt hätten. Man greift aus unbedeutenden oder gar keinen Gründen zu den Waffen, und hat man sie einmal ergriffen, so wird weder das göttliche noch das menschliche Recht geachtet, gleichsam als ob auf Befehl die Wut zu allen Verbrechen losgelassen worden wäre."[106]

Die Begründer der modernen Völkerrechtslehre erkannten zwar den Unterschied zwischen der Kriegswirklichkeit und ihren rechtlichen Idealvorstellungen, allerdings bereiteten sie mit ihren Veröffentlichungen einer Humanisierung der Kriegführung den Weg. Die Trennung der Frage nach der Rechtmäßigkeit des Krieges von den rechtlichen Schranken der Kriegführung ist die gedankliche Voraussetzung für die Schaffung eines Kriegsgefangenenrechts[107]. Eben dieses Verdienst gebührt den frühen Autoren des Völkerrechts.

Maßgebend für die Lehre vom gerechten Krieg im Mittelalter und darüber hinaus war Konzeption des Augustinus von Hippo (354-430). Nach seiner Auffassung muss ein gerechter Krieg dem Frieden oder seiner Wiederherstellung dienen, sich gegen vom Feind begangenes und vorwerfbares Unrecht wenden, von einer legitimen Autorität (Gott oder Fürst) angeordnet sein und darf nicht gegen Gottes Gebot verstoßen[108]. Auch die Vertreter der spanischen Spätscholastik[109] Francisco de Vitoria (1492-1546) und Francisco Suárez (1548-1617) setzten sich bereits für eine „korrekte" Kriegführung ein, ein Fortschritt in der Humanisierung des Kriegsrechts scheiterte jedoch noch an der Unterscheidung zwischen gerechtem und ungerechtem Krieg[110]. Mit der spanischen Spätscholastik ist dennoch erstmals die Frage nach einem Recht im Krieg (ius in bello) Gegenstand kriegsrechtlicher Theorien geworden[111]. Ein weiterer Vertreter der spanischen Spätscholastik und der Lehre vom gerechten Krieg ist Domingo de

105 Greenwood, in: Fleck, Handbuch des humanitären Völkerrechts in bewaffneten Konflikten, S. 15.

106 Grotius, De iure belli ac pacis, Vorrede Ziff. 28.

107 Oeter, in: Overmans, In der Hand des Feindes, S. 45.

108 Gerechter Krieg, in: http://de.wikipedia.org/wiki/Gerechter_Krieg#Augustinus_von_Hippo, abgerufen am 16.09.2011.

109 Zum bellum iustum in der spanischen Spätscholastik vgl.: Schmidt, Bellum iustum, S. 147 ff.

110 Meier, Die Bestimmungen über das Kriegsverbrechens- und Besetzungsstrafrecht, S. 6; vgl. darüber hinaus zur spanischen Spätscholastik: Ziegler, Völkerrechtsgeschichte, S. 131 ff.

111 Schmidt, Bellum iustum, S. 154.

Soto (1494-1560)[112]. Grundlegend erkennt der spanische Dominikaner Francisco de Vitoria im (gerechten) Krieg alles als erlaubt an, was zur Verteidigung des öffentlichen Wohls oder für die Herstellung von Frieden und Sicherheit erforderlich sei[113]. Für den Jesuiten Suárez erscheint neben dem gerechten Krieg (bellum iustum) auch ein Krieg ohne gerechten Grund, aber nach freier Übereinkunft und Verabredung der Kriegsparteien möglich (bellum voluntarium). In einem solchen Krieg liege wegen der vorangegangenen Verständigung in Bezug auf die Parteien zwar keine Ungerechtigkeit vor, jedoch verstoße ein solcher Krieg wegen der Tötung von Menschen vor Gott gegen Liebe und Gerechtigkeit[114].

2. Autoren

Für die Entwicklung des Kriegsgefangenenrechts bis 1785 sind darüber hinaus folgende Autoren maßgeblich gewesen:

a) Balthasar de Ayala (1548-1584)

Balthasar de Ayala diente als Rechtsberater und Militärrichter der spanischen Armee in den aufständischen Niederlanden. Im Jahre 1582 veröffentlichte er zum Kriegsrecht seine Abhandlung „De jure et officiis bellicis et disciplina militare[115]. Ayala prägte eine weltliche Auseinandersetzung mit dem Kriegsrecht, seine Ausführungen waren nicht länger auf moraltheologische Erwägungen gestützt[116]. Nach Ayala ist nur der bewaffnete Kampf zwischen staatlichen Souveränen als Krieg im rechtlichen Sinne zu bewerten. Er hält damit einen beiderseits gerechten Krieg für möglich. Damit einher geht die Vorstellung, dass die Kriegsparteien wie zwei gleichberechtigte Prozessparteien auftreten und um einen Anspruch streiten[117]. Den Kriegführenden souveränen Mächten gibt er die Stellung von „Feinden" im Rechtssinne, iusti hostes.

---

112 Schule von Salamanca, in: http://de.wikipedia.org/wiki/Schule_von_Salamanca, abgerufen am 16.09.2011.

113 Schmidt, Bellum iustum, S. 161 m.w.N.

114 Schmidt, Bellum iustum, S. 179.

115 Ayala, De iure et officiis bellicis et disciplina militare (Text und englische Übersetzung in John Westlake, Classics of International Law, Washington 1912).

116 Vgl. Grewe, Epochen der Völkerrechtsgeschichte, S. 245; Nussbaum, Geschichte des Völkerrechts, S. 103.

117 Vgl. Wolff, Kriegserklärung und Kriegszustand nach klassischem Völkerrecht, S. 188; Grewe, Epochen der Völkerrechtsgeschichte, S. 244.

Diese Rechtsstellung erstreckt sich auch auf die Behandlung kriegsgefangener Feinde[118]. Deutlich ist aber die Trennung zwischen Krieg und Nicht-Krieg. Ein Privater, der Widerstand leistet, ist ein Rebell. Er kann keinen Krieg führen, da ihm der legitimierende Grund, welcher nur den souveränen Mächten zusteht, fehlt. Rebellen stehen Räubern und Piraten gleich, sie sind keine Feinde im Rechtssinne. Der Schutz des Kriegsrechts steht ihnen nicht zu, sie dürfen getötet werden, sind der Strafverfolgung ausgesetzt, jedermann kann sich ihr Eigentum aneignen und auch Verträge mit Rebellen brauchen nicht eingehalten zu werden[119].

b) Alberico Gentili (1552-1608)

Alberico Gentili[120], ein in Oxford lebender italienischer Emigrant, war wie Ayala mehrere Jahre in den Diensten der spanischen Krone. Die Grundkonzeption seines Kriegsrechts ist weitgehend mit der Ayalas übereinstimmend[121]. Grewe würdigt das Werk Gentilis, es sei getragen von dem Gedanken, die Schrecken des Krieges einzudämmen und eine ritterliche Kriegführung zwischen den bewaffneten Streitkräften der beiden Gegner herbeizuführen[122].

Im Gegensatz zur früheren Kriegsrechtslehre ging Gentili nicht mehr davon aus, dass ein Feind in rechtmäßiger Weise überall getötet werden dürfe. Er schloss die verräterische Tötung des Feindes, also seine Ermordung, aus. Gentili beschäftigte sich ebenfalls mit dem Recht der Kriegsgefangenen. Es sollte die Freilassung von Kriegsgefangenen gegen das Versprechen möglich sein, nicht mehr gegen die Macht zu kämpfen, die sie gefangen genommen hatte. Dieses Versprechen sollte gegenüber dem eigenen Herrscher nur dann keine Gültigkeit haben, wenn es dem Gemeinwohl oder dem Kriegsgesetz widerspreche.

Den Gedanken Gentilis zu den Kriegsgefangenen liegt zu Grunde, dass sie keine Strafgefangenen waren. Sie durften auch grundsätzlich nicht getötet werden, es sei denn, die Kriegsgefangenen hatten selbst gegen das Kriegsrecht verstoßen. Gleiches galt auch für die gefangenen Heerführer des Feindes. Die Tötung von Geiseln, wenn der Gegner sein Wort breche, hielt Gentili nach dem Kriegsrecht für zulässig. Die Versklavung von Kriegsgefangenen war nach den

---

118 Grewe, Epochen der Völkerrechtsgeschichte, S. 246.

119 Vgl. dazu Wolff, Kriegserklärung und Kriegszustand nach klassischem Völkerrecht, S. 184 ff.; Grewe, Epochen der Völkerrechtsgeschichte, S. 246; Schmitt, Der Nomos der Erde im Völkerrecht des Jus Publicum Europaeum, S. 124 ff.

120 Insgesamt zu dem Einfluss Gentilis auf die Entwicklung des Kriegsvölkerrecht: Grewe, Epochen der Völkerrechtsgeschichte, S. 247 ff.

121 Schmitt, Der Nomos der Erde im Völkerrecht des Jus Publicum Europaeum, S 130.

122 Grewe, Epochen der Völkerrechtsgeschichte, S. 253.

Gesetzen des Krieges grundsätzlich zulässig. Jedoch war in Kriegen, die zwischen Christen geführt wurden, die Versklavung gefangener Feinde verboten.

Zwar war Gentili der Begriff Zivilbevölkerung nicht geläufig, doch forderte er grundsätzlich die Schonung von Frauen, Kindern, älteren Menschen, Geistlichen, Bauern und Händlern. Eine vergleichbare Breitenwirkung wie mit dem Werk von Grotius wurde dem von Gentili zunächst nicht zuteil. Seine Bedeutung für die Entwicklung einer weltlichen Völkerrechtslehre ist jedoch unbestritten.[123]

c) Hugo Grotius (1583-1645)

Grotius gilt gemeinhin als Wegbereiter des „modernen" Völkerrechts[124]. Dem Kriegsrecht gilt sein Hauptwerk „De iure belli ac pacis". Grotius hat mit seinem Werk großen Anteil an der Säkularisierung der mittelalterlichen Idee des gerechten Krieges.

Im 4. Kapitel des Werkes „De iure belli ac pacis" setzt sich Grotius mit dem Tötungsrecht und sonstiger Gewalt gegenüber dem Feind in einem förmlichen Krieg auseinander. Er gab dem Tötungsrecht einen weiten Umfang, damit könnten alle, die sich innerhalb der feindlichen Grenzen befänden, umgebracht oder feindlich behandelt werden. Dabei berief er sich auf Livius: „Als Kriegsfeind soll jeder gelten, der sich unter dem Schutz des Gegners befindet"[125]. Das Tötungsrecht erstreckte sich damit auch auf die Kinder und Frauen des Feindes. Grotius hielt zunächst die Tötung sich bedingungslos ergebender Feinde für rechtmäßig. Gleiches galt auch für die spätere Tötung versklavter Kriegsgefangener sowie von Geiseln, gleich ob sie sich selbst als Geisel gestellt hatten oder auf andere Weise in die Hand des Feindes geraten waren. Für unrechtmäßig hielt Grotius jedoch die Tötung unterlegener Feinde, wenn dies aus Vergeltung oder wegen der Hartnäckigkeit ihres Widerstandes geschehe.

Dem Postulat des eben dargestellten Tötungsrechts im Krieg widersprach Grotius dann einige Kapitel später, indem er aus dem geschichtlich gewachsenen Völkerrecht, der christlichen Nächstenliebe und den Geboten der Mäßigung den Kriegsparteien in ihrer Kriegführung engere Grenzen setzte[126]. Sein 11. Kapitel

---

123 Nussbaum, Geschichte des Völkerrechts, S. 111; Grewe, Epochen der Völkerrechtsgeschichte, S. 253 f.

124 Schmitt, Der Nomos der Erde im Völkerrecht des Jus Publicum Europaeum, S 131; Meier, Die Bestimmungen über das Kriegsverbrechens- und Besetzungsstrafrecht, S. 6, 8; Grewe, Epochen der Völkerrechtsgeschichte, S. 259; ausführlich zum Leben und Werk von Hugo Grotius: Nussbaum, Geschichte des Völkerrechts, S. 113 ff.

125 Grotius, De iure belli ac pacis, Drittes Buch, 4. Kapitel Ziff. VI.

126 Grotius, De iure belli ac pacis, Drittes Buch, 10. Kapitel Ziff. I ff.; Grewe, Epochen der Völkerrechtsgeschichte, S. 255.

im dritten Buch „De iure belli ac pacis“ lautet dann auch „Beschränkungen des Tötungsrechtes in einem gerechten Krieg“. Bezüglich der Tötung der Kriegsgefangenen beruft sich Grotius auf einen Ausspruch des Pyrrhus aus Seneca, wonach der Anstand, das heißt die Rücksicht auf die Billigkeit, uns verbietet, den Gefangenen das Leben zu nehmen[127]. Dem folgt ein Zitat des Augustinus:

> *„Der Feind im Kampfe wird aus Notwendigkeit, nicht mit Willen getötet. So wie man dem, der Kampf und Widerstand leistet, Gewalt mit Gewalt beantwortet, so schuldet man dem Besiegten und Gefangenen Erbarmen, namentlich denen, von denen eine Störung des Friedens nicht zu besorgen ist.“*[128]

So solle man nach Grotius diejenigen Feinde, die sich ergeben wollen, aufnehmen und die, die sich ergeben haben, am Leben lassen. Die Schonung des Lebens forderte Grotius gleichsam auch für die Zivilbevölkerung.

Ein eigenes Kapitel ist „Beschränkungen hinsichtlich der Gefangenen“ gewidmet. Hier wird das Recht zur Versklavung der Kriegsgefangenen ausführlich behandelt. Danach besteht weder ein Tötungsrecht gegenüber unschuldigen Sklaven noch ein Recht die Sklaven unbarmherzig zu bestrafen oder ihnen allzu schwere Arbeit aufzuerlegen. Solange den kriegsgefangenen Sklaven keine unerträgliche Härte zur Flucht nötige, stehe ihm dieses Recht nicht zu.

d) Emer de Vattel (1714-1767)

Die völkerrechtlichen Erkenntnisse von Emer de Vattel stützen sich im Wesentlichen auf eine empirische Erfassung der Staatenpraxis. Vattel war der einflussreichste völkerrechtliche Autor des 18. Jahrhunderts[129]. Der wesentliche Fortschritt Vattels zur Humanisierung des Kriegsrechts bestand darin, dass er sich von der alten Konzeption des Krieges löste, wonach der Krieg jede die Zufügung eines Übels legitimierende Beziehung aller Bürger des einen zu allen Bürgern des anderen Staates sei[130]. Damit hatte Vattel die tatsächliche Entwicklung der Kriegführung erfasst und als gewohnheitsrechtliche Regelung anerkannt.

Dieser Fortschritt deutete bereits auf die Ziele, die Rousseau später erreichen sollte. So schrieb Vattel:

---

127 Grotius, De iure belli ac pacis, Drittes Buch, 11. Kapitel Ziff. XIII.

128 Augustinus, Brief 205 an Bonifatius, zit. nach Grotius, De iure belli ac pacis, Drittes Buch, 11. Kapitel Ziff. XIII.

129 Vgl. Oeter, in: Overmans, In der Hand des Feindes, S. 45; zum Einfluss Vattels auf das Völkerrecht: Guggenheim, Emer de Vattel und das Völkerrecht (Einleitung), S. XIII-XXXII, in: Vattel, Le Droit des Gens ou Principes de la Loi Naturelle.

130 Schmid, Die völkerrechtliche Stellung der Partisanen im Kriege, S. 16.

„Befinden sich zwei Nationen im Kriege, so sind, wenn man nur das Völkerrecht in Betracht zieht, die Untertanen jeder dieser Nationen zu feindseligen Handlungen gegen die andere berechtigt und dürfen ihr alle Übel antun, die durch den Kriegszustand erlaubt sind. (...) Nicht ohne Grund ist daher das gegensätzliche Verfahren bei den europäischen Nationen, zum mindesten bei den Völkern, die reguläre Truppen oder Milizen unterhalten, zum Gewohnheitsrecht geworden. Die Truppen allein führen den Krieg, der Rest des Volkes bleibt ihm fern."[131]

Diese Regel ist schon dadurch bedingt, dass Vattel sowohl für die Kriegsgefangenen, als auch für die Zivilbevölkerung einen gewissen Schutz konstatierte. Trotzdem hielt es Vattel weiterhin für rechtlich erlaubt, die ganze Bevölkerung des feindlichen Landes, einschließlich der Frauen und Kinder, festzunehmen und zu Gefangenen zu machen[132]. Ihre Schonung sei dabei aus Gründen der Menschlichkeit geboten. Diese Norm aus Vattels Kriegsrecht zeigt, dass eine rechtliche Unterscheidung zwischen Kombattanten und Zivilbevölkerung dem Völkerrecht bis zu diesem Zeitpunkt noch fremd gewesen ist[133].

Das Zurückbehalten von Kriegsgefangenen begründete Vattel damit, dass entweder ihre Wiedervereinigung mit dem Feind zu verhindern oder von ihrem Souverän eine gerechte Entschädigung für ihre Rückführung zu erhalten sei[134]. Zur Behandlung der Gefangenen führte Vattel weiter aus, es sei verboten, einen Feind, den man in seine Gewalt gebracht habe, zu töten, es sei denn, der Kriegsgefangene habe sich eines todeswürdigen Verbrechens schuldig gemacht[135]. Kriegsgefangene seien in sicheres Gewahrsam zu nehmen, wenn erforderlich sogar zu fesseln. Die Bestrafung von Gefangenen wegen Vergehen gegen den Gewahrsamsstaat sei zulässig[136]. Die Freilassung der Gefangenen auf das Ehrenwort, sich für die gesamte Dauer des Krieges des Kampfes zu enthalten, sei ebenfalls zulässig und in Europa gängige Praxis[137]. Läge aber ein Notstand vor, der die Ernährung und Überwachung der Kriegsgefangenen unmöglich mache, oder sei eine Freilassung der Kriegsgefangenen ohne ihre Wiedereingliederung in das gegnerische Heer und die erneute Beteiligung an Kämpfen befürchten zu müssen, nicht möglich, so ist nach Vattel noch ein Tötungsrecht gegeben[138]. Das Recht, einen Kriegsgefangenen zum Sklaven zu machen, bestehe nur dann, wenn auch das Recht, ihn wegen eines todeswürdigen Verbrechens zu töten, gegeben sei. Ansonsten sei die Sklaverei verboten und in Europa ohnehin abgeschafft[139].

131 Vattel, Le Droit des Gens ou Principes de la Loi Naturelle, Buch 3, § 226.
132 Vattel, Le Droit des Gens ou Principes de la Loi Naturelle, Buch 3, § 148.
133 Vgl. Hinz, Das Kriegsgefangenenrecht, S. 4.
134 Vattel, Le Droit des Gens ou Principes de la Loi Naturelle, Buch 3, § 153.
135 Vattel, Le Droit des Gens ou Principes de la Loi Naturelle, Buch 3, § 149.
136 Vattel, Le Droit des Gens ou Principes de la Loi Naturelle, Buch 3, § 150.
137 Vattel, Le Droit des Gens ou Principes de la Loi Naturelle, Buch 3, §§ 150,151.
138 Vattel, Le Droit des Gens ou Principes de la Loi Naturelle, Buch 3, § 151.
139 Vattel, Le Droit des Gens ou Principes de la Loi Naturelle, Buch 3, § 152.

Es bleibt noch festzuhalten, dass der Staat verpflichtet war, seine gefangenen Bürger auszulösen und für die Kosten ihres Unterhalts während der Gefangenschaft aufzukommen[140].

Vattels Darstellungen des Kriegsrechts werden grundsätzlich anhand von Dokumenten und weiterem Tatsachenmaterial von Johann Jakob Moser[141] bestätigt[142]. Nach Moser sind die Kriegsgefangenen lediglich dadurch besser gestellt als, dass er fordert, besonders gegenüber Kranken „auf ihre möglichste Erhaltung bedacht zu sein" und eine Verwahrung an „üblen" Orten auszuschließen[143].

3. Austauschverträge und Lösegeldvereinbarungen

Neben den völkerrechtlichen Autoren hatten auch die zwischenstaatlichen Ranzionierungsverträge (Lösegeldübereinkommen) und Austauschverträge einen Einfluss auf die Entwicklung des Kriegsgefangenenrechts. Während zunächst Ranzionierungsverträge zur Rückführung der Kriegsgefangenen allgemein gebräuchlich waren, wurde bis zum Dreißigjährigen Krieg die Freilassung nach dem Kriege im Austauschwege üblich[144].

Während des Krieges wurden oft Austauschkartelle zwischen den Kriegsparteien vereinbart. Bei den Kriegsparteien bestand ein großes Interesse am Austausch ihrer Gefangenen, da diese auch während der Gefangenschaft ihren Anspruch auf den Sold nicht verloren. Ferner bestand im Hinblick auf die Söldnerheere die Gefahr, dass der Gegner die Gefangenen als Personalersatz oder Verstärkung für sich anwarb[145]. Der Austausch von Gefangenen während des Krieges ohne eine Lösegeldvereinbarung setzte sich erst langsam durch. Scheidl berichtet, dass noch im Jahre 1780 England und Frankreich ein Kartell zur gegenseitigen Freilassung von Kriegsgefangenen gegen Lösegeld vereinbart hatten.

In den Austauschverträgen wurden auch erste Vereinbarungen über die Behandlung von Kriegsgefangenen getroffen. Auch wegen dieser Abmachungen bildeten sich bei den Kriegsparteien im Umgang mit den Kriegsgefangenen Re-

---

140 Vattel, Le Droit des Gens ou Principes de la Loi Naturelle, Buch 3, § 154.

141 Moser, Johann Jakob, Versuch des neuesten Europäischen Völcker-Rechts in Friedens- und Kriegs-Zeiten, Frankfurt 1777-1779, 18. Buch: Vom Krieg.

142 Schmid, Die völkerrechtliche Stellung der Partisanen im Kriege, S. 18.

143 Moser, Johann Jakob, Versuch des neuesten Europäischen Völcker-Rechts in Friedens- und Kriegs-Zeiten, 10. Kap., § 17 ff. zit. nach Schmid, Die völkerrechtliche Stellung der Partisanen im Kriege, S. 19, Fn. 38.

144 Martens, Völkerrecht, Bd. 2, S. 500 m.w.N.; Scheidl, Die Kriegsgefangenschaft, S. 30.

145 Overmans, In der Hand des Feindes, S. 4.

geln heraus, die erst später ihre völkerrechtliche Anerkennung fanden[146]. Dazu schreibt Vattel:

> *„Die europäischen Nationen haben in dem löblichen Bemühen, die Kriegsfolgen zu mildern, bezüglich der Gefangenen menschliche, segensreiche Gewohnheiten eingeführt. Man tauscht sie aus oder kauft sie zurück, sogar während des Krieges, und bemüht sich gewöhnlich, dies vorher durch ein Kriegsabkommen (Kartell) zu regeln.“*[147]

Zur Freilassung der Gefangenen nach dem Krieg war bereits im 17. Jahrhundert die Zahlung eines Lösegeldes nicht mehr allgemein gebräuchlich[148]. Der Westfälische Friede von 1648 bestimmte nach Art. 43 die gegenseitige Freilassung der Kriegsgefangenen ohne Lösegeld und ohne Ausnahme und Reserve. Letztmalig bedurfte es in dem Vertrag von Amiens (1802) zwischen Frankreich und Großbritannien, Spanien und der Batavischen Republik der Erwähnung, dass die Kriegsgefangenen ohne Lösegeld freizulassen waren. Diese Entwicklung ging einher mit der Wandlung des Kriegsgefangenen vom Einzelgefangenen zum Staatsgefangenen, der Ausbildung der Menschenrechte und der damit verschwindenden Sklaverei[149].

4. Aufklärung

Im Zeitalter der Aufklärung änderte sich die Einstellung der Staaten zum Krieg. Jean-Jacques Rousseau verkündete 1762 jenes, seiner Staatskonzeption entsprechende Axiom, welches das Kriegsrecht gedanklich revolutionierte und als Basis des Humanitären Völkerrechts noch heute Geltung beanspruchen kann. In seinem Werk „Le contrat social“ erklärt Rousseau zum Krieg:

> *„Der Krieg ist keineswegs eine Beziehung von Mensch zu Mensch, sondern eine Beziehung von Staat zu Staat, und die einzelnen sind weder als Menschen noch als Bürger als Feinde anzusehen, sie sind es als Soldaten, nicht als Mitglieder ihres Landes, aber als dessen Verteidiger. (...) Da Ziel des Krieges die Zerstörung des gegnerischen Staates ist, besteht das Recht, seine Verteidiger zu töten, solange sie die Waffen in der Hand haben. Sobald sie diese jedoch ablegen und sich ergeben, werden sie wieder einfache Menschen, und man hat kein Recht, ihnen das Leben zu nehmen.“*[150]

Diese grundsätzliche Erkenntnis wiederholte und propagierte der französische Jurist und Staatsmann Portalis anlässlich der Eröffnung des französischen Pri-

---

146 Vgl. Hinz, Das Kriegsgefangenenrecht, S. 4.

147 Vattel, Le Droit des Gens ou Principes de la Loi Naturelle, Buch 3, § 153.

148 Scheidl, Die Kriegsgefangenschaft, S. 30.

149 Scheidl, Die Kriegsgefangenschaft, S. 31.

150 Rousseau, Le contrat social, 1762, Buch I, Kapitel 4 zit. nach Greenwood, in: Fleck, Handbuch des humanitären Völkerrechts in bewaffneten Konflikten, S. 14.

senhofes im Jahr 1801 und begründete damit die Rousseau-Portalis-Doktrin[151]. Hiermit war die Grundlage eines modernen Verständnisses geschaffen, dass ein Kriegsgefangener ein Individuum mit eigenen Rechten ist. Mithin war nun auch ein Tötungsrecht gegen die Kriegsgefangenen nicht länger zu vertreten, vielmehr konnte hierauf insgesamt der Grundsatz einer menschlichen Behandlung gestützt werden[152]. Freilich erlaubten die Erkenntnisse Rousseaus nun auch die Unterscheidung von Kombattanten und Nichtkombattanten. Damit einher gingen die Festsetzung ihrer Rechte und Pflichten sowie ihre Abgrenzung nach gewohnheitsrechtlichen Kriterien[153].

Die Formulierung Rousseaus war nun nicht einer plötzlichen Eingabe zu verdanken, sondern sie ist das Ergebnis einer Kriegsrechtsentwicklung, die ihren Anfang im 16. Jahrhundert genommen hat[154].

Der Gedanke der Humanität und Verhältnismäßigkeit schlug sich von nun an im Völkerrecht nieder. Es entwickelte sich die Auffassung, dass dem Feind nicht mehr Schaden zugefügt werden sollte als unbedingt notwendig war und es der Kriegszweck erforderte[155]. Die Kriegsgefangenschaft war durch den Zweck des Krieges begrenzt und damit nur ein Mittel zum Frieden[156]. Mit den Humanisierungsideen der Neuzeit wurde eine Grundlage geschaffen, die das Kriegsgefangenenrecht besonders milde gestaltete[157].

IV. Neuzeit ab 1785

Im Verlauf des 19. Jahrhunderts wurden die Regeln des Kriegsgefangenenrechts konkretisiert. Problematisch war die Abgrenzung der legalen Kombattanten von illegalen Aufständischen. Phänomene wie die „levée en masse“ sind aus den Volkskriegen dieser Zeit bekannt. Während zwischen den regulären Armeen die Gebräuche des Krieges grundsätzlich weiterhin Beachtung fanden, obwohl klare völkerrechtliche Kriterien für die Zuerkennung des Kombattantenstatus noch

151 Meier, Die Bestimmungen über das Kriegsverbrechens- und Besetzungsstrafrecht, S. 8.

152 Greenwood, in: Fleck, Handbuch des humanitären Völkerrechts in bewaffneten Konflikten, S. 14; Schmid, Die völkerrechtliche Stellung der Partisanen im Kriege, S. 20.

153 Greenwood, in: Fleck, Handbuch des humanitären Völkerrechts in bewaffneten Konflikten, S. 14; Schmid, Die völkerrechtliche Stellung der Partisanen im Kriege, S. 20.

154 Schmid, Die völkerrechtliche Stellung der Partisanen im Kriege, S. 20.

155 Holtzendorff, Handbuch des Völkerrechts, Bd. 4, S. 427; Meurer, Die Haager Friedenskonferenz, Bd. 2, S. 113; Meier, Die Bestimmungen über das Kriegsverbrechens- und Besetzungsstrafrecht, S. 6.

156 Bluntschli, Das moderne Völkerrecht der civilisirten Staaten, S. 38 ff.

157 Holtzendorff, Handbuch des Völkerrechts, Bd. 4, S. 427.

fehlten[158], wurde dem irregulär kämpfenden Feind der Schutz des Kriegsgefangenenstatus nicht zuteil[159]. So wurden die Aufständischen überwiegend mit dem Tode bestraft, in der Regel durch die sofortige Erschießung. Auch im deutsch-französischen Krieg von 1870/71 war die irreguläre Teilnahme an Feindseligkeiten Kernproblem politischer und juristischer Diskussionen. Für die Anerkennung der Franctireurs als Soldaten wurde diesen ein Mindestmaß an Erkennbarkeit als Kämpfer abverlangt[160].

Die gewohnheitsrechtlichen Regeln zur Behandlung von Kriegsgefangenen wurden immer präziser. Damit einher ging die Kodifikation des Kriegsgefangenenrechts[161]. Ihren Anteil an der Entwicklung des Kriegsrechts hatten auch private Autoren, die sich wissenschaftlich mit diesem Rechtskreis auseinandersetzten. Zu ihren Vertretern gehören Bluntschli mit „Das moderne Völkerrecht der civilisierten Staaten" (1868), Dahns „Das Kriegsrecht, kurze, volkstümliche Darstellung für Jedermann, zumal für den deutschen Soldaten" (1870) oder Dudley Fields „Outlines of an International Code" (1872)[162]. Der Kern der Entwicklung des Kriegsrechts verlief aber von nun an im Rahmen staatlicher Kodifikationen oder völkerrechtlicher Übereinkünfte.

1. Preußisch-amerikanischer Freundschafts- und Handelsvertrag von 1785[163]

Im Freundschafts- und Handelsvertrag zwischen Preußen und den Vereinigten Staaten von Amerika hatte die nach Rousseau neue Grundlage des Kriegsrechts erstmals ihren positiv-rechtlichen Niederschlag gefunden[164]. Der Vertrag wurde am 10. September 1785 geschlossen. Als seine wesentlichen Autoren gelten

158 Schmid, Die völkerrechtliche Stellung der Partisanen im Kriege, S. 22.

159 Oeter, in: Overmans, In der Hand des Feindes, S. 47f.

160 Schmid, Die völkerrechtliche Stellung der Partisanen im Kriege, S. 26 ff.

161 Vgl. Oeter, in: Overmans, In der Hand des Feindes, S. 48; Meier, Die Bestimmungen über das Kriegsverbrechens- und Besetzungsstrafrecht, S. 8 ff.

162 Meier, Die Bestimmungen über das Kriegsverbrechens- und Besetzungsstrafrecht, S. 9 ff.

163 Abgedruckt in Strupp, Urkunden zur Geschichte des Völkerrechts, Bd.1, S. 87; insgesamt zu den frühen preußisch-amerikanischen Verträgen: Fleischmann, in: Zeitschrift für Völkerrecht, Bd. 9 (1916), S. 544 ff.

164 Vgl. Schmid, Die völkerrechtliche Stellung der Partisanen im Kriege, S. 20; Meurer, Die Haager Friedenskonferenz, Bd. 2, S. 113; Greenwood, in: Fleck, Handbuch des humanitären Völkerrechts in bewaffneten Konflikten, S. 15.

Benjamin Franklin (von 1776 bis 1786 Gesandter der Vereinigten Staaten von Amerika in Frankreich) und der preußische König Friedrich der Große[165].

Art. 24 des Vertrages enthält vorbildliche und zukunftsweisende Regelungen für die Behandlung von Kriegsgefangenen. Es wurde für den Fall einer kriegerischen Auseinandersetzung die Versendung der Gefangenen in ungesunde Gegenden sowie die Einkerkerung verboten. Damit wurden Fragen der Unterbringung der Kriegsgefangenen geklärt. Weil es sich bei Art. 24 um eine kriegsrechtliche Vorschrift handelt, wurde ausdrücklich die Fortgeltung des Abkommens für den Fall eines Krieges festgeschrieben[166].

Die Grundsätze, die in diesem Vertrag gegenseitig anerkannt wurden, sind nach und nach allgemeines Recht geworden[167]. Oeter gibt zur Bedeutung des Vertrages als Präzedenzfall zu bedenken, dass es sich bei dem preußisch-amerikanischen Freundschafts- und Handelsvertrag um eine bilaterale Regelung handelte, die nie zur Anwendung kam[168]. Bedeutsam ist der Vertrag für das Kriegsgefangenenrecht aber schon deswegen, weil er bereits Regelungen für den Fall künftiger kriegerischer Auseinandersetzungen enthält. Seinen Stellenwert erhält der Vertrag dadurch, dass er als erster Regelungen für die Behandlung der Kriegsgefangenen und ihrer Rechte für die Zeit während der Feindseligkeiten bzw. der Gefangenschaft formuliert[169]. Scheidl hält den ethischen Grundgehalt der Bestimmungen des Vertrages bis in das 20. Jahrhundert hinein für unübertroffen[170].

Das Kriegsgefangenenrecht ist für Scheidl mit der Regelung im preußisch-amerikanischen Freundschafts- und Handelsvertrag der Zufälligkeit des Einzelfalls entrückt und zu einem allgemeinen völkerrechtlichen Problem erhoben worden, das von nun an zur ständigen Beachtung und dauernden Diskussion gestellt war[171]. Die besondere Bedeutung des Vertrages für die Entwicklung des Völkerrechts wurde bereits kurz nach dem Vertragsschluss insbesondere von amerikanischer Seite herausgestellt[172].

In den nachfolgenden Jahrzehnten vollzog sich die Entwicklung des Kriegsgefangenenrechts relativ langsam. Ein Einfluss des preußisch-amerikanischen

---

165 Schmid, Die völkerrechtliche Stellung der Partisanen im Kriege, S. 20; Greenwood, in: Fleck, Handbuch des humanitären Völkerrechts in bewaffneten Konflikten, S. 15.

166 Strupp, Urkunden zur Geschichte des Völkerrechts, Bd.1, S. 88.

167 Bluntschli, Das moderne Völkerrecht der civilisirten Staaten, S. 38 ff; Hinz, Das Kriegsgefangenenrecht, S. 5.

168 Oeter, in: Overmans, In der Hand des Feindes, S. 49, Fn. 36.

169 Scheidl, Die Kriegsgefangenschaft, S. 40.

170 Scheidl, Die Kriegsgefangenschaft, S. 40.

171 Scheidl, Die Kriegsgefangenschaft, S. 40.

172 Fleischmann, in: Zeitschrift für Völkerrecht, Bd. 9 (1916), S. 549.

Freundschafts- und Handelsvertrages zeichnete sich in den einschlägigen Abkommen und auch der tatsächlichen Behandlung der Kriegsgefangenen zunächst noch nicht ab.

2. Lieber-Code von 1863

Einen weiteren beachtlichen Fortschritt für das Kriegsvölkerrecht brachte im Jahr 1863 das Inkrafttreten einer militärischen Dienstvorschrift, der US Army General Order No. 100, ursprünglich benannt als „Instructions for the Government of Armies of the United States in the Field"[173]. Bekannt ist die Vorschrift unter dem Namen seines Hauptverfassers als Lieber-Code. Unter dem Einfluss des Beginns des amerikanischen Sezessionskrieges beauftragte Präsident Abraham Lincoln 1861 den Deutsch-Amerikaner Francis Lieber (1800 – 1872), Professor für politische Wissenschaft und Rechtswissenschaft an der Columbia University, New York, mit dem Entwurf einer umfassenden Zusammenstellung der im Krieg anwendbaren völkerrechtlichen Regeln[174]. Nach der Prüfung durch ein militärisches Komitee wurde der Lieber-Code für die Unionstruppen als amtliches Handbuch zur Vermittlung rechtlicher Regeln in Kraft gesetzt. In 157 Artikeln zeigt Lieber die Rechte und Pflichten der Kriegführenden auf.

Im Allgemeinen gingen die Kriegsregeln in der Mitte des 19. Jahrhundert noch von einem umfassenden Recht zur Schädigung des Feindes aus. Aus dem Begriff des Krieges leitete Lieber aber die noch heute geltenden Grenzen des Schädigungsrechts ab[175]. Dabei ist die klassische, von Rousseau und Portalis geprägte Lehre[176], wonach der Krieg ein Rechtsverhältnis zwischen Staaten, nicht aber zwischen den einzelnen Menschen ist, Grundlage für den Schutz des einzelnen Soldaten[177]. Die Prinzipien, Inhalte und Grundlagen des Kodex und die diesem zu Grunde liegenden kriegsvölkerrechtlichen Regelungen kommen in Art. 11 des Lieber-Codes deutlich zum Ausdruck.

173 Ausführlich zur Bedeutung des Lieber-Codes: Vöneky, in: ZaöRV, Bd. 62 (2002), S. 423 ff.

174 Greenwood, in: Fleck, Handbuch des humanitären Völkerrechts in bewaffneten Konflikten, S. 15; Oeter, in: Overmans, In der Hand des Feindes, S. 49; Scheidl, Die Kriegsgefangenschaft, S. 40.

175 Vöneky, in: ZaöRV, Bd. 62 (2002), S. 424.

176 Siehe oben: Kap 1 III.

177 Fleck, in: Fleck, Beiträge zur Weiterentwicklung des humanitären Völkerrechts für bewaffnete Konflikte, S. 112.

„Art. 11 Instructions for the Government of Armies of the United States in the field[178]:

The law of war does not only disclaim all cruelty and bad faith concerning engagements concluded with the enemy during the war, but also the breaking of stipulations solemnly contracted by the belligerents in time of peace, and avowedly intended to remain in force in case of war between the contracting powers.

It disclaims all extortions and other transactions for individual gain; all acts of private revenge, or connivance at such acts.

Offences to the contrary shall be severely punished, and especially so if committed by officers.“

Im III. Abschnitt des Kodex ist die Behandlung von Kriegsgefangenen Gegenstand einer genauen Regelung[179]. Art. 49 enthält eine ausgefeilte Definition des Begriffs des Kriegsgefangenen. Danach zählen zu den möglichen Kriegsgefangenen die Angehörigen des regulären feindlichen Heeres und der von kompetenter Stelle veranlassten Levée en masse. Die Regelungen geboten eine menschliche Behandlung der Kriegsgefangenen, eingeschlossen ihrer Verpflegung und Unterbringung. Sie wurden Grundlage der Brüsseler Erklärung sowie der Haager Verträge von 1899 und 1907[180]. Auch weitere kriegsvölkerrechtliche Verträge wurden durch den Lieber-Code beeinflusst[181], zu nennen sind hier die St. Petersburger Deklaration von 1868 und die Genfer Konventionen von 1864, 1906, 1929 und 1949[182].

Lieber selbst ging schon davon aus, dass das Beispiel seiner Dienstvorschrift in anderen Staaten Schule machen werde[183]. Bis zum Ende des 19. Jahrhunderts übernahmen viele Staaten, darunter Preußen, Niederlande, Schweiz, Italien, Frankreich und Großbritannien, den Kodex als Leitlinie für ihre Truppen[184]. Der Lieber-Code beruht auf der Philosophie der Aufklärung[185] und entspricht in sei-

---

178 Abgedruckt in: Bluntschli, Das moderne Völkerrecht der civilisirten Staaten, S. 483 ff.

179 Siehe Auszug aus dem III. Abschnitt des Lieber-Codes im Anhang.

180 Greenwood, in: Fleck, Handbuch des humanitären Völkerrechts in bewaffneten Konflikten, S. 15 ff.; Vöneky, in: ZaöRV, Bd. 62 (2002), S. 425.

181 Hinz, Das Kriegsgefangenenrecht, S. 5.

182 Vöneky, in: ZaöRV, Bd. 62 (2002), S. 425 m.w.N.

183 Dies geht aus einem Brief Liebers an General Halleck vom 20. Mai 1863 hervor; Root, in: AJIL, Vol. 7 (1913), S. 455; Vöneky, in: ZaöRV, Bd. 62 (2002), S. 425 m.w.N.

184 Garner, in: Military Law Review, Vol. 27 (1965), S. 5; Vöneky, in: ZaöRV, Bd. 62 (2002), S. 425 m.w.N.; Oeter, in: Overmans, In der Hand des Feindes, S. 49; Meier, Die Bestimmungen über das Kriegsverbrechens- und Besetzungsstrafrecht, S. 8.

185 Greenwood, in: Fleck, Handbuch des humanitären Völkerrechts in bewaffneten Konflikten, S. 15 ff.

nen Regelungen weitestgehend dem damaligen Stand der Auffassungen zum Kriegsvölkerrecht[186].

Bemerkenswert war der Anwendungsbereich des Kodex. Der Lieber-Code verwendete den Begriff des öffentlichen Krieges; dieser ist einerseits beim Vorliegen einer formellen Kriegserklärung, andererseits im Falle bewaffneter Auseinandersetzungen, die einzelne militärische Zwischenfälle (mere battles) überschreiten, gegeben[187]. Mithin stimmt diese Definition mit dem heute gebräuchlichen Begriff des internationalen Konfliktes überein, sofern dieser kleinere, zeitlich und örtlich begrenzte Zwischenfälle (measures short of war) ausschließt[188]. Damit ist der Anwendungsbereich des Lieber-Codes grundsätzlich deckungsgleich mit den heutigen Regeln des humanitären Völkerrechts in internationalen bewaffneten Konflikten.

3. Erste internationale Rotkreuzkonvention von 1864 (Erstes Genfer Abkommen)

Ein weiterer wichtiger Markstein in der Kodifikationsgeschichte des Kriegsvölkerrechts ist die Konvention zur Verbesserung des Loses der Verwundeten und Kranken im Felde[189]. Diese erste Genfer Konvention wurde bereits am 22. August 1864 von 12 der insgesamt 16 Konferenzstaaten ratifiziert. Sie geht auf die Anregung des Schweizers Henry Dunant zurück, der mit seiner Veröffentlichung „Un souvenir de Solvérino“ aus dem Jahr 1862 auf das Elend der Kriegsverletzten auf dem Schlachtfeld von Solvérino aufmerksam gemacht hat[190]. Der hohe Stellenwert dieses Abkommens liegt in der Vielzahl der Staaten, die erstmals ein unbefristetes, allseitig verbindliches Abkommen zum Schutze der Kriegsverletzten anerkannten, um dem Rückfall in frühere Grausamkeiten vorzubeugen. Zunächst traten bis 1870 alle europäischen Staaten dem Abkommen bei, in den folgenden Jahren kamen zahlreiche außereuropäische Staaten hinzu[191].

---

186 Gimmerthal, Kriegslist und Perfidieverbot, S. 31; Fleck, in: Fleck, Beiträge zur Weiterentwicklung des humanitären Völkerrechts für bewaffnete Konflikte, S. 112.

187 Vöneky, in: ZaöRV, Bd. 62 (2002), S. 428.

188 Vöneky, in: ZaöRV, Bd. 62 (2002), S. 425. Zum Begriff des internationalen bewaffneten Konflikt siehe Greenwood, in: Fleck, Handbuch des humanitären Völkerrechts in bewaffneten Konflikten, S. 36. Nach anderer Ansicht sind auch kleinere Zwischenfälle internationale bewaffnete Konflikte; vgl. Ipsen, Völkerrecht, S. 1046 ff.

189 Abgedruckt bei: Fleischmann, Völkerrechtsquellen, Nr. 20, S. 69 ff.

190 Meier, Die Bestimmungen über das Kriegsverbrechens- und Besetzungsstrafrecht, S. 8; dazu auch ausführlich: Holtzendorff, Handbuch des Völkerrechts, Bd. 4, S. 289 ff.

191 Schmid, Die völkerrechtliche Stellung der Partisanen im Kriege, S. 34; Meier, Die Bestimmungen über das Kriegsverbrechens- und Besetzungsstrafrecht, S. 8.

Der Kodex umfasst neun Artikel. Er ist ausschließlich auf die Verbesserung des Loses der Kriegsverwundeten gerichtet und bezieht sich demnach nur auf diesen verhältnismäßig kleinen, aber wichtigen Teil des Kriegsrechts und der Humanisierung desselben[192]. Innerhalb dieses Rahmens ist Art. 6 den Kriegsgefangenen gewidmet.

Art. 6 Konvention zur Linderung des Loses der im Felddienste verwundeten Militärpersonen lautet:

> *„Die verwundeten oder erkrankten Militärs sollen ohne Unterschied der Nationalität aufgenommen und verpflegt werden. Den Oberbefehlshabern soll es freistehen, die während des Gefechtes verwundeten feindlichen Militärs sofort den feindlichen Vorposten zu übergeben, wenn die Umstände dies gestatten und beide Parteien einverstanden sind.*
>
> *Diejenigen, welche nach ihrer Heilung als dienstunfähig befunden worden sind, sollen in ihre Heimat zurückgeschickt werden.*
>
> *Die anderen können ebenfalls entlassen werden unter der Bedingung, während der Dauer des Krieges die Waffen nicht wieder zu ergreifen.*
>
> *Die Verbindeplätze und Depots [les évacuations]*[193] *nebst dem sie leitenden Personal genießen eine unbedingte Neutralität."*

In Art. 7 der Konvention wird erstmals in einem internationalen Abkommen das rote Kreuz auf weißem Grund als Schutzzeichen eingeführt.

Aus der Ähnlichkeit der Lage von Gefangenen, Verwundeten und Kranken ergibt sich die Bedeutung des Abkommens auch für die Entwicklung des Kriegsgefangenenrechts. In den nicht ratifizierten Zusatzartikeln vom 20. Oktober 1868 ist eine Erweiterung oder Konkretisierung der Rechte nicht erfolgt. Es drängte sich aber nunmehr die Notwendigkeit auf, den Schutz der Kriegsgefangenen im Rahmen des Kriegsvölkerrechts zu verbessern[194].

Die Konvention wird Ausgangspunkt für den völkerrechtlichen Schutz der verwundeten und kranken Soldaten sowie der Zivilpersonen und Kriegsgefangenen.

4. Brüsseler Konferenz von 1874

Auf Einladung Russlands trat am 27. Juli 1874 ein Kongress von Delegierten aus 15 europäischen Staaten zusammen. Zu den Delegierten gehörten neben den Diplomaten auch Militärs und Rechtsgelehrte, unter ihnen Bluntschli und Mar-

---

192 Holtzendorff, Handbuch des Völkerrechts, Bd. 4, S. 290.

193 Zuweilen bedenkliche Mängel in den amtlichen Übersetzungen.

194 Hinz, Das Kriegsgefangenenrecht, S. 6.

tens[195]. Bereits im Jahre 1872 hielt Henry Dunant in London einen Vortrag mit dem Thema „A proposal for introducing uniformity into the condition of prisoners of war“ und machte damit die Notwendigkeit staatlicher Verhandlungen deutlich[196].

Anfangs sollte sich die Konferenz in Brüssel wohl ausschließlich dem Recht der Kriegsgefangenen widmen. Darauf hatten sich die einschlägigen privaten Organisationen bereits eingestellt[197]. So hatte schon zum Anfang des Jahres 1874 die 1872 gegründete „Pariser Gesellschaft zur Verbesserung des Loses der Kriegsgefangenen“ ein „projet pouvant servir de base à un règlement international relatif aux prisonniers de guerre“ ausgearbeitet und zu einer Privatkonferenz über diese Frage eingeladen[198]. Der 1873 von Martens angeregte russische Entwurf, der im Wesentlichen bereits den Inhalt der Deklaration umfasste, dehnte das Beratungsthema der Konferenz jedoch auf weite Teile des Kriegsrechts aus[199].

Die von der Konferenz entworfene Deklaration „projet d´une déclaration internationale concernant les lois et les coutumes de la guerre adopté par la Conférence de Bruxelles“[200] wurde wegen der ablehnenden Haltung einiger Teilnehmerstaaten, insbesondere Englands, nicht verabschiedet[201]. Uneinigkeit herrschte besonders über das Recht der Okkupationsarmee[202]. Betroffen war damit auch ein Aspekt des Kriegsgefangenenrechts. Hier konnten jedoch die Delegierten der Kleinstaaten die Konferenz dazu bewegen, den Aufständischen während einer occupatio bellica das Kriegsgefangenenprivileg weiterhin einzuräumen, womit in diesem Punkt eine Annäherung der Interessen der „großen“ und „kleinen“ Staaten zu verzeichnen war[203].

Die Deklaration gibt die Auffassung eines Großteils der europäischen Staaten zum derzeitigen Stand des Kriegsrechts wieder; die dort niedergelegten Rege-

---

195 Meier, Die Bestimmungen über das Kriegsverbrechens- und Besetzungsstrafrecht, S. 10.

196 Fischer, in: Fleck, Handbuch des humanitären Völkerrechts in bewaffneten Konflikten, S. 261.

197 Meurer, Die Haager Friedenskonferenz, Bd. 2, S. 22, 114.

198 Meurer, Die Haager Friedenskonferenz, Bd. 2, S. 22; Hinz, Das Kriegsgefangenenrecht, S. 6.

199 Meurer, Die Haager Friedenskonferenz, Bd. 2, S. 22.

200 Abgedruckt in: Strupp, Das internationale Landkriegsrecht, S. 187 ff.

201 Hinz, Das Kriegsgefangenenrecht, S. 6; Greenwood, in: Fleck, Handbuch des humanitären Völkerrechts in bewaffneten Konflikten, S. 17 ff.

202 Meurer, Die Haager Friedenskonferenz, Bd. 2, S. 31; ausführlich zu diesem Streit: Schmid, Die völkerrechtliche Stellung der Partisanen im Kriege, S. 34 ff.

203 Schmid, Die völkerrechtliche Stellung der Partisanen im Kriege, S. 37.

lungen wurden in der Folgezeit weitgehend anerkannt[204]. So wird der Entwurf wiederholt als „Spiegel des zu jener Zeit geltenden Kriegsrechts“ bezeichnet[205].

Im 6. Kapitel befasst sich die Deklaration in den Artikeln 23 bis 34 mit dem Recht der Kriegsgefangenen.

5. Manuel D'Oxford von 1880

Viele Bestimmungen des „Manuel des lois de la guerre sur terre“[206], welches das Institut für internationales Recht der Universität Oxford im Jahre 1880 beschlossen und veröffentlicht hat, gehen auf die Brüsseler Deklaration von 1874 zurück[207]. Der von Rechtsgelehrten erarbeitete Kodex sollte den Staaten als Richtlinie für entsprechende landesrechtliche Gesetze dienen[208]. In den Artikeln 21 und 22 befasst sich der Kodex ausdrücklich mit den Rechten der Kriegsgefangenen.

Obwohl beide völkerrechtlich nicht bindend, bildete das Manuel D'Oxford gemeinsam mit der Brüsseler Deklaration die Grundlage für die Haager Abkommen von 1899 und 1907.

6. Haager Friedenskonferenzen von 1899 und 1907

Im Jahr 1899 fand die erste Haager Friedenskonferenz auf Anregung des russischen Zaren Nikolaus II., beraten von Friedrich von Martens, statt[209]. Zunächst hatte die Konferenz zum Ziel, verbindliche Mittel zur Friedenssicherung zu erarbeiten[210]. Neben allen europäischen Mächten nahmen an der Konferenz auch die Vertreter der Vereinigten Staaten von Amerika, Mexiko, China, Japan und Siam teil, womit ihre universelle Bedeutung nennenswert gewonnen hat[211]. Unter wei-

---

204 Hinz, Das Kriegsgefangenenrecht, S. 6; Meier, Die Bestimmungen über das Kriegsverbrechens- und Besetzungsstrafrecht, S. 10.

205 Hinz, Das Kriegsgefangenenrecht, S. 6; Meier, Die Bestimmungen über das Kriegsverbrechens- und Besetzungsstrafrecht, S. 10.

206 Abgedruckt in: Strupp, Das internationale Landkriegsrecht, S. 193 ff.

207 Hinz, Das Kriegsgefangenenrecht, S. 6; Greenwood, in: Fleck, Handbuch des humanitären Völkerrechts in bewaffneten Konflikten, S. 18.

208 Schmid, Die völkerrechtliche Stellung der Partisanen im Kriege, S. 39; Meier, Die Bestimmungen über das Kriegsverbrechens- und Besetzungsstrafrecht, S. 10.

209 Gimmerthal, Kriegslist und Perfidieverbot, S. 39.

210 Gimmerthal, Kriegslist und Perfidieverbot, S. 39 ff.

211 Schmid, Die völkerrechtliche Stellung der Partisanen im Kriege, S. 42.

teren Deklarationen und Abkommen[212] ging aus der Konferenz das IV. Haager Abkommen betreffend die Gesetze und Gebräuche des Landkrieges mit der Anlage einer Landkriegsordnung[213] hervor. Diese ist bekannt als Erste Haager Landkriegsordnung (HLKO). Damit war die erste völkervertragsrechtlich bindende Kodifikation zum Thema des Kriegsgefangenenrechts geschaffen[214].

Artikel 3 der 1. HLKO grenzt den Personenkreis der möglichen Kriegsgefangenen ein.

Art. 3 1. HLKO:

> *„Die bewaffnete Macht der Kriegsparteien kann sich zusammensetzen aus Kombattanten und Nichtkombattanten. Im Falle der Gefangennahme durch den Feind haben die einen wie die anderen Anspruch auf die Behandlung als Kriegsgefangene.“*

Im 2. Kapitel der 1. HLKO ist das Recht der Kriegsgefangenen in 17 Artikeln normiert. Es ist im Wesentlichen eine Weiterentwicklung der seit dem Lieber-Code niedergelegten Grundsätze für die Behandlung der Kriegsgefangenen, die bereits allgemein den Rang von Völkergewohnheitsrecht eingenommen haben[215]. Deutlich wird auch die Entwicklung des Rechts der Okkupationsarmee. Während Lieber der Gewalt der Okkupationsarmee nur gewisse Schranken setzt, geht das Haager Recht von der Achtung der Verhältnisse in den besetzten Gebieten und einer Gewaltanwendung nur im Notfall aus[216]. Daraus ergeben sich wiederum Unterschiede in der Behandlung irregulärer Truppen als Kriegsgefangene. So widerspricht die HLKO nicht der Anwendung der Kriegsgefangenenregeln auf die Levée en masse.

In Art. 4 wird das Gebot der „menschlichen Behandlung“ der Kriegsgefangenen festgeschrieben. Es werden unter anderem Vorschriften über die Unterbringung, Arbeitspflicht, das Disziplinarrecht und den Postverkehr der Kriegsgefangenen erlassen. Insbesondere wird in Art. 20 1. HLKO die Dauer der Kriegsgefangenschaft bis zu einem Friedensschluss beschränkt. Aus Art. 4 ergibt sich ferner, dass es sich bei dem Kriegsgefangenen nunmehr ausschließlich um einen

---

212 Aufgeführt bei: Gimmerthal, Kriegslist und Perfidieverbot, S. 39 ff.

213 Abgedruckt in: Strupp, Das internationale Landkriegsrecht, S. 25 ff.

214 Obwohl die vertragliche Wirkung des Abkommens nur auf die Unterzeichnerstaaten beschränkt ist, stellt der Nürnberger Internationale Militärgerichtshof unter Mitwirkung eines Vertreters der UdSSR in seinem Urteil gegen Göring und Genossen vom 30.9/1.10.1946 (Dokumentenmaterial EC 338 UdSSR 356) fest, dass die HLKO – zumindest in ihren Grundsätzen – als allgemeines Völkerrecht gilt; zit. nach Hinz, Das Kriegsgefangenenrecht, S. 7.

215 Oeter, in: Overmans, In der Hand des Feindes, S. 50.

216 Schmid, Die völkerrechtliche Stellung der Partisanen im Kriege, S. 46.

Sicherheitsgefangenen des Gewahrsamsstaates und nicht um den Gefangenen des einzelnen siegreichen Soldaten oder Truppenführers handelt[217].

Im Jahr 1907 überarbeitete die Zweite Haager Friedenskonferenz die Abkommen von 1899. Die Vertreter der 44 Teilnehmerstaaten legten eine ergänzte Fassung des Abkommens betreffend die Gesetze und Gebräuche des Landkrieges vor. Das Recht der Kriegsgefangenen erfuhr damit aber keine grundlegende Änderung. In der Folgezeit wurde das Haager Recht mehrheitlich, auch von Staaten, die das Abkommen nicht ratifiziert hatten, als bindendes Gewohnheitsrecht angesehen und angewendet[218]. Dass die Landkriegsordnung das Kriegsrecht, damit auch das Kriegsgefangenenrecht, nicht abschließend behandelt, zeigt die Einführung der Martens'schen Klausel in die Präambel des IV. Haager Abkommens.

> *„Solange, bis ein vollständigeres Kriegsgesetzbuch festgestellt werden kann, halten es die hohen vertragsschließenden Teile für zweckmäßig, festzusetzen, dass in den Fällen, die in den Bestimmungen der von ihnen angenommenen Ordnung nicht einbegriffen sind, die Bevölkerung und die Kriegführenden unter dem Schutze und der Herrschaft der Grundsätze des Völkerrechts bleiben, wie sie sich ergeben aus den unter gesitteten Völkern feststehenden Gebräuchen, aus den Gesetzen der Menschlichkeit und aus den Forderungen des öffentlichen Gewissens.“*[219]

Mit der Martens'schen Klausel wurden Meinungsverschiedenheiten der Konferenzteilnehmer bezüglich der Behandlung der Widerstandsbewegungen in besetzten Gebieten, dazu gehört auch die Anerkennung des Kriegsgefangenenstatus für diese Personen, beigelegt.

V. Erster Weltkrieg

Der Erste Weltkrieg zeigte 1914-1918 die Unzulänglichkeit der Haager Regelungen[220]. Die Wirklichkeit der Behandlung der Kriegsgefangenen sah in der Realität des Krieges oft ganz anders aus, als es die Haager Landkriegsregeln vorgesehen hatten[221]. Damit musste das noch recht junge Haager Kriegsrecht schon nach wenigen Jahren erhebliche Rückschläge hinnehmen[222]. Die Behandlung der Kriegsgefangenen im Ersten Weltkrieg wurde von verschiedenen Faktoren be-

217 Strupp, Das internationale Landkriegsrecht, S. 44.

218 Meier, Die Bestimmungen über das Kriegsverbrechens- und Besetzungsstrafrecht, S. 11.

219 Abgedruckt bei: Scheidl, Die Kriegsgefangenschaft, S. 73.

220 Zum Stand des Kriegsgefangenenrechts im Ersten Weltkrieg ausführlich: Plassmann, in: Zeitschrift für Völkerrecht, Bd. 14 (1928), S. 524 ff.

221 Vgl. dazu Bell, Völkerrecht im Weltkriege, Bd. 3, S. 18 ff.

222 Vgl. dazu: Kirchenheim, in: Hatschek/Strupp, Wörterbuch des Völkerrechts und der Diplomatie, Bd. 3, S. 461.

stimmt. Zum einen wurde der Krieg mitunter als Wirtschaftskrieg geführt, weswegen die Gewahrsamstaaten sich der Arbeitskraft der Kriegsgefangenen bedienten[223]. Ferner standen sich, infolge der mehrheitlich in den beteiligten Staaten eingeführten allgemeinen Wehrpflicht, beachtlich große Heere gegenüber[224]. Damit kam es im Verlauf der Feindseligkeiten zu einer außerordentlich großen Zahl von Kriegsgefangenen[225]. Die gewaltige Anzahl der Kriegsgefangenen musste sich zwangsläufig negativ auf ihre Ernährung und Unterbringung auswirken[226].

Wegen der Mängel des Kriegsgefangenenrechts in der HLKO sowie aus humanitären Erwägungen und trotz der erbitterten Feindseligkeiten auf beiden Seiten kamen die Kriegsgegner zu Beratungen über die Behandlung der Kriegsgefangenen zusammen[227]. Aus diesen Verhandlungen gingen, insbesondere gegen Ende des Krieges, zahlreiche Abkommen über die gegenseitige Behandlung der Gefangenen hervor[228]. Überwiegend sahen die Abkommen die Erweiterung der Rechte der Kriegsgefangenen vor. Diese Rechtsentwicklung während des Krieges schaffte durch ihre Unmittelbarkeit zum Kriegsgeschehen eine realistische Grundlage für die weitere Entwicklung des Kriegsgefangenenrechts. Die diversen zwischenstaatlichen Vereinbarungen wurden durch Waffenstillstands- und Friedensverträge wieder aufgehoben, womit zunächst wiederum die Haager Landkriegsordnung die Grundlage des Kriegsgefangenenrechts bildete[229].

Erstmals kam es zur Internierung Kriegsgefangener auf dem Territorium unbeteiligter Staaten, namentlich hier der Schweiz[230]. Dieses Verfahren ging zurück auf Art. 6 des Genfer Abkommens von 1906. Auch wurden während des Krieges Grundzüge eines Schutzmachtsystems eingeführt, wobei neutrale Staaten über die Behandlung der Gefangenen wachten[231]. Diese humanitären Neuerungen sollten einen Einfluss auf die spätere Entwicklung des Kriegsgefangenenrechts haben.

---

223 Plassmann, in: Zeitschrift für Völkerrecht, Bd. 14 (1928), S. 522; Kirchenheim, in: Hatschek/Strupp, Wörterbuch des Völkerrechts und der Diplomatie, Bd. 3, S. 456.

224 Hinz, Das Kriegsgefangenenrecht, S. 8 ff.

225 Nachweis der in Kriegsgefangenschaft geratenen Soldaten bei: Bell, Völkerrecht im Weltkriege, Bd. 3, S. 18 ff.

226 Plassmann, in: Zeitschrift für Völkerrecht, Bd. 14 (1928), S. 522.

227 Hinz, Das Kriegsgefangenenrecht, S. 8 ff; Scheidl, Die Kriegsgefangenschaft, S. 98.

228 In chronologischer Reihenfolge nachgewiesen bei: Scheidl, Die Kriegsgefangenschaft, S. 98 ff.

229 Hinz, Das Kriegsgefangenenrecht, S. 9.

230 Plassmann, in: Zeitschrift für Völkerrecht, Bd. 14 (1928), S. 529.

231 Kirchenheim, in: Hatschek/Strupp, Wörterbuch des Völkerrechts und der Diplomatie, Bd. 3, S. 462.

VI. Zwischen den Weltkriegen

In der Zeit nach dem Ersten Weltkrieg stand nun die Reform des Kriegsgefangenenrechts auf Grund der Erfahrungen des vergangenen Krieges an. Nicht erst im Ersten Weltkrieg, sondern schon im deutsch-französischen Krieg von 1870/71 machte sich das Internationale Komitee vom Roten Kreuz um das Schicksal der Kriegsgefangenen und die Fortbildung des Kriegsgefangenenrechts verdient[232]. So stellte die X. Internationale Konferenz des Roten Kreuzes (IKRK) im Frühjahr 1921 einen Code der Kriegsgefangenen zur Revision der Genfer Konvention von 1906 und der HLKO von 1907 zusammen[233]. Die Konferenz beabsichtigte, mit dem Code eine Grundlage für eine in Zukunft einzuberufende Staatenkonferenz zu schaffen, deren Ziel eine vervollständigte Revision des Kriegsgefangenenrechts in Form eines internationalen Abkommens sein sollte[234]. Auf weiteren Konferenzen des IKRK in den Jahren 1923 und 1925 wurde wiederholt auf die Wichtigkeit der Revision des Kriegsgefangenenrechts hingewiesen[235].

Nicht nur das IKRK bemühte sich um die Fortentwicklung des Kriegsgefangenenrechts. Im Jahr 1921 wurde von der Haager Konferenz der International Law Association ein 24 Artikel umfassender „Entwurf internationaler Vorschriften für die Behandlung von Kriegsgefangenen[236]“ beschlossen. 26 Artikel umfasst das Statut der FIDAC (Fédèration Interallée des Anciens Combattants) für ein Kriegsgefangenenrecht[237]. Es sollte seinem Vorwort nach die Grundlage einer internationalen Konvention bilden. Das von Jean Desbons, Paris, ausgearbeitete Statut erhielt die Zustimmung der am 22. Mai und 10. Juli 1927 in Luxemburg tagenden Konferenzen der FIDAC.

Die Konferenz des IKRK im Jahr 1925 veranlasste die Schweizer Regierung, Vorbereitungen zu einer Staatenkonferenz in Hinsicht auf das Recht der Kriegsgefangenen zu treffen. Der Schweizer Bundesrat, mittlerweile schon traditionsgemäß um die Humanisierung des Kriegsrechts bemüht, berief eine „Conférence Diplomatique pour la revision de la Convention de Genéve de 1906 et l`élaboration d`une Convention international relative au traitement des prison-

232 Hinz, Das Kriegsgefangenenrecht, S. 9; Oeter, in: Overmans, In der Hand des Feindes, S. 51.

233 Scheidl, Die Kriegsgefangenschaft, S. 102; Hinz, Das Kriegsgefangenenrecht, S. 9.

234 Kirchenheim, in: Hatschek/Strupp, Wörterbuch des Völkerrechts und der Diplomatie, Bd. 3, S. 462.

235 Hinz, Das Kriegsgefangenenrecht, S. 9.

236 Abgedruckt bei: Plassmann, in: Zeitschrift für Völkerrecht, Bd. 14 (1928), S. 534 ff. und Scheidl, Die Kriegsgefangenschaft, S. 158 ff.

237 Abgedruckt bei: Scheidl, Die Kriegsgefangenschaft, S. 163 ff.

niers de guerre“ ein[238]. Der Einladung des Schweizer Bundesrates folgten 47 Staaten und schickten am 1. Juli 1929 ihre Vertreter nach Genf.

Die Konferenz teilte sich in zwei Kommissionen, wobei die zweite Kommission mit Ausarbeitung eines Entwurfes zu einem Abkommen über die Behandlung der Kriegsgefangenen betraut war[239]. Verhandlungsgrundlage für die zweite Kommission stellte der Entwurf des IKRK dar, der zuvor den Teilnehmerstaaten zur Stellungnahme zugegangen war. Gleichfalls blieb die Haager Landkriegsordnung Grundlage der Verhandlungen[240].

Als Ergebnis legte die Konferenz zwei Abkommen, das Genfer Abkommen zur Verbesserung des Loses der Verwundeten und Kranken der Heere im Felde und das Abkommen über die Behandlung der Kriegsgefangenen, vor[241]. Das letzte Abkommen betreffend die Behandlung der Kriegsgefangenen umfasst 97 Artikel, untergliedert in acht Teile[242]. Erstmals wurde in einem Abkommen bestimmt, dass nicht nur die Kriegsgefangenen des Landkriegs, sondern auch die des See- und Luftkriegs unter das Abkommen fallen sollten, was zwar bislang praktisch überwiegend so durchgeführt wurde, juristisch aber noch nicht festgeschrieben war[243]. Die Konvention behandelt die Gefangennahme des Feindes und die Behandlung während der Gefangenschaft. Geregelt werden die Unterbringung der Kriegsgefangenen in den Kriegsgefangenenlagern sowie ihre Arbeitspflicht. Es wurden im Rahmen der Beendigung der Kriegsgefangenschaft Vorschriften zur Repatriierung und Hospitalisierung in neutralen Ländern erlassen. Art. 76 behandelt den Tod der Gefangenen. Weitere Vorschriften widmen sich den Hilfsbüros und Nachrichten über Kriegsgefangene. Ebenfalls wird der nach dem Abkommen geschützte Personenkreis definiert[244]. Das Verbot der Repressalie gegen Kriegsgefangene und das Recht des Kriegsgefangenen, nur bestimmte Angaben machen zu müssen, sind als neue Grundsätze des Kriegsgefangenenrechts in die Genfer Konvention von 1929 aufgenommen worden[245].

Bis zum 1. Februar 1930 wurden beide Konventionen von den 37 am Ende der Konferenz noch teilnehmenden Staaten unterzeichnet. Drei dieser Staaten ratifizierten das Abkommen nicht[246].

---

238 Schlögel, Die Genfer Abkommen zum Schutze der Kriegsopfer, S. 16.

239 Ausführliche Schilderung der Verhandlungen bei: Scheidl, Die Kriegsgefangenschaft, S. 102, 169 ff.

240 Hinz, Das Kriegsgefangenenrecht, S. 10.

241 Groh, Die vier Genfer Abkommen, S. 4.

242 Abgedruckt bei: Plassmann, in: Zeitschrift für Völkerrecht, Bd. 15 (1930), S. 419 ff.

243 Plassmann, in: Zeitschrift für Völkerrecht, Bd. 15 (1930), S. 411.

244 Eine ausführliche Besprechung des Inhalts der Genfer Konvention von 1929 bei: Plassmann, in: Zeitschrift für Völkerrecht, Bd. 15 (1930), S. 411 ff.

245 Fischer, in: Fleck, Handbuch des humanitären Völkerrechts in bewaffneten Konflikten, S. 261.

246 Hinz, Das Kriegsgefangenenrecht, S. 11.

VII. Zweiter Weltkrieg

Das Genfer Abkommen von 1929 war zu Beginn des Zweiten Weltkrieges von 46 Staaten unterzeichnet und von den meisten von ihnen auch ratifiziert worden. So haben auch Deutschland, Großbritannien, Frankreich und die Vereinigten Staaten von Amerika die Konvention vor dem Ausbruch des Krieges ratifiziert[247]. Damit bildete zwischen den genannten Staaten die Genfer Konvention von 1929 die Grundlage für die Behandlung der Kriegsgefangenen. Die Sowjetunion war an die Genfer Konvention von 1929 nicht gebunden, daher galten zwischen ihr und Deutschland die Regelungen der HLKO sowie das in der Folgezeit entstandene Gewohnheitsrecht zum Schutz der Kriegsgefangenen[248].

Während des Krieges kam es zu mannigfachen Verletzungen des Kriegsgefangenenrechts. Auch im unmittelbaren Anschluss an den Krieg, insbesondere in Bezug auf die zügige Repatriierung der Kriegsgefangenen, wurden die einschlägigen Regelungen nicht beachtet[249]. Zu Rechtsverletzungen kam es wegen der Nichtanerkennung des Kriegsgefangenenstatus für bestimmte Personengruppen. So wurden den politischen Kommissaren der Roten Armee und nach dem deutschen sogenannten „Kommando-Befehl“ den feindlichen uniformierten Kommandogruppen hinter den eigenen Linien der Kriegsgefangenenstatus nicht zuerkannt und ihre Tötung angeordnet[250].

Auch die Behandlung der Partisanen verstieß in einigen Fällen gegen die Bestimmungen des Kriegsgefangenenrechts[251]. Problematisch war auch die Behandlung der sogenannten „Disarmed Enemy Forces“, die sich nach der Kapitulation am 8. Mai 1945 den Alliierten ergaben[252]. Verstöße gegen das Kriegsgefangenenrecht waren im Rahmen der Unterbringung, Arbeitspflicht und Behandlung der Gefangenen zu verzeichnen. Es kam auch zur Tötung von Gefangenen ohne ordentliches Verfahren oder als Repressalie. Nicht zuletzt war die Rückführung der Gefangenen vor dem Hintergrund des Kriegsgefangenenrechts problematisch. Noch im Jahr 1947 wurden in Frankreich 630.000 deutsche Kriegsgefangene festgehalten. Erst im Jahr 1955 wurde das deutsch-sowjetische Kriegsgefangenenproblem durch die Rückführung der verbliebenen Gefangenen gelöst.

---

247 Fischer, in: Fleck, Handbuch des humanitären Völkerrechts in bewaffneten Konflikten, S. 261 ff.

248 Fischer, in: Fleck, Handbuch des humanitären Völkerrechts in bewaffneten Konflikten, S. 262.

249 Ausführlich zu den einzelnen Rechtsverletzungen: Fischer, in: Fleck, Handbuch des humanitären Völkerrechts in bewaffneten Konflikten, S. 262.

250 Fischer, in: Fleck, Handbuch des humanitären Völkerrechts in bewaffneten Konflikten, S. 262.

251 Schmid, Die völkerrechtliche Stellung der Partisanen im Kriege, S. 53 ff.

252 Fischer, in: Humanitäres Völkerrecht, Heft 3 (1991), S. 118.

Hinz sieht die Feuerprobe des Genfer Abkommens von 1929 mit dem Zweiten Weltkrieg trotz mancher Mängel als bestanden[253]. In Anbetracht der bekannt gewordenen Grausamkeiten gegenüber den Kriegsgefangenen beider Seiten kann diese Einschätzung auch anders ausfallen. Die aufgetretenen und erkannten Mängel gaben jedenfalls wiederum Anlass zu einer Fortentwicklung des Kriegsgefangenenrechts.

VIII. 1945 bis heute

Die Erfahrungen während des Zweiten Weltkrieges führten unmittelbar im Anschluss zu einer intensiven Auseinandersetzung mit dem Recht der Kriegsgefangenen. So teilte schon während des Krieges das IKRK in einem Memorandum vom 15. Februar 1945 den Regierungen und nationalen Gesellschaften des Roten Kreuzes der Welt seine Absicht zur Revision der Genfer Abkommen von 1929 und Vorbereitung neuer humanitärer Verträge mit[254].

Zur dokumentarischen Vorbereitung eines neuen Abkommens versammelte das IKRK im Oktober 1945 die neutralen Mitglieder der Ärztekommissionen, die während des Krieges beauftragt waren, die kranken oder verwundeten Kriegsgefangenen zu untersuchen und über ihre Rückführung in die Heimat zu bestimmen[255].

Im Sommer 1946 nahmen 141 Vertreter von 45 nationalen Rotkreuzgesellschaften an der „Conférence préliminaire des sociétés nationales de la Croix-Rouge pour l`étude des Conventions et de divers problémes ayant trait á la Croix-Rouge" teil. Die zweite von drei Kommissionen dieser Konferenz befasste sich mit der Erneuerung des Kriegsgefangenenrechts. Umstritten war die Wirksamkeit der Genfer Konvention von 1929. Die Möglichkeit eines wirksamen Sanktionssystems gegen Abkommensverletzungen wurde diskutiert. Zur Stärkung eines künftigen Abkommens wurde vorgeschlagen, dieses durch eine möglichst weite Verbreitung seiner Grundsätze zu popularisieren. Die Konferenz erarbeitete Vorschläge und Richtlinien für vier neue Abkommen, die das IKRK in einem ausführlichen Bericht zusammenfasste[256].

Im Frühjahr 1947 tagte in Genf die „Conférence d`experts gouvernementaux pour l`étude des Conventions protégeant les victimes de la guerre". Auf der

253 Hinz, Das Kriegsgefangenenrecht, S. 11.

254 Lodemann, in: AVR, Bd. 4 (1953/54), S. 72.

255 Schmid, Die völkerrechtliche Stellung der Partisanen im Kriege, S. 57; Lodemann, in: AVR, Bd. 4 (1953/54), S. 73.

256 Schmid, Die völkerrechtliche Stellung der Partisanen im Kriege, S. 57; Meier, Die Bestimmungen über das Kriegsverbrechens- und Besetzungsstrafrecht, S. 17.

Grundlage der Vorschläge des IKRK, der nationalen Rotkreuzgesellschaften und der Abkommensentwürfe mehrerer Regierungen erarbeiteten 70 Sachverständige von 15 Regierungen Entwürfe für vier Abkommen, welche im Verlauf der weiteren Vorbereitungsarbeiten noch wesentliche Modifikationen erfuhren[257].

Die aus den Vorarbeiten resultierenden Vertragsentwürfe sandte das IKRK im Mai 1948 allen nationalen Rotkreuzgesellschaften und den Teilnehmerstaaten der bisherigen Genfer Konventionen – außer Deutschland – als Beratungsgrundlage zu und lud sie gleichzeitig zur XVII. Internationalen Rotkreuzkonferenz nach Stockholm ein[258]. Diese Konferenz aus Vertretern von 50 Regierungen und 52 nationalen Rotkreuzgesellschaften tagte vom 20. bis 30. August 1948. Die Konferenz verabschiedete auf der Grundlage der Vorschläge des IKRK vier Entwürfe zur Abfassung neuer humanitärer Abkommen[259].

1. III. Genfer Abkommen über die Behandlung von Kriegsgefangenen von 1949

Für den 21. April 1949 berief die Schweiz die „Conférence diplomatique pour l`élaboration de Conventions internationales destinées à protéger les victimes de la guerre" ein. Die Konferenz aus Teilnehmern von 62 Staaten tagte unter dem Präsidium des schweizerischen Außenministers Bundesrat Petitpierre[260]. Das Ergebnis dieser Konferenz waren die vier Genfer Abkommen (GA) vom 12. August 1949[261]:

I. Genfer Abkommen vom 12. August 1949 zur Verbesserung des Loses der Verwundeten und Kranken der Streitkräfte im Felde.
II. Genfer Abkommen vom 12. August 1949 zur Verbesserung des Loses der Verwundeten, Kranken und Schiffbrüchigen der Streitkräfte zur See.
III. Genfer Abkommen vom 12. August 1949 über die Behandlung der Kriegsgefangenen.
IV. Genfer Abkommen vom 12. August 1949 zum Schutze von Zivilpersonen in Kriegszeiten.

257 Meier, Die Bestimmungen über das Kriegsverbrechens- und Besetzungsstrafrecht, S. 18.

258 Hinz, Das Kriegsgefangenenrecht, S. 12; Meier, Die Bestimmungen über das Kriegsverbrechens- und Besetzungsstrafrecht, S. 18.

259 Schlögel, Die Genfer Abkommen zum Schutze der Kriegsopfer, S. 17; Hinz, Das Kriegsgefangenenrecht, S. 12.

260 Lodemann, in: AVR, Bd. 4 (1953/54), S. 76; Hinz, Das Kriegsgefangenenrecht, S. 12; Schmid, Die völkerrechtliche Stellung der Partisanen im Kriege, S. 57.

261 GA III. und IV. abgedruckt in: Sartorius II Textausgabe Internationale Verträge – Europarecht.

Die diplomatische Konferenz gliederte sich in vier Kommissionen. Die zweite Kommission war mit der Kriegsgefangenenkonvention befasst. Innerhalb dieser Kommission wurde zur Abfassung des Abkommensentwurfes ein Redaktionskomitee eingesetzt. Bereits auf seiner ersten Sitzung betraute die Kommission ein Komitee mit der Beratung der Bestimmungen über Straf- und Disziplinarmaßnahmen gegen Kriegsgefangene. Mit dem Thema der Heimsendung und Unterbringung in neutralem Lande von verwundeten und kranken Kriegsgefangenen betraute die Kommission ein Komitee ärztlicher Sachverständiger[262]. Problematisch war die Erfassung der neuzeitigen irregulären Kriegsführung. Damit befasste sich ein Spezialkomitee für die Festlegung des persönlichen Geltungsbereiches der Konvention, insbesondere die Einverleibung der organisierten Widerstandsbewegungen[263].

Als eine der umfangreichsten Kodifikationen des humanitären Völkerrechts (143 Artikel) erweitert und verbessert das GA III die Regelungen der Genfer Kriegsgefangenenkonvention von 1929 auf der Grundlage der Erfahrungen des Zweiten Weltkrieges[264].

Vorschriften in den einzelnen Genfer Abkommen vom 12. August 1949 regeln ihr Verhältnis untereinander. Das neue Genfer Abkommen über die Behandlung der Kriegsgefangenen setzt die früheren Abkommen zum Schutze der Kriegsopfer nicht außer Kraft, mithin gilt zwischen den Staaten, die das Abkommen ratifiziert haben, die neue Rechtslage. Zwischen Staaten, von denen einer oder beide nicht Vertragspartei des GA III sind, gilt das bisherige Kriegsgefangenenrecht fort[265]. Grundlegende Vorschriften des GA III gelten heute völkergewohnheitsrechtlich, davon kommt einigen Ius-cogens-Charakter zu[266].

Zur Stärkung der Konvention enthält Art. 130 GA III eine Aufzählung von Verstößen, die als Kriegsverbrechen zu betrachten und damit international verfolgbar sind[267]. Dazu gehören die vorsätzliche Tötung, Folterung oder unmenschliche Behandlung einschließlich biologischer Versuche, vorsätzliche Verursachung großer Leiden oder schwere Beeinträchtigung der körperlichen Unversehrtheit oder der Gesundheit, Nötigung eines Kriegsgefangenen zur Dienstleistung in den Streitkräften der feindlichen Macht oder Entzug seines Anrechts auf ein ordentliches und unparteiisches, den Vorschriften des vorliegenden Abkommens entsprechendes Gerichtsverfahren. So haben der Sicherheitsrat der Vereinten Nationen sowie die Staaten der Europäischen Gemeinschaft in jüngs-

262 Lodemann, in: AVR, Bd. 4 (1953/54), S. 79 ff.

263 Schmid, Die völkerrechtliche Stellung der Partisanen im Kriege, S. 58.

264 Fischer, in: Fleck, Handbuch des humanitären Völkerrechts in bewaffneten Konflikten, S. 263 ff.

265 Hinz, Das Kriegsgefangenenrecht, S. 13.

266 Fischer, in: Fleck, Handbuch des humanitären Völkerrechts in bewaffneten Konflikten, S. 264.

267 Fischer, in: Fleck, Handbuch des humanitären Völkerrechts in bewaffneten Konflikten, S. 263 ff.

ter Vergangenheit den Inhalt des Art. 130 GA III bestätigt. Art. 130 GA III ist damit Grundlage für die Verfolgung einschlägiger Kriegsverbrechen[268].

Das GA III ist bis heute die rechtliche Basis für die Behandlung der Kriegsgefangenen. Zur Ermittlung der gewohnheitsrechtlichen Prinzipien des Kriegsgefangenenrechts sowie zur Beantwortung von Einzelfragen betreffend die Behandlung der Kriegsgefangenen erscheint ein Rückgriff in die Geschichte dieses Rechtsgebietes sinnvoll und notwendig[269].

2. Zusatzprotokolle I und II zu den Genfer Konventionen

Die Verstöße gegen die Vorschriften des GA III, die während kriegerischer Auseinandersetzungen in der Folgezeit feststellbar waren, gaben den Staaten Anlass, darauf mit dem Versuch einer weiteren Kodifikation zu reagieren. So tagte in vier Sessionen im Zeitraum zwischen 1974-75 in Genf die „Conférence diplomatique sur la réaffirmation et le développement du droit international humanitaire applicable dans les conflits armés". Ergebnis der Konferenz waren zwei Zusatzprotokolle vom 8. Juni 1977 zu den Genfer Abkommen vom 12. August 1949[270].

Zusatzprotokoll I (ZP I) befasst sich mit dem Schutz der Opfer internationaler-bewaffneter Konflikte, während das II. Zusatzprotokoll (ZP II) dem Schutz der Opfer nicht-internationaler bewaffneter Konflikte gewidmet ist. Bis 1998 haben 152 Staaten das ZP I und 144 Staaten das ZP II unterzeichnet[271]. Unter den Nato-Staaten haben nur die Türkei, das Vereinigte Königreich und die Vereinigten Staaten von Amerika beide Zusatzprotokolle nicht unterzeichnet. Frankreich hat nur das ZP II ratifiziert[272].

Die Zusatzprotokolle stellen seit der HLKO die erste große Kodifikation über Mittel und Methoden der Kampfführung dar[273]. Es sind sowohl Regelungen zum Schutz der Zivilbevölkerung sowie der Kriegsgefangenen und Verwundeten enthalten. Wegen der detaillierten Regelungen des Kriegsgefangenenrechts im GA III liegt der Zweck der Zusatzprotokolle in der ergänzenden Klarstellung einzelner Normen. Insbesondere Art. 43 und 44 ZP I sollen die während des Vietnam-

268 Fischer, in: Fleck, Handbuch des humanitären Völkerrechts in bewaffneten Konflikten, S. 264 m.w.N.

269 Vgl. Oeter, in: Overmans, In der Hand des Feindes, S. 51.

270 Abgedruckt in: Sartorius II Textausgabe Internationale Verträge – Europarecht, Nr. 54a und 54b.

271 Ipsen, Völkerrecht, § 63, Rdnr. 8.

272 Ipsen, Völkerrecht, § 63, Rdnr. 8.

273 Ipsen, Völkerrecht, § 63, Rdnr. 8.

krieges aufgetretene Problematik der Behandlung von Guerillas als Kombattanten und Kriegsgefangene regeln[274]. Die Diplomatische Konferenz von 1974-75 regelt in Art. 47 ZP I auf Grund der jüngsten Erfahrungen den Kriegsgefangenenstatus der Söldner[275]. Weitere dem Kriegsgefangenrecht zuzuordnende Vorschriften führen ebenfalls nicht dazu, das GA III als Grundlage des Kriegsgefangenenrechts zu ersetzen.

274 Fischer, in: Fleck, Handbuch des humanitären Völkerrechts in bewaffneten Konflikten, S. 263.

275 Maaß, Der Söldner und seine kriegsvölkerrechtliche Rechtsstellung, S. 83 ff. Fischer, in: Fleck, Handbuch des humanitären Völkerrechts in bewaffneten Konflikten, S. 264.

Kapitel 2
Rechtsquellen und Bestand des heutigen Kriegsgefangenenrechts

Nachdem das Kriegsgefangenenrecht seit dem Kodex Hammurabi eine mehr als 3.500-jährige Entwicklung genommen hat, ist an dieser Stelle zunächst der gegenwärtige Stand des Kriegesgefangenenrechts aufzuzeigen. Die Rechtsquellen des heutigen Kriegsgefangenenrechts sind folgende:

I. Kriegsgefangenenrecht als Völkervertragsrecht

Wie bereits dargestellt, bildete sich seit dem 18. Jahrhundert das Kriegsgefangenenrecht als vertragliches Völkerrecht heraus. Das moderne Kriegsgefangenenrecht findet seine kodifizierte Grundlage in Abkommen seit Ende des 19. Jahrhunderts.

1. Haager Recht

Die ältesten Abkommen des gegenwärtigen Kriegsgefangenenrechts sind die Haager Abkommen von 1899 und 1907. Im Vergleich zu den späteren Konventionen auf diesem Rechtsgebiet ist das Haager Recht nur noch von geringer Bedeutung[276]. Ein Grund für die nachrangige Bedeutung des Haager Rechts ist die umfassende Kodifikation des Kriegsgefangenenrechts im III. Genfer Abkommen von 1949 sowie die breite Anerkennung dieser Konvention[277]. Damit einher geht die vergleichsweise geringe Anzahl der an das Haager Abkommen betreffend die Gesetze und Gebräuche des Landkriegs gebundenen Parteien[278]. Vertragsrechtlich bedingte die in Art. 2 des Haager Abkommens vom 18. Oktober 1907 normierte clausula si omnes die Gefahr, dass die Anwendung des Haager Abkommens ausgeschlossen ist, sobald eine der Konfliktparteien nicht Vertragspartner war.

---

276 Rosas, The Legal Status of Prisoners of War, S. 91.

277 Vgl. im Anhang die Liste der Vertragsparteien zum GA III.

278 Rosas, The Legal Status of Prisoners of War, S. 91.

Art. 2 Haager Abkommen v. 18. Oktober 1907 [Anwendung nur unter Vertragsparteien]

„Die Bestimmungen der im Artikel 1 angeführten Ordnung sowie des vorliegenden Abkommens finden nur zwischen den Vertragsmächten Anwendung und nur dann, wenn die Kriegführenden sämtlich Vertragsparteien sind."

Die Beziehung des Haager Rechts zum III. Genfer Abkommen von 1949 ist in Art. 135 GA III für das zweite Kapitel der Haager Landkriegsordnung bestimmt. Nach Art. 135 GA III ergänzt das Dritte Genfer Abkommen von 1949 das Zweite Kapitel der Haager Landkriegsordnung betreffend die Behandlung der Kriegsgefangenen. Diese Bestimmung gilt für solche Mächte, die durch das Haager Abkommen betreffend die Gesetze und Gebräuche des Landkrieges von 1899 und / oder 1907 gebunden sind und die Vertragsparteien des III. Genfer Abkommens sind. Für den Fall, dass eine bestimmte Rechtsfrage im GA III nicht geregelt ist, gelten die Vorschriften des Zweiten Kapitels der HLKO für die genannten Staaten fort.

Die Anwendung von Art. 135 GA III ist nur für zwei Fälle denkbar, daher ist die praktische Bedeutung dieser Norm eher gering[279]. Dies ist zunächst der Fall des Art. 6 II HLKO, wonach den Kriegsgefangenen gestattet werden kann, Arbeiten für öffentliche Verwaltungen oder für Privatpersonen oder auf ihre eigene Rechnung auszuführen. Ferner ist der Fall des Art. 12 HLKO im GA III nicht geregelt. So bestimmt Art. 12 HLKO, dass jeder gegen Ehrenwort entlassene Kriegsgefangene, der gegen den Staat, dem gegenüber er die Ehrverpflichtung eingegangen ist oder gegen dessen Verbündete die Waffen trägt und wieder ergriffen wird, das Recht der Behandlung als Kriegsgefangener verliert und vor Gericht gestellt werden kann.

In diesem Zusammenhang verweist Rosas auf die Bestimmung des Art. 23 HLKO, der zwar nicht dem zweiten Kapitel im ersten Abschnitt der HLKO angehört und damit den Anwendungsvoraussetzungen des Art. 135 GA III nicht entspricht, wegen seiner Bedeutung für die Behandlung der Kriegsgefangenen aber nicht zu vernachlässigen ist[280]. In Art. 23 HLKO werden Grundsätze des Kriegsgefangenenrechts statuiert, auf denen auch Vorschriften des GA III aufbauen, die aber auch völkergewohnheitsrechtlichen Charakter aufweisen[281]. In Art. 23 I c) HLKO werden die Tötung oder Verwundung eines die Waffen streckenden oder wehrlosen Feindes, der sich auf Gnade oder Ungnade ergeben hat, untersagt, während nach Art. 23 I d) HLKO die Erklärung, dass kein Pardon gegeben wird, verboten ist.

279 Rosas, The Legal Status of Prisoners of War, S. 92.

280 Rosas, The Legal Status of Prisoners of War, S. 92.

281 Rosas, The Legal Status of Prisoners of War, S. 92, 420.

Daneben sind die Bestimmungen des Haager Rechts bedeutend für die Schaffung von Völkergewohnheitsrecht sowie als Grundlage späteren Vertragsrechts[282].

Weitere Bestimmungen der Haager Abkommen von 1907 ergänzen die Bestimmungen zur Behandlung der Kriegsgefangenen nach dem GA III. So steht die Vorschrift des Art. 4 B. 2. GA III im Kontext zum V. Haager Abkommen betreffend die Rechte und Pflichten der neutralen Mächte und Personen im Falle eines Landkrieges[283] sowie dem XIII. Haager Abkommen betreffend die Rechte und Pflichten der Neutralen im Falle eines Seekriegs[284].

Nach Art. 4 B. 2. GA III genießen

> *„(...) die einer der in diesem Artikel aufgezählten Kategorien angehörenden Personen, die von neutralen oder nichtkriegführenden Staaten in ihr Gebiet aufgenommen werden und auf Grund des Völkerrechts von ihnen interniert werden müssen, (...)"*

die nach diesem Abkommen den Kriegsgefangenen zugesicherte Behandlung.

Ein weiter Bezug des GA III besteht zum VI. Haager Abkommen über die Behandlung der feindlichen Kauffahrteischiffe beim Ausbruch der Feindseligkeiten[285]. Anknüpfungspunkt ist Art. 4 A. 5. GA III, nach dem als Kriegsgefangene die Besatzungen der Handelsschiffe einschließlich der Kapitäne, Lotsen und Schiffsjungen sowie Besatzungen der Zivilluftfahrzeuge der am Konflikt beteiligten Parteien, die keine günstigere Behandlung auf Grund anderer Bestimmungen des internationalen Rechts genießen, gelten[286].

2. Kriegsgefangenenkonvention von 1929

In der Entwicklung des Kriegsgefangenenrechts war die Kriegsgefangenenkonvention von 1929 ein weiterer Meilenstein[287]. Ihre aktuell untergeordnete Bedeutung ergibt sich aus Art. 134 GA III, der lautet:

> *„Das vorliegende Abkommen ersetzt in den Beziehungen zwischen den Hohen Vertragsparteien das Abkommen vom 27. Juli 1929."*

---

282 Spinnler, Das Kriegsgefangenenrecht im Koreakonflikt, S. 16; Rosas, The Legal Status of Prisoners of War, S. 91.

283 RGBl. 1910, S. 181.

284 RGBl. 1910. S. 343; weiterführend: Rosas, The Legal Status of Prisoners of War, S. 92.

285 RGBl. 1910, S. 181.

286 Vgl. Rosas, The Legal Status of Prisoners of War, S. 92 ff.

287 Siehe oben: Kap. 1 IV.

Damit bleibt, sollten alle Konfliktparteien Vertragspartner der Kriegsgefangenenkonvention von 1929 und nicht sämtliche Parteien gleichzeitig an das Dritte Genfer Abkommen gebunden sein, das Kriegsgefangenenabkommen von 1929 in diesem Konflikt weiterhin anwendbar. Dass es sich hierbei um eine lediglich theoretische Aussage handelt, ergibt sich daraus, dass mittlerweile alle Vertragsparteien der Kriegsgefangenenkonvention von 1929 an das Dritte Genfer Abkommen von 1949 gebunden sind. Für die Frage, welches Recht anwendbar ist, sollte eine Konfliktpartei an das GA III, die andere „nur" an die Kriegsgefangenenkonvention von 1929 gebunden sein, wird die Geltung der gemeinsamen Bestimmungen beider Abkommen angenommen[288]. Dieser Frage fehlt es aus denselben Gründen an praktischer Relevanz.

3. System der vier Genfer Konventionen von 1949

Der Kern des Kriegsgefangenenrechts ist das Dritte Genfer Abkommen von 1949. Diese Konvention ist auch im System der vier Genfer Abkommen von 1949 zu betrachten. Den genannten Abkommen liegt ein einheitlicher Aufbau zu Grunde. Daraus ergeben sich für die Auslegung und Anwendung der Abkommen Überschneidungen und Querverweise. Dies gilt zunächst für die gemeinsamen Artikel 1 bis 3 der vier Genfer Abkommen sowie den sich inhaltlich weitgehend, in einigen Fällen wörtlich, entsprechenden Vorschriften des ersten Teils (Allgemeine Bestimmungen) der einzelnen Abkommen. Vorschriften des Ersten, Zweiten und Vierten Abkommens haben darüber hinaus einen direkten Einfluss auf Behandlung der Kriegsgefangenen nach dem Dritten Abkommen.

Die Definitionen der ersten beiden Genfer Abkommen von 1949 hinsichtlich der danach zu schützenden Personen, namentlich der Verwundeten und Kranken der Streitkräfte im Felde (Erstes Genfer Abkommen) und der Verwundeten, Kranken und Schiffbrüchigen der Streitkräfte zur See (Zweites Genfer Abkommen), fallen jeweils mit den in Art. 4 A GA III genannten Kategorien von Kriegsgefangenen zusammen[289]. In Art. 14 Erstes Genfer Abkommen zur Verbesserung des Loses der Verwundeten und Kranken der Streitkräfte im Felde (GA I)[290] wird die Anwendung des internationalen Kriegsgefangenenrechts für die nach diesem Abkommen geschützten Personen verlangt. Gleiches gilt gemäß Art. 16 Zweites Genfer Abkommen zur Verbesserung des Loses der Verwunde-

288 Rosas, The Legal Status of Prisoners of War, S. 93.
289 Rosas, The Legal Status of Prisoners of War, S. 90.
290 BGBl. 1954 II, 783.

ten, Kranken und Schiffbrüchigen der Streitkräfte zur See[291] für die nach diesem Abkommen geschützten Personen. Ebenso enthalten die beiden ersten Abkommen noch weitere ergänzende Vorschriften zu denen des GA III in Bezug auf den jeweils geschützten Personenkreis[292].

Ferner gelten für die Behandlung des in Feindeshand geratenen Sanitäts- und Seelsorgepersonals neben Art. 33 GA III die entsprechenden Vorschriften nach Art. 28 und 29 GA I sowie Art. 36 und 37 GA II. Die Art. 28 GA I und Art. 33 GA III sind ähnlich, nahezu wortgleich verfasst, aber nicht identisch. Die gemeinsame Aussage dieser Vorschriften ist, dass die Angehörigen des Sanitäts- und Seelsorgepersonals nicht als Kriegsgefangene gelten, sie dürfen aber nicht schlechter gestellt werden als Personen, die nach dem GA III behandelt werden.

Das Vierte Genfer Abkommen zum Schutze von Zivilpersonen in Kriegszeiten von 1949[293] ist nicht anwendbar für die Kriegsgefangenen im Sinne der ersten drei Abkommen. Der Schutz des GA IV erstreckt sich jedoch auch auf solche Personen, die an Kampfhandlungen teilgenommen haben, aber nicht von der Kriegsgefangenendefinition des GA III erfasst sind und damit nicht durch dieses im Status des Kriegsgefangenen geschützt sind. Der nach dem GA IV geschützte Personenkreis wird in Art. 4 dieses Abkommens beschrieben. Insofern besteht mit dem GA IV eine teilweise Ergänzung des Kriegsgefangenenrechts[294]. In diesem Rahmen ist zu bemerken, dass Bestimmungen über die Behandlung von internierten Zivilisten nach Teil III Abschnitt IV GA IV oftmals ihre Entsprechung in den Vorschriften zur Gefangenschaft der Kriegsgefangenen nach Teil III GA finden[295].

4. Drittes Genfer Abkommen von 1949

Das Dritte Genfer Abkommen ist die maßgebliche Rechtsquelle für die Behandlung von Kriegsgefangenen. Das Abkommen wird auf Grund seiner Bekanntheit zu Recht auch als „Charta der Kriegsgefangenen“ bezeichnet[296]. Das GA III regelt in 143 Artikeln die Behandlung der Kriegsgefangenen zum Teil bis in Einzelheiten und stellt damit eine konkrete – auch praktische – Anleitung für diejenigen dar, die in ihrer Eigenschaft als Offiziere und Soldaten Verantwortung für

291 BGBl. 1954 II, 813.

292 Vgl. dazu Rosas, The Legal Status of Prisoners of War, S. 90, Fn. 24; siehe dazu im Einzelnen Art. 12,15,16 GA 1 und Art. 12, 14 bis 19 GA II.

293 BGBl. 1954 II, 917.

294 Vgl. dazu Rosas, The Legal Status of Prisoners of War, S. 91 und 410 ff.

295 Vgl. Rosas, The Legal Status of Prisoners of War, S. 91.

296 Gasser, Humanitäres Völkerrecht, S. 99 ff.

Kriegsgefangene tragen[297]. Nach Gasser beruht das Kriegsgefangenenabkommen auf folgenden drei Grundsätzen, die als Einzelvorschriften im Abkommen selbst ausdrücklich festgehalten sind[298]:

- Art. 12 Abs. 1 GA III: Die Kriegsgefangenen unterstehen der Gewalt der feindlichen Macht, nicht jedoch der Gewalt der Personen oder Truppenteile, die sie gefangengenommen haben. Der Gewahrsamsstaat ist, unabhängig von etwa bestehenden persönlichen Verantwortlichkeiten, für die Behandlung der Kriegsgefangenen verantwortlich.
- Art. 13 Abs. 1 Satz 1 GA III: Die Kriegsgefangenen müssen jederzeit mit Menschlichkeit behandelt werden.
- Art. 118 Abs. 1 GA III: Die Kriegsgefangenen werden nach Beendigung der aktiven Feindseligkeiten ohne Verzug freigelassen und heimgeschafft.

Insbesondere enthält das GA III allgemeine Bestimmungen zum Schutz der Kriegsgefangenen, über die Gefangenschaft selbst, die Beendigung der Gefangenschaft, Auskunftsstellen und Hilfsorganisationen für Kriegsgefangene sowie über die Durchführung des Abkommens.

5. Zusatzprotokolle zu den Genfer Konventionen

Die Zusatzprotokolle vom 8. Juni 1977 zu den Genfer Abkommen vom 12. August 1949 enthalten neben Vorschriften des sogenannten Haager Rechts, d.h. Bestimmungen über Mittel und Methoden der Kampfführung, auch Bestimmungen zum humanitären Recht im engeren Sinne zum Schutze der Zivilbevölkerung, der Kriegsgefangenen und Verwundeten[299]. Wegen der Heftigkeit, mit der Bürgerkriege gleich internationalen Kriegen geführt werden, ist die Anwendbarkeit der humanitären Regeln für solche Konflikte geboten[300]. Dieser Gedanke wird mit den Zusatzprotokollen umgesetzt. Mit Art. 1 IV ZP I werden die sogenannten „nationalen Befreiungskriege“ dem Regime des Humanitären Völkerrechts unterstellt[301].

Nach einer Ansicht in der Literatur stellt Art. 1 IV ZP I keine Neuregelung, sondern die Bestätigung bereits existierenden Völkergewohnheitsrechts dar[302].

297 Gasser, Humanitäres Völkerrecht, S. 100.

298 Gasser, Humanitäres Völkerrecht, S. 100.

299 Ipsen, Völkerrecht, S. 1044.

300 Gornig, in: Revue de Droit Penal Militaire et de Droit de la Guerre, Vol. 27 (1988), S. 19.

301 Götze, Fragen der Anwendbarkeit des humanitären Völkerrechts, S. 385; Gornig, in: Revue de Droit Penal Militaire et de Droit de la Guerre, Vol. 27 (1988), S. 28.

302 Gasser, in: AJIL, Vol. 81 (1987), S. 916.

Im Übrigen ist für den Anwendungsbereich des ZP I der Anwendungsbereich der Genfer Abkommen von 1949 maßgebend[303]. Die einzelnen Bestimmungen zum Schutz der Kriegsgefangenen im ZP I haben in Bezug auf das GA III lediglich eine klarstellende Funktion[304].

In Teil III Abschnitt II ZP I wird der Kombattanten- und Kriegsgefangenenstatus beschrieben und eingegrenzt. Die diesem Abschnitt angehörenden Art. 43 und 44 ZP 1 sollen das insbesondere aus dem Vietnamkrieg bekannte und offene Rechtsproblem der Behandlung von Guerillas als Kombattanten und damit möglichen Kriegsgefangenen regeln[305]. Das ZP 1 enthält weitere, dem Kriegsgefangenenrecht zuzuordnende, Vorschriften. Insbesondere ist der Schutz eines außer Gefecht befindlichen Gegners in Art. 41 ZP 1 ausdrücklich niedergelegt. Die Vorschriften des ZP I ergänzen und erläutern einzelne Teile des GA III. Mit dem ZP 1 ist keine substanzielle Änderung des Schutzes der Kriegsgefangenen eingetreten[306]. Somit bleibt das GA III weiterhin der Kern des Kriegsgefangenenrechts.

Das zweite Zusatzprotokoll zu den Genfer Abkommen vom 12. August 1949 über den Schutz der Opfer nicht-internationaler bewaffneter Konflikte ist gemäß seinem Art. 1 I eine Weiterentwicklung und Ergänzung des gemeinsamen Art. 3 der vier Genfer Abkommen von 1949. Damit werden die humanitären Mindeststandards für nicht-internationale Konflikte verstärkt. Art. 1 ZP 2 definiert den sachlichen Anwendungsbereich des Abkommens. Daraus ergibt sich, dass die Anwendung des ZP II auf nicht-internationale Konflikte beschränkt ist, wobei jedoch solche Konflikte nicht erfasst sind, die nach dem ZP I geregelt werden. Dies ist auch eine Präzisierung des nicht-internationalen bewaffneten Konflikts nach dem gemeinsamen Art. 3 der Genfer Abkommen von 1949, woraus sich die Kongruenz des Anwendungsbereichs des gemeinsamen Art. 3 und des ZP 2 ergibt[307].

Eine Änderung des Kriegsgefangenenrechts ist mit dem ZP II nicht eingetreten. Es ändert sich danach nichts an dem Prinzip, dass ausschließlich Kombattanten im internationalen Konflikt als Kriegsgefangene nach dem GA III zu behandeln sind[308].

303 Maaß, Der Söldner und seine kriegsvölkerrechtliche Rechtsstellung, S. 61.
304 Fischer, in: Fleck, Handbuch des humanitären Völkerrechts in bewaffneten Konflikten, S. 263.
305 Fischer, in: Fleck, Handbuch des humanitären Völkerrechts in bewaffneten Konflikten, S. 263.
306 Vgl. Rosas, The Legal Status of Prisoners of War, S. 95.
307 Gornig, in: Revue de Droit Penal Militaire et de Droit de la Guerre, Vol. 27 (1988), S. 28.
308 Vgl. Rosas, The Legal Status of Prisoners of War, S. 96.

6. Weitere anwendbare Abkommen (Schutz der Menschenrechte)

Die zuvor genannten Abkommen des humanitären Völkerrechts bezwecken den Schutz von Personen in Zeiten des bewaffneten Konflikts. Darüber hinaus schützen internationale Abkommen die Menschenrechte auch in Friedenszeiten. Solche Abkommen sind jedoch für den Fall bewaffneter Auseinandersetzungen grundsätzlich nicht suspendiert[309].

a) Internationaler Pakt über bürgerliche und politische Rechte

Zunächst kommt der „Internationale Pakt über bürgerliche und politische Rechte" (IPbpR)[310] vom 19. Dezember 1966 als Ergänzung des Kriegsgefangenenrechts in Betracht. Nach Art. 2 I IPbpR sind die Vertragsstaaten verpflichtet, die in diesem Pakt anerkannten Rechte zu achten und sie allen in seinem Gebiet befindlichen und seiner Herrschaftsgewalt unterstehenden Personen ohne Unterschied zu gewährleisten.

Die Rechte aus dem IPbpR sind gemäß Art. 4 I IPbpR für den Fall eines öffentlichen Notstandes, der das Leben der Nation bedroht und der amtlich verkündet ist, im notwendigen Umfang eingeschränkt. Der Pakt nennt ausdrücklich keinen Anwendungsfall des Art. 4 I IPbpR. Für den Fall bewaffneter Auseinandersetzungen von nicht nur geringem Umfang erscheint die Anwendung von Art. 4 I IPbpR als möglich[311]. Dies muss ersichtlich für „groß angelegte" zwischenstaatliche Kriege gelten, bei denen Armeen mit beträchtlicher personeller und materieller Stärke aufeinander treffen[312]. Problematischer ist die Anwendung des Art. 4 I IPbpR auf kleinere Konflikte wie bewaffnete Grenzstreitigkeiten und Auseinandersetzungen ähnlichen Ausmaßes. Immerhin bestimmt Art. 4 I IPbpR, dass die Verpflichtungen der Staaten aus diesem Pakt nur in dem Umfang außer Kraft gesetzt werden können, den die Lage unbedingt erfordert.

Von der Bestimmung des Art. 4 I IPbpR bleiben gemäß Art. 4 II IPbpR grundlegende Rechte des Paktes unberührt. Diese sind auch im Fall des öffentlichen Notstandes zu achten, also auch zu Gunsten möglicher Kriegsgefangener, wenn sie sich im Anwendungsbereich des IPbpR befinden. Nach Art. 2 II IPbpR sind dies das Recht auf Leben und die Bedingungen für ein rechtskräftiges Todesurteil (Art. 6 IPbpR), Verbot der Folter (Art. 7 IPbpR), Verbot der Sklaverei und Leibeigenschaft (Art. 8 I, II IPbpR), Verbot der Inhaftierung wegen vertrag-

309 Ipsen, Völkerrecht, S. 691; Goldman/Tittemore, Unprivileged Combatants, S. 39.
310 BGBl. 1973 II. S. 1534.
311 Rosas, The Legal Status of Prisoners of War, S. 93 ff.
312 Rosas, The Legal Status of Prisoners of War, S. 95.

licher Schulden (Art. 11 IPbpR), Verbot der Strafe ohne Gesetz (Art. 15 IPbpR), Anerkennung der Rechtsfähigkeit (Art. 16 IPbpR) sowie das Recht auf Gedanken-, Gewissens- und Religionsfreiheit (Art. 18 IPbpR). Der Schutz dieser Rechte ist bereits überwiegend in den Bestimmungen des GA III verwirklicht[313]. Daraus ergibt sich die allgemein geringe Relevanz des IPbpR hinsichtlich der Behandlung von Kriegsgefangenen für den Fall der Anwendbarkeit des GA III. Dennoch gibt es Sachverhalte, deren Behandlung das GA III offen lässt. In diesem Fall kann auf Bestimmungen des IPbpR zurückgegriffen werden. Nach Art. 6 IV IPbpR darf die Todesstrafe gegen Jugendliche unter 18 Jahren nicht verhängt und an schwangeren Frauen nicht vollstreckt werden. Eine entsprechende Bestimmung ist dem GA III nicht zu entnehmen. Dass der Schutz von Jugendlichen unter 18 Jahren vor der Todesstrafe zur Entstehungszeit der Genfer Abkommen bereits thematisiert war, zeigt ein entsprechendes Verbot in Art. 68 IV GA IV.

Zur Beachtung der Rechte aus dem IPbpR sind zwei Sicherungsverfahren installiert. Dies ist zunächst die Staatenbeschwerde gemäß Art. 41 IPbpR, wonach der Ausschuss für Menschenrechte (Art. 28 IPbpR) mit Verletzungen des Paktes befasst werden kann[314]. Daneben besteht die Möglichkeit der Individualbeschwerde nach dem Fakultativprotokoll zum IPbpR vom 19. Dezember 1966[315]. Auch in diesem Fall ist die Zuständigkeit des nach Art. 28 IPbpR errichteten Menschenrechtsausschusses gegeben[316].

Bisher sind ca. zwei Drittel der gegenwärtig existierenden Staaten Vertragsparteien des IPbpR[317].

b) Europäische Menschenrechtskonvention

Eine vergleichbare Rechtslage besteht hinsichtlich der (Europäischen) Konvention zum Schutze der Menschenrechte und Grundfreiheiten (EMRK) vom 4. November 1950[318]. Die EMRK ist unter der Schirmherrschaft des Europarates ausgehandelt worden und umfasste bis Ende 1998 40 Vertragsparteien[319]. Die sogenannte Rom-Konvention ist grundsätzlich gleich dem IPbpR eine friedensrechtliche Regelung, die aber gemäß ihrer Anwendungsvoraussetzungen zum allgemeinen völkerrechtlichen Kriegsrecht hinzutretende Einschränkungen für die

313 Rosas, The Legal Status of Prisoners of War, S. 94.

314 Zu den Einzelheiten dieses Verfahrens siehe Ipsen, Völkerrecht, S. 689.

315 BGBl. 1992 II, S. 1246.

316 Zu den Einzelheiten dieses Verfahrens siehe ebenfalls Ipsen, Völkerrecht, S. 689.

317 Stand Ende 1998, Ipsen, Völkerrecht, S. 684.

318 Sartorius II, Ordnungsnr. 130.

319 Ipsen, Völkerrecht, S. 694.

Kriegsparteien statuiert[320]. Anwendbar ist die EMRK gemäß ihres Art. 1 auf alle Personen, die der Hoheitsgewalt einer Vertragspartei unterstehen. Das Abkommen ist in drei Abschnitte unterteilt.

Im ersten Abschnitt sind Rechte und Freiheiten der einzelnen Individuen festgelegt. Dieser Individualrechtskatalog ist mit den Rechten aus dem IPbpR überwiegend vergleichbar. Die Verpflichtungen der Vertragsparteien aus diesem Abkommen können nach Art. 15 EMRK, soweit es die Lage unbedingt erfordert, im Fall des öffentlichen Notstands eingeschränkt werden. Diese Einschränkung gilt ausdrücklich auch, wenn das Leben der Nation durch Krieg bedroht wird. Auch der Individualrechtskatalog enthält gemäß Art. 15 II EMRK notstandsfeste Rechte und Freiheiten. Nach Art. 15 II EMRK ist das Recht auf Leben in seiner Ausprägung gemäß Art. 1 EMRK nur im Rahmen rechtmäßiger Kampfhandlungen eingeschränkt. Notstandsfest sind ebenfalls das Verbot der Folter (Art. 3 EMRK) und das Verbot der Sklaverei und Leibeigenschaft (Art. 4 I EMRK). Auch vom Grundsatz „Keine Strafe ohne Gesetz“ (Art. 7 EMRK) darf im Fall des Krieges oder öffentlichen Notstands nicht abgewichen werden.

Der zweite Abschnitt der EMRK ist mit den völkerrechtlichen Durchsetzungsverfahren der Rechte und Freiheiten nach Abschnitt 1 befasst. Im Laufe der Geltungsdauer sind die Verfahren zur Sicherung der Rechte aus der EMRK reformiert worden. Gegenwärtig ist einzig der Europäische Gerichtshof für Menschenrechte gemäß Art. 19 EMRK damit betraut, die Einhaltung der Verpflichtungen der Vertragsparteien sicherzustellen[321].

Auch für die EMRK gilt, dass die in diesem Abkommen statuierten Rechte bereits überwiegend im GA III verwirklicht sind. Dennoch ist die EMRK, insbesondere bei Rechtsfragen, die trotz des Umfangs des GA III noch ungeklärt sind, auf die Behandlung von Kriegsgefangenen in ihrem Geltungsbereich anwendbar.

c) Amerikanische Menschenrechtskonvention

Die Amerikanische Menschenrechtskonvention (AMRK)[322] ist am 18. Juli 1978 in Kraft getreten und umfasste bis Ende 1998 25 Vertragsparteien. Dazu zählen nicht die USA, welche die Konvention nur unterschrieben haben[323]. Nach Art. 1 I AMRK sind die Vertragsstaaten verpflichtet, die in der Konvention anerkannten Rechte und Freiheiten zu wahren und allen unter ihrer Hoheitsgewalt stehenden

---

320 Berber, Lehrbuch des Völkerrechts, Bd. 2, S. 76 ff.

321 Zur Geschichte und zum Durchsetzungsverfahren siehe Ipsen, Völkerrecht, S. 696 ff.

322 Übersetzung in: EuGRZ 1980, S. 435.

323 Ipsen, Völkerrecht, S. 700.

Personen zu sichern. Der Katalog der Menschenrechte in der AMRK entspricht weitgehend dem der EMRK. Ferner sind die üblichen justiziellen Menschenrechte wie das Recht auf ein faires Verfahren, die Gleichheit vor dem Gesetz und das Verbot der Diskriminierung in der Konvention niedergelegt. Für die Sicherung des Menschenrechtsschutzes sind gemäß Art. 33 AMRK die Inter-Amerikanische Kommission für Menschenrechte und der Inter-Amerikanische Gerichtshof für Menschenrechte zuständig. Wie in der EMRK existiert in der AMRK die Möglichkeit einer Staatenbeschwerde, der Regelfall ist im Unterschied zur EMRK die Individualbeschwerde. Damit steht mit der AMRK ein weiteres Instrument zur Verfügung, die Rechte von Kriegsgefangenen neben dem GA III zu sichern.

d) Afrikanische Charta der Menschenrechte und Rechte der Völker

Am 21. Oktober 1986 ist die afrikanische Konvention, gemäß ihrer Präambel „Banjul Charta der Menschenrechte und Rechte der Völker[324]" genannt, in Kraft getreten. Ihr gehört die große Mehrheit der Mitglieder der Organisation für Afrikanische Einheit (OAU) an[325]. Auch die Banjul Charta enthält einen Katalog der klassischen bürgerlichen und politischen Rechte, der im Grundsatz mit den genannten Konventionen zum Schutz der Menschenrechte vergleichbar ist. Für die Sicherung dieser Rechte ist gemäß Art. 30 der Charta eine „Afrikanische Kommission für Menschenrechte und Rechte der Völker" verantwortlich. Nach dem Protokoll vom 9. Juni 1998[326] ist ein Gerichtshof zur Sicherung dieser regionalen Menschenrechtskonvention vorgesehen. Auch die Rechte aus dieser Konvention sind auf die Behandlung von Kriegsgefangenen grundsätzlich anwendbar.

7. Geltung des vertraglichen Kriegsgefangenenrechts

Die Konfliktparteien sind nur auf Grund ihres formellen Beitritts oder einer *de facto*-Zustimmung an das völkervertragsrechtliche Kriegsgefangenenrecht[327] gebunden[328].

---

324 Übersetzung in: EuGRZ 1986, S. 677.

325 Ipsen, Völkerrecht, S. 702.

326 Abgedruckt in: ZaöRV 1998, S. 727.

327 Siehe oben: Kap. 1 IV f.

328 Spinnler, Das Kriegsgefangenenrecht im Koreakonflikt, S. 14.

Die wichtigste Quelle und Grundlage für den Schutz der Kriegsgefangenen ist das Dritte Genfer Abkommen vom 12. August 1949[329]. Bis heute erreicht das GA III eine annähernd universelle Anerkennung[330].

8. Beteiligtenklausel gemäß Art. 2 III GA III

Art. 2 III GA III statuiert eine Beteiligtenklausel für den Fall, dass ein bewaffneter Konflikt zwischen einem Vertragspartner der Genfer Abkommen und einer Nichtvertragspartei ausgetragen wird.

Art. 2 III GA III

> *„Ist eine der am Konflikt beteiligten Mächte nicht Vertragspartei des vorliegenden Abkommens, so bleiben die Vertragsparteien in ihren gegenseitigen Beziehungen gleichwohl durch das Abkommen gebunden. Sie sind ferner durch das Abkommen auch gegenüber dieser Macht gebunden, wenn diese dessen Bestimmungen annimmt und anwendet."*

Diese Vorschrift stellt eine Weiterentwicklung des Art. 82 II des Kriegsgefangenenabkommens von 1929 dar und überwindet damit nachhaltig die regelmäßige Verwendung einer Allbeteiligtenklausel, der sogenannten *clausula si omnes*, wie sie noch in Art. 2 des Haager Abkommens zu finden ist. Dort heißt es:

> *„(...) finden nur zwischen den Vertragsmächten Anwendung und nur dann, wenn die Kriegführenden sämtlich Vertragsparteien sind."*

Diese Regelung stellte stets die Gefahr dar, dass die vertraglichen Kriegsregeln und insbesondere solche zum Schutz der Beteiligten für den Fall einer bewaffneten Auseinandersetzung zwischen Vertragsstaat und Nichtvertragsstaat suspendiert waren. Die Bedeutung dieser Klausel für das Haager Abkommen war insofern gering, als dass die im genannten Abkommen kodifizierten gewohnheitsrechtlichen Kriegsregeln auch bei Nichtanwendbarkeit des Vertrages anwendbar blieben[331]. Im Kriegsgefangenenabkommen von 1929 ist Art. 82 II bereits fortschrittlicher formuliert:

> *„(...) falls in Kriegszeiten einer der Kriegführenden nicht Vertragspartei ist, die Bestimmungen dieses Abkommens gleichwohl für die kriegführenden Vertragsparteien verbindlich."*

---

329 Vgl. Rosas, The Legal Status of Prisoners of War, S. 86; Fischer, in: Fleck, Handbuch des humanitären Völkerrechts in bewaffneten Konflikten, S. 263.

330 Rosas, The Legal Status of Prisoners of War, S. 86; siehe auch im Anhang die Liste der Vertragsparteien zum GA III.

331 Groh, Das Recht der Kriegsgefangenen, S. 31 ff.

Der zwar fortschrittliche Gedanke dieser Vorschrift steht allerdings immer noch unter dem Grundsatz des Vertragsrechts, dass ein Vertrag eben nur die Vertragspartner bindet[332]. Dass die Nichtbeachtung des Kriegsgefangenenabkommens zu Lasten eines Nichtvertragspartners gegenüber den übrigen Vertragspartnern einen Rechtsbruch bedeutet, ist nicht zwingend ersichtlich.

Die in den Genfer Abkommen von 1949 gewählte Formulierung geht auf Entwürfe Belgiens und Kanadas zurück, die eine aufschiebend bedingte Anwendungsverpflichtung der Abkommen durch die Vertragsparteien vorsahen[333]. So hängt nun die Bindung des Vertragsstaates an die Abkommen gegenüber einem Nichtvertragsstaat davon ab, ob dieser die Bestimmungen der Abkommen annimmt und anwendet. Die Art und Weise der Annahme ist nicht genau bestimmt, es ist lediglich eine einseitige empfangsbedürftige Erklärung sowie die Erkennbarkeit derselben als Erklärung i.S.d. Art. 2 III GA notwendig[334]. Wird eine entsprechende Erklärung zunächst nicht abgegeben, liegt ein Schwebezustand vor. Dieser wird dadurch beendet, dass entweder die Nichtvertragspartei eine entsprechende Erklärung abgibt, die Vertragspartei eine solche einfordert oder die Parteien von einer internationalen Organisation, in der Regel dem IKRK, zur Anwendung der Abkommen aufgefordert werden[335].

Die Abgabe der Erklärung zur Anwendung des Abkommens bewirkt einen *de facto*-Beitritt mit der Folge, dass sich der Erklärende als Quasi-Vertragspartei behandeln lassen muss[336]. Zur Dauer dieses Rechtszustandes gilt das Prinzip der bedingten Gegenseitigkeit, obwohl sich daraus die Möglichkeit des Rechtsmissbrauchs auch gerade zum Nachteil der geschützten Personen ergibt[337].

II. Kriegsgefangenengewohnheitsrecht

Neben dem Vertragsrecht stellt das Gewohnheitsrecht eine weitere Quelle des Kriegs- und damit des Kriegsgefangenenrechts dar[338]. Das Völkergewohnheitsrecht umfasst Regeln, die von den Völkerrechtssubjekten allgemein oder partikulär beachtet werden und von ihnen auf Grund ihrer Rechtsüberzeugung getra-

332 Groh, Das Recht der Kriegsgefangenen, S. 32 ff.
333 Groh, Das Recht der Kriegsgefangenen, S. 34 ff.
334 Groh, Das Recht der Kriegsgefangenen, S. 36 ff.
335 Groh, Das Recht der Kriegsgefangenen, S. 35 ff.
336 Groh, Das Recht der Kriegsgefangenen, S. 38.
337 Groh, Das Recht der Kriegsgefangenen, S. 36 ff.
338 Berber, Lehrbuch des Völkerrechts, Bd. 1, S. 73 ff.; Bothe, in: ZaöRV, Bd. 37 (1977), S. 598 ff.

gen werden[339]. Nach Art. 38 I b) des Statuts des Internationalen Gerichtshofs (IGH-Statut)[340] ist das internationale Gewohnheitsrecht Ausdruck einer allgemeinen, als Recht anerkannten Übung. Daraus folgen die zwei Elemente des Gewohnheitsrechts: Objektiv muss eine Übung oder Praxis der Rechtsnorm festzustellen sein (consuetudo), subjektiv kommt es auf die dieser Übung entsprechende Rechtsüberzeugung (opinio juris vel necessitatis) an[341]. Im Bereich des Kriegsgefangenenrechts ist die Feststellung von Gewohnheitsrecht allerdings schwierig. Wegen der nahezu universellen Beteiligung der Staaten an den Genfer Konventionen stützen sich ihre Äußerungen in diesem Rechtsgebiet gewöhnlich auf die vertraglich bestimmten Normen[342].

Zum Anwendungsbereich des Gewohnheitsrechts wird vertreten, dass eine gewohnheitsrechtliche Norm bereits dann universelle Gültigkeit besitzt, wenn sie von den handelnden Völkerrechtssubjekten beachtet wurde, die bereits in die Lage kamen, diese Norm anzuwenden. Deshalb wirkt eine Norm des universellen Gewohnheitsrechts über den Kreis der sie erzeugenden Staaten hinaus, womit auch „neue“ Staaten an diese Norm gebunden sind[343]. Mit Absatz 3 der Präambel der Charta der Vereinten Nationen, wonach alle VN-Mitglieder, also auch neue Mitglieder, die Verpflichtungen aus Verträgen und anderen Quellen des Völkerrechts achten, wird diese Ansicht unterstützt. Zu den allgemeinen Quellen des Völkerrechts zählt hier auch das Gewohnheitsrecht nach Art. 38 I b) IGH-Statut[344].

Entgegen dieser Ansicht verlangte die sozialistische Lehre entsprechend ihrer voluntaristischen Konzeption des Völkergewohnheitsrechts eine ausdrückliche oder stillschweigende Einwilligung jedes betroffenen Staates[345]. Dabei wird die Schwierigkeit der Ermittlung einer gewohnheitsrechtlichen Norm durchaus wahrgenommen, weshalb auch das „Schweigen“ eines Staates in bestimmten Fällen als Zustimmung gewertet werden darf[346]. Die sozialistische Völkerrechtslehre und damit ihre Voraussetzungen für die Entstehung von Völkergewohnheitsrecht sind heute überholt.

---

339 Seidl-Hohenveldern/Stein, Völkerrecht, Rdnr. 467; Herdegen, Völkerrecht, S. 129; Rajower, Das Recht des bewaffneten nicht-internationalen Konflikts, S. 158 m.w.N.

340 BGBl. 1973 II, S. 505.

341 Ipsen, Völkerrecht, S. 183; Hess, Die Anwendbarkeit des humanitären Völkerrechts, S. 38 m.w.N.

342 Bothe, in: ZaöRV, Bd. 37 (1977), S. 598 ff.; Meron, in: AJIL, Vol. 81 (1987), S. 365.

343 Hess, Die Anwendbarkeit des humanitären Völkerrechts, S. 39.

344 Wolfrum, in: Simma, Charta der Vereinten Nationen, S. 4.

345 Kröger, Völkerrecht Teil 1, S. 260.

346 Kröger, Völkerrecht Teil 1, S. 262.

Für den Anwendungsbereich des Gewohnheitsrechts gilt, dass gleich dem Vertragsrecht die völkerrechtliche Rechtsfähigkeit der Konfliktparteien vorausgesetzt wird. Damit geht der Anwendungsbereich des Gewohnheitsrechts grundsätzlich nicht über den des Vertragsrechts hinaus[347].

Die Existenz von gewohnheitsrechtlich geltendem Kriegsgefangenenrecht wird in Art. 142 IV GA III vorausgesetzt[348]. Danach hat die Kündigung dieses Vertrages keinerlei Wirkung auf die Verpflichtungen, welche die am Konflikt beteiligten Parteien gemäß den Grundsätzen des Völkerrechts zu erfüllen gehalten sind. Hier ist der Ausdruck „Grundsätze des Völkerrechts" im Wesentlichen gleichzusetzen mit dem Völkergewohnheitsrecht[349]. Die genannte Norm ist angelehnt an die sogenannte Martens'sche Klausel[350], die in der Präambel der Haager Abkommen von 1899 und 1907 niedergeschrieben ist. Die einzelnen Bestimmungen des Abkommens gehen dabei aber durchaus über eine bloße Kodifikation von Gewohnheitsrecht hinaus. Andererseits wären die umfassenden Bestimmungen der Abkommen hinsichtlich Unterzeichnung, Ratifikation und Beitritt überflüssig, wenn lediglich bereits bestehendes Gewohnheitsrecht niedergeschrieben würde[351]. Damit trägt die Klausel aus Art. 142 IV GA III zur Feststellung gewohnheitsrechtlicher Normen nichts bei.

Für einen eigenen Versuch, den aktuellen Stand des gewohnheitsrechtlich geltenden Kriegsgefangenenrechts erschöpfend darzustellen, ist neben einer umfassenden Einzelfalluntersuchung ebenfalls eine intensive Auseinandersetzung mit der Theorie des Völkergewohnheitsrechts notwendig. Deshalb ist hier nur allgemein auf das Gewohnheitsrecht im Rahmen des Kriegsgefangenenrechts einzugehen. Zur Ermittlung von Gewohnheitsrecht bieten hier Gerichtsentscheidungen und Expertenmeinungen eine Grundlage.

Zur gewohnheitsrechtlichen Geltung der HLKO urteilte 1948 beispielsweise der Internationale Militärgerichtshof für den Fernen Osten:

„Although the obligation to observe the provisions of the Convention as a binding treaty may be swept away by operation of the „general participation clause", or otherwise, the Convention remains as good evidence of the customary law of nations, to be considered by the Tribu-

347 Hess, Die Anwendbarkeit des humanitären Völkerrechts, S. 40; möglich erscheint danach auch, dass eine Norm, welche kraft Vertragsrechts für den internationalen bewaffneten Konflikt gilt, im nicht-internationalen bewaffneten Konflikt gewohnheitsrechtliche Geltung beanspruchen kann.

348 Schmid, Die völkerrechtliche Stellung der Partisanen im Kriege, S. 81.

349 Rosas, The Legal Status of Prisoners of War, S. 98, Fn 58.

350 Vgl. Rajower, Das Recht des bewaffneten nicht-internationalen Konflikts, S.162; Ipsen, Völkerrecht, S. 1080; Berber, Lehrbuch des Völkerrechts, Bd. 2, S. 124 ff.

351 Hess, Die Anwendbarkeit des humanitären Völkerrechts, S. 41.

nal along with all other available evidence in determining the customary law to be applied in any given situation. "[352]

Diese Ansicht findet ihre Bestätigung dann auch in der nachfolgenden kriegsvölkerrechtlichen Literatur[353]. Auch der Nürnberger Gerichtshof kommt 1948 in seinem Urteil gegen Wilhelm von Leeb und andere hinsichtlich der gewohnheitsrechtlichen Geltung der genannten Verträge zu derselben Auffassung[354]. Diese Entscheidung erkennt auch zahlreiche Normen des Kriegsgefangenenabkommens von 1929 als Gewohnheitsrecht an[355]. Dies bedeutet im Umkehrschluss, dass andere Vorschriften des Abkommens eben nicht schon gewohnheitsrechtlich gelten.

Ausgehend von dieser Erkenntnis gehört auch ein Teil des GA III als speziellere Kodifikation des Kriegsgefangenenrechts nicht dem Gewohnheitsrecht an. Damit sind 1949 auch Vorschriften in das GA III aufgenommen worden, die zumindest damals nicht dem Gewohnheitsrecht entsprachen. Dies erkennt Rosas auch als die Ansicht der Genfer Konferenz von 1949[356]. Damit entsprechen aber mindestens die Normen dem Gewohnheitsrecht, die inhaltlich mit den als Gewohnheitsrecht anerkannten Normen früherer Verträge übereinstimmen[357].

Im Jahr 1971 hat das Institut für Internationales Recht während seiner Tagung in Zagreb die Resolution „Conditions of Application of Humanitarian Rules of Armed Conflict to Hostilities in which United Nations Forces may be engaged"[358] angenommen. Art. 2 der Resolution statuiert die Bindung der Vereinten Nationen bzw. deren Streitkräfte an das Humanitäre Völkerrecht in bewaffneten Konflikten. Darin eingeschlossen sind ausdrücklich die Genfer Abkommen von 1949. Da die Vereinten Nationen den Genfer Abkommen weder beigetreten sind noch deren Bestimmungen gemäß Art. 2 III GA anerkannt haben und das Institut für Internationales Recht sie auch nicht zu einer solchen Handlung aufgefordert hat, scheint Art. 2 der Resolution auf der Annahme zu beruhen, dass zwischenzeitlich die Genfer Abkommen insgesamt den Status gewohnheitsrechtlicher Geltung erlangt haben[359].

---

352 Friedman, Leon (Hrsg), The Law of War – A Documentary History, Vol. II, S. 1043.

353 Schmid, Die völkerrechtliche Stellung der Partisanen im Kriege, S. 80, 81; Hess, Die Anwendbarkeit des humanitären Völkerrechts, S. 41; Laun, Die Haager Landkriegsordnung, S. 53 ff.

354 Rosas, The Legal Status of Prisoners of War, S. 98; dem hat sich die Literatur – soweit ersichtlich – überwiegend angeschlossen: Schwab, Irreguläre Kombattanten als Kriegsgefangene, S. 124 ff. m.w.N.

355 Rosas, The Legal Status of Prisoners of War, S. 98 m.w.N.

356 Rosas, The Legal Status of Prisoners of War, S. 99.

357 Hess, Die Anwendbarkeit des humanitären Völkerrechts, S. 41.

358 Institut de droit international 54 Annuaire 1971, Vol. II, S. 465 ff.

359 Rosas, The Legal Status of Prisoners of War, S. 99.

Zwar wurde die Resolution mit 42 Ja-Stimmen, keiner Gegenstimme und nur einer Enthaltung angenommen[360], jedoch ergibt sich aus den Äußerungen einzelner Tagungsteilnehmer ein anderes Bild. So sagt Schachter:

> *„I share the opinion expressed by some of the Commission members that not all of the articles of the Geneva Conventions of 12 August 1949 can be regarded as part of customary law."*[361]

Zur Frage nach der gewohnheitsrechtlichen Geltung der Genfer Abkommen äußert sich Seyersted wie folgt:

> *„The principles – yes. But several detailed and arbitrary provisions have not acquired the force of customary law."*[362]

Diese Ansicht spiegelt sich auch in der Literatur wider. So sieht sich Brandweiner außer Stande, eine Feststellung darüber zu treffen, ob sich hinsichtlich der gewohnheitsrechtlichen Geltung der Genfer Abkommen eine Staatenpraxis abzeichnet[363].

Im Rahmen des Gewohnheitsrechts ist insbesondere auf den gemeinsamen Art. 3 der Genfer Abkommen hinzuweisen. Diese Vorschrift enthält ein Minimum an humanitären Rechten und Pflichten. Art. 3 wird daher auch oft als Miniaturkonvention bezeichnet. Der gemeinsame Art. 3 verlangt einen Mindestschutz und die humane Behandlung von Personen, die nicht oder nicht mehr direkt an den Feindseligkeiten beteiligt sind, sowie die Pflege von Kranken und Verwundeten[364]. Ausdrücklich verbietet der gemeinsame Art. 3:

> *„a) Angriffe auf das Leben und die Person, namentlich Tötung jeder Art, Verstümmelung, grausame Behandlung und Folterung;*
> *b) das Festnehmen von Geiseln;*
> *c) Beeinträchtigung der persönlichen Würde, namentlich erniedrigende und entwürdigende Behandlung;*
> *d) Verurteilungen und Hinrichtungen ohne vorhergehendes Urteil eines ordentlich bestellten Gerichtes, das die von den zivilisierten Völkern als unerlässlich anerkannten Rechtsgarantien bietet."*

In materieller Hinsicht ist der gemeinsame Art. 3 der Genfer Abkommen die gedankliche Grundlage des Genfer Rechts insgesamt. Nach seinem Wortlaut ist der gemeinsame Art. 3 der Genfer Abkommen nur auf bewaffnete nicht-internationale Konflikte anwendbar[365]. Internationale Konflikte sind im Genfer Recht ausführlich geregelt, sie gehen auf die grundsätzlichen Wertungen des gemein-

---

360 Institut de droit international 54 Annuaire 1971, Vol. II, S. 287.
361 Institut de droit international 54 Annuaire 1971, Vol. I, S. 210.
362 Institut de droit international 54 Annuaire 1971, Vol. I, S. 215.
363 Brandweiner, in: Juristische Blätter, Heft 11 (1950) S. 225 ff.
364 Hess, Die Anwendbarkeit des humanitären Völkerrechts, S. 99.
365 Meron, in: AJIL, Vol. 81 (1987), S. 356.

samen Art. 3 zurück. Daher müssen auch die Mindestanforderungen des gemeinsamen Art. 3 im internationalen bewaffneten Konflikt gelten. Die gewohnheitsrechtliche Geltung des gemeinsamen Art. 3 wird allgemein mit Blick auf Literatur und Praxis bejaht[366]. Gleichfalls wird die Geltung dieser Norm als zwingendes Völkerrecht (ius cogens) beansprucht[367]. Im gemeinsamen Art. 3 der Genfer Abkommen wird das Recht der Kriegsgefangenen nicht ausdrücklich geregelt. Die festgelegten Grundsätze sind aber dennoch auf die Behandlung von Gefangenen im internationalen, aber auch ausdrücklich im nicht-internationalen bewaffneten Konflikt anwendbar.

Eine grundlegende Zusammenfassung der Regeln des humanitären Völkerrechts veröffentlichten das IKRK und die Liga der Rotkreuzgesellschaften im Jahr 1979[368]. Diese Regeln fassen die Grundsätze des Vertrags- und des Gewohnheitsrechts zusammen, womit ihre gewohnheitsrechtliche Geltung ebenfalls angenommen werden kann. Hess fasst diese Gebote und Verbote wie folgt zusammen[369]:

- Schutz der nicht oder nicht mehr an den Kämpfen beteiligten Personen, d.h. der Verwundeten, Kranken, Kriegsgefangenen und Zivilpersonen.
- Der Schutz muss im Minimum umfassen:
  - Bergung und Pflege der geschützten Personen
  - Respektierung ihrer Menschenwürde
  - Beachtung der universell anerkannten Rechtsgarantien bei Verfahren gegen die geschützten Personen.
- Respektierung des Schutzzeichens des Roten Kreuzes oder des Roten Halbmondes.

Die universelle Zustimmung der Staaten zu derartig allgemein gehaltenen Rechtssätzen lässt sich anhand der Dienstvorschriften der Streitkräfte verschiedener Staaten nachweisen[370]. Problematisch ist die Anwendung von Gewohnheitsrecht auf die Behandlung von Kriegsgefangenen dann, wenn die fragliche Norm wegen ihrer Unbestimmtheit auslegungsbedürftig ist. Hier wird dann ein Rückgriff auf detaillierte vertragliche Bestimmungen notwendig. Diese können jedoch nicht mit Gewissheit als dem Gewohnheitsrecht zugehörig betrachtet

366 Hess, Die Anwendbarkeit des humanitären Völkerrechts, S. 92 m.w.N.; Meron, in: AJIL, Vol. 81 (1987), S. 356, hier wird insbesondere auf die Rechtsprechung des IGH im Nicaragua – Fall Bezug genommen.

367 Rosas, The Legal Status of Prisoners of War, S. 104; Hess, Die Anwendbarkeit des humanitären Völkerrechts, S. 76 m.w.N.

368 Abgedruckt im Anhang bei Hess, Die Anwendbarkeit des humanitären Völkerrechts, S. 286.

369 Hess, Die Anwendbarkeit des humanitären Völkerrechts, S. 42.

370 Hess, Die Anwendbarkeit des humanitären Völkerrechts, S. 42.

werden, jedenfalls soweit es um den ganz überwiegenden Teil der Vorschriften des GA III und der Kriegsgefangenenkonvention von 1929 geht.

Allgemein stimmen die Staatengemeinschaft und die meisten Völkerrechtler darin überein, dass die grundlegenden Bestimmungen des GA III auch als Kriegsvölkergewohnheitsrecht Geltung beanspruchen[371]. Jedoch infolge ihrer heutigen universellen Anwendbarkeit kommt der Fragestellung nach der gewohnheitsrechtlichen Geltung grundlegender Vorschriften des GA III weniger Bedeutung zu[372]. Darüber hinaus wird auch von der Geltung einiger grundlegender Vorschriften des GA III als ius cogens ausgegangen[373].

III. Kriegsgefangenenrecht als zwingendes Völkerrecht (ius cogens)

Inwieweit die einzelnen Vorschriften des GA III dem zwingenden Völkerrecht angehören, ist fraglich. Zumindest teilweise ist von der zwingenden Geltung des III. Genfer Abkommens von 1949 als zwingendes Völkerrecht auszugehen. Dahingehend hat Meron festgestellt:

> *„Undeniably, the* Geneva *Conventions, and especially common Article 3, state a great number of basic rights of the human person, some that may have attained the status of ius cogens."*[374]

Wenngleich schon zuvor in der völkerrechtlichen Literatur und Rechtsprechung vorausgesetzt, hat das ius cogens mit dem Wiener Vertragsrecht Übereinkommen von 1969 seinen Durchbruch und allgemeine Anerkennung erfahren[375]. Art. 53 Wiener Vertragsrechtskonvention (WVK) über „Verträge im Widerspruch zu einer zwingenden Norm des allgemeinen Völkerrechts (ius cogens)" setzt dieses Rechtsinstitut voraus und beschreibt es wie folgt:

> *„Ein Vertrag ist nichtig, wenn er im Zeitpunkt seines Abschlusses im Widerspruch zu einer zwingenden Norm des allgemeinen Völkerrechts steht. Im Sinne dieses Übereinkommens ist eine zwingende Norm des allgemeinen Völkerrechts eine Norm, die von der Internationalen Staatengemeinschaft in ihrer Gesamtheit angenommen und anerkannt wird als eine Norm, von der nicht abgewichen werden darf und die nur durch eine spätere Norm des allgemeinen Völkerrechts derselben Rechtsnatur geändert werden kann."*

---

371 Gasser, Humanitäres Völkerrecht, S. 100.

372 Fischer, in: Fleck, Handbook of International Humanitarian Law, S. 371 ff.

373 Fischer, in: Fleck, Handbook of International Humanitarian Law, S. 371 ff.

374 Meron, in: AJIL, Vol. 81 (1987), S. 355.

375 Verdross/Simma, Universelles Völkerrecht, S. 329 ff.

Jedoch gibt die Wiener Vertragsrechtskonvention keine Auskunft über die völkerrechtlichen Normen, die als zwingendes Völkerrecht zu qualifizieren sind[376]. Es handelt sich bei dem ius cogens um Normen, die im gemeinsamen Interesse aller Staaten gelten und tief im allgemeinen Rechtsbewusstsein verankert sind. Das zwingende Völkerrecht richtet sich dabei nicht nur gegen die einzelnen Staaten, sondern auch gegen die gesamte Staatengemeinschaft. Die Geltung des ius cogens ist absolut und kann weder durch Völkergewohnheitsrecht noch durch Parteivereinbarung im engeren Kreis von seiner Anwendung ausgeschlossen werden. Die Entstehung von ius cogens beruht nicht allein auf völkerrechtlichen Verträgen, sondern kann auch aus Völkergewohnheitsrecht oder allgemeinem Rechtsgrundsatz entstehen[377].

Für die Qualifikation des GA III als ius cogens spricht, dass deren Regime dem des zwingenden Völkerrechts ähnelt[378] sowie seine nahezu universelle Bindung[379]. Gegen die Qualifikation des GA III als ius cogens spricht jedoch, dass die Normen des ius cogens nur durch andere zwingende Normen abgelöst werden können, aber die Genfer Konventionen den Vertragsstaaten die Möglichkeit einräumen, die Abkommen zu kündigen oder Vorbehalte im Rahmen der Vertragsbindung geltend zu machen[380].

Auch der gemeinsame Art. 2 Abs. 3 der Genfer Abkommen von 1949 ist mit dem Rechtsgedanken des ius cogens nicht vereinbar, weil die Abkommen danach gegenüber einer Konfliktpartei, die weder Mitglied der Abkommen ist noch deren Bestimmungen anwendet, nicht zur Anwendung gelangen. Wenn es sich also bei den Normen des GA III stets um zwingendes Recht handelte, so wäre ein an dieses Abkommen gebundener Staat stets gezwungen, das Abkommen gegenüber jedem anderen Völkerrechtssubjekt einzuhalten[381]. Darüber hinaus gibt Kessler zu bedenken, dass der Kreis der Normen, denen zwingende Bedeutung zukommt, bislang sehr eng ist, weshalb die Ausweitung dieses Charakters auf vier Konventionen bzw. „nur“ dem Genfer Kriegsgefangenenabkommen von 1949 eher unwahrscheinlich anmutet[382].

---

376 Verdross/Simma, Universelles Völkerrecht, S. 331.

377 Verdross/Simma, Universelles Völkerrecht, S. 331.

378 Kadelbach, in: Humanitäres Völkerrecht 1992, S. 121.

379 Im Jahr 2009 haben insgesamt 194 Staaten die Genfer Abkommen von 1949 unterzeichnet. Das sind mehr als die von den Vereinten Nationen anerkannten Staaten.

380 Kessler, Die Durchsetzung der Genfer Abkommen von 1949 in nicht-internationalen bewaffneten Konflikten, S. 37.

381 Kessler, Die Durchsetzung der Genfer Abkommen von 1949 in nicht-internationalen bewaffneten Konflikten, S. 38; Kadelbach, in: Humanitäres Völkerrecht 1992, S. 121.

382 Kessler, Die Durchsetzung der Genfer Abkommen von 1949 in nicht-internationalen bewaffneten Konflikten, S. 38.

Damit ist festzuhalten, dass zwar nicht sämtliche Vorschriften des GA III dem zwingenden Völkerrecht zuzuordnen sind, jedoch als Völkergewohnheitsrecht zumindest der gemeinsame Art. 3 der Genfer Abkommen von 1949 sowie die grundlegenden Vorschriften zum Schutz der Kriegsgefangenen[383].

383 Meron, in: AJIL, Vol. 81 (1987), S. 355.

Kapitel 3
Anwendungsbereich

Als Teil des humanitären Völkerrechts ist der Anwendungsbereich des Kriegsgefangenenrechts der bewaffnete Konflikt[384]. Neben dem Kriegsgefangenenrecht umfasst das humanitäre Völkerrecht all jene Bestimmungen des Kriegsvölkerrechts, die den Schutz und die Behandlung des einzelnen Menschen, unabhängig von seinem Status im jeweiligen Konflikt, betreffen[385]. Der Begriff des humanitären Völkerrechts wurde im Zusammenhang mit den Genfer Abkommen von 1949 und den Zusatzprotokollen von 1977 eingeführt. Das humanitäre Völkerrecht umfasst damit einen großen Teil des traditionellen Kriegsvölkerrechts (ius in bello) und ist damit Neubestätigung und Weiterentwicklung desselben[386].

Für die Anwendbarkeit des Kriegsgefangenenrechts muss folglich ein bewaffneter Konflikt vorliegen (sachliche Anwendbarkeit). Fraglich ist daher, welche Anforderungen an einen solchen Konflikt zu stellen sind. Daneben sind personelle (Kombattantenstatus) und territoriale Anwendungsvoraussetzungen zu erörtern.

Die genannten Anwendungsvoraussetzungen entspringen neben der sprachlichen Logik, dass eben das Kriegsrecht im Krieg zur Anwendung kommt, dem Völkervertragsrecht und dem Völkergewohnheitsrecht.

I. Sachlicher Anwendungsbereich

Der sachliche Anwendungsbereich der Genfer Kriegsgefangenenkonvention von 1949 ist in ihrem Art. 2 I GA III bestimmt. Die Vorschrift lautet:

> *„Außer den Bestimmungen, die bereits in Friedenszeiten durchzuführen sind, findet das vorliegende Abkommen Anwendung in allen Fällen eines erklärten Krieges oder eines anderen bewaffneten Konflikts, der zwischen zwei oder mehreren der Hohen Vertragsparteien entsteht, auch wenn der Kriegszustand von einer dieser Parteien nicht anerkannt wird.“*

---

384 Vgl. Greenwood, in: Fleck, Handbuch des humanitären Völkerrechts in bewaffneten Konflikten, S. 8.

385 Schneider, in: Humanitäres Völkerrecht – Informationsschriften 2001, S. 222; Greenwood, in: Fleck, Handbuch des humanitären Völkerrechts in bewaffneten Konflikten, S. 8.

386 Schneider, in: Humanitäres Völkerrecht – Informationsschriften 2001, S. 222; Greenwood, in: Fleck, Handbuch des humanitären Völkerrechts in bewaffneten Konflikten, S. 8.

Der gemeinsame Art. 2 der GA wird auch als „gateway into each of the Geneva Conventions of 1949“ bezeichnet.

Die Kriegsgefangenenkonvention aus dem Jahr 1929 enthielt noch keine Vorschriften über ihre sachliche Anwendbarkeit. Aus der Gesamtschau der Vorschriften ergibt sich aber der Krieg im Rechtssinne als sachliche Anwendungsvoraussetzung der Konvention[387].

Für die Anwendbarkeit des Kriegsgefangenenrechts ist also das Vorliegen eines Krieges oder eines anderen bewaffneten Konflikts maßgeblich[388]. Fraglich ist daher, wann diese Voraussetzungen gegeben sind.

1. Internationaler bewaffneter Konflikt

Die sachliche Anwendungsvoraussetzung des Kriegsvölkerrechts hat sich vom klassischen Rechtsbegriff des Krieges bis hin zur neuen Terminologie des „bewaffneten internationalen Konflikts“ entwickelt.

Seit Ende des Zweiten Weltkrieges findet der Rechtsbegriff „Krieg“ stets weniger Verwendung. Landläufig werden stattdessen Auseinandersetzungen, die nicht dem humanitären Völkerrecht unterfallen, als Krieg bezeichnet, z. B. „Kalter Krieg“, „Handelskrieg“, „Zollkrieg“ oder „Fischereikrieg“[389]. Andererseits wird von vermeintlichen Konfliktparteien versucht, die mit Waffengewalt ausgetragenen internationalen Auseinandersetzungen nicht als „Krieg“ zu bezeichnen und damit der Anwendung des Kriegsvölkerrechts zu entziehen. Insoweit werden die bewaffneten Auseinandersetzungen häufig auch als „Polizeiaktionen“, „Begrenzter Konflikt“, „Grenzkonflikt“, „Repressalie“, „Vergeltungsaktion“, „Blockade“ oder „Quarantäne“ bezeichnet[390].

Mit der Verwendung alternativer Begriffe für einen im Rechtssinne möglichen „Krieg“ wird auch versucht, eine Ausweitung bewaffneter Konflikte und mögliche Eskalation der Waffenwirkung zu verhindern[391]. Auch ist keiner Konfliktpartei nach Ächtung des Krieges durch den Briand-Kellogg-Pakt daran gelegen, durch eine Kriegserklärung oder bloße Bezeichnung der bewaffneten Auseinandersetzung als „Krieg“ in die Rolle des Aggressors zu geraten[392]. Auch aus diesem Grunde ist es seit dem Ersten Weltkrieg immer häufiger zu Kampfhand-

387 Groh, Das Recht der Kriegsgefangenen, S. 39.

388 Kurth, in: Zeitschrift für Rechtspolitik mit rechtspolitischer Umschau, Bd. 35 (2002), S. 404.

389 Moritz, in: NZWehrR, Bd. 8 (1966), S. 145.

390 Moritz, in: NZWehrR, Bd. 8 (1966), S. 145.

391 Moritz, in: NZWehrR, Bd. 8 (1966), S. 145.

392 Lange, Der Status der Aufständischen, S. 40; Moritz, in: NZWehrR, Bd. 8 (1966), S. 145.

lungen gekommen, ohne dass vorher eine Kriegserklärung abgegeben worden ist[393].

Zu untersuchen ist, welches Verständnis vom „Krieg" den sachlichen Anwendungsvoraussetzungen des Kriegsgefangenenrechts, insbesondere dem gemeinsamen Art. 2 der Genfer Abkommen von 1949, zu Grunde liegt.

a) „Klassischer" völkerrechtlicher Kriegsbegriff

Der alten Tradition des klassischen Völkerrechts folgend ist „Krieg" als Sanktion in Form einer bewaffneten Selbsthilfe oder als völkerrechtliches Delikt zu verstehen[394]. Der Kriegsbegriff im klassischen Völkerrecht basiert dabei auf einer strikten Unterscheidung zwischen dem völkerrechtlichen Status „Frieden" und „Krieg". Entweder befanden sich die Staaten in einem Zustand des Friedens oder im Kriegszustand. Ein Zwischenstatus war danach nicht vorgesehen[395]. Kodifikationen des Kriegsbegriffs im klassischen Völkerrecht sind selten. Allerdings enthält der Lieber-Code aus dem Jahr 1863 in Art. 20. folgende Definition des Krieges:

> *„Public war is a state of armed hostility between sovereign nations or governments. It is a law and requisite of civilized existence that men live in political, continuous societies, forming organized units, called states or nations, whose constituents bear, enjoy, suffer, advance and retrograde together, in peace and in war."*[396]

Trotz vielfacher Verwendung des Begriffs „Krieg" haben die Haager Friedenskonferenzen von 1899 und 1907 keine kodifizierte Definition des völkerrechtlichen Kriegsbegriffs ergeben.

Auch die Genfer Kriegsgefangenenkonvention von 1929 enthielt für die Beschreibung ihres sachlichen Anwendungsbereichs keine Definition des Krieges. Vielmehr ergibt sich aus ihren Bestimmungen, dass für die sachliche Anwendbarkeit der Konvention von einem „Krieg" im völkerrechtlichen Sinne auszugehen ist[397]. Eine Extravorschrift zur Klärung der sachlichen Anwendbarkeit der Konvention war entbehrlich, denn die völkerrechtliche Anschauung und Praxis der damaligen Zeit war davon ausgegangen, dass ein Kriegsgefangenenrecht selbstverständlich nur im Kriege gelten kann[398].

---

393 Lange, Der Status der Aufständischen, S. 40.

394 Götze, Fragen der Anwendbarkeit des humanitären Völkerrechts, S. 35.

395 Greenwood, in: Fleck, The Handbook of International Humanitarian Law, S. 45.

396 http://www.icrc.org/ihl.nsf/WebPrint/110-20020-ART?OpenDocument, abgerufen am 03.06. 2009.

397 Groh, Das Recht der Kriegsgefangenen, S. 39.

398 Groh, Das Recht der Kriegsgefangenen, S. 39.

Wenngleich in völkerrechtlichen Kodifikationen weitgehend auf die Definition des Kriegsbegriffes verzichtet worden ist, ist deswegen nicht auf das Vorhandensein einer eindeutigen Definition zu schließen. Götze verweist dazu auf mindestens 70 Kriegsdefinitionen in der völkerrechtlichen Literatur zwischen den Jahren 1900 und 1940[399].

Nach dem klassischen Kriegsrecht knüpft die Rechtsfolge der Geltung des Kriegsrechts an den juristischen Tatbestand des Krieges an[400]. Trotz erheblicher Uneinigkeit in der völkerrechtlichen Literatur über eine exakte Definition des Kriegsbegriffs dürfte der Tatbestand bei Vorliegen folgender drei Elemente erfüllt gewesen sein[401]:

- Bewaffnete Auseinandersetzung
- Kriegführungsabsicht (animus belligerendi)
- Internationale Auseinandersetzung.

Assoziativ ist der Kriegsbegriff mit organisierter militärischer Gewalt verknüpft[402]. Weil der klassische Kriegsbegriff des Völkerrechts als Rechtszustand auch unabhängig von tatsächlichen militärischen Gewaltakten existierte, war die bewaffnete Gewaltanwendung keine zwingende Voraussetzung für den Kriegszustand nach klassischem Völkerrecht[403]. Denkbar im klassischen Völkerrecht war ein Kriegszustand ohne Gewaltanwendung, z. B. nach Vereinbarung eines Waffenstillstandes und vor Friedensschluss. Andererseits ist auch Gewaltanwendung außerhalb eines Kriegszustandes in Form von bewaffneter Selbsthilfe oder Repressalien (so genannte „measures short of war“) möglich[404].

Für den Kriegszustand als konstitutiv wird das subjektive Merkmal der Kriegsführungsabsicht „animus belligerendi“ vorausgesetzt[405]. Vom animus belligerendi kann ausgegangen werden, wenn mindestens eine Konfliktpartei den Willen zum Abbruch der friedlichen Beziehungen hat, und beabsichtigt, die Gesamtheit der Beziehungen mit der jeweils anderen Seite der Geltung des Frie-

399 Götze, Fragen der Anwendbarkeit des humanitären Völkerrechts, S. 36 m.w.N., insbesondere Grob, The Relativity of War and Peace; Rumpf, in: AVR, Bd. 6 (1956/57), S. 51.

400 Rajower, Das Recht des bewaffneten nicht-internationalen Konflikts, S. 2.

401 Berber, Lehrbuch des Völkerrechts, Bd. 2, S. 1 ff.; Rajower, Das Recht des bewaffneten nicht-internationalen Konflikts, S. 2 m.w.N.

402 Rajower, Das Recht des bewaffneten nicht-internationalen Konflikts, S. 2.

403 Götze, Fragen der Anwendbarkeit des humanitären Völkerrechts, S. 37; Rajower, Das Recht des bewaffneten nicht-internationalen Konflikts, S. 2 m.w.N.

404 Berber, Lehrbuch des Völkerrechts, Bd. 2, S. 3 ff.; Rajower, Das Recht des bewaffneten nicht-internationalen Konflikts, S. 2.

405 Götze, Fragen der Anwendbarkeit des humanitären Völkerrechts, S. 37; Rajower, Das Recht des bewaffneten nicht-internationalen Konflikts, S. 3.

densvölkerrechts zu entziehen und dem Kriegsvölkerrecht zu unterstellen[406]. Wenn keine formelle Kriegserklärung abgegeben worden ist, so ist die Kriegsführungsabsicht häufig nur aus dem tatsächlichen Verhalten der Parteien erkennbar, wie z.B. dem Abbruch diplomatischer Beziehungen[407].

Nach klassischem Völkerrecht war unbestritten, dass nur souveräne Staaten Kriegsparteien sein können, denn nur sie besaßen das Recht zum Kriege[408]. Bei einem bewaffneten Konflikt zwischen ihnen ist auch das Kriterium einer „internationalen" Auseinandersetzung erfüllt. Der Krieg war eine Domäne der souveränen Staaten. Staatsinterne Konflikte wie Bürgerkriege waren danach bereits per Definition kein Krieg und somit vom Kriegsrecht ausgeschlossen. Etwas anderes galt, wenn die Aufständischen durch sogenannte Anerkennung der Regierung als Kriegsführende bestätigt wurden. Drittstaaten waren nur dann an das Kriegs- und Neutralitätsrecht gebunden, wenn sie ihrerseits ebenfalls die Aufständischen als Kriegsführende anerkannt und damit ein mehrseitiges, internationales Rechtsverhältnis geschaffen hatten[409]. Grundsätzlich ist der aus der Anerkennung folgende Status der Aufständischen als partielles Völkerrechtssubjekt auf den unmittelbaren Wirkungsbereich des Kriegsrechts beschränkt[410]. Die Anerkennung aufständischer Kriegsführender ist konstitutiv und an folgende Bedingungen geknüpft[411]:

- Teilweise Kontrolle des Staatsgebiets durch die Aufständischen
- Bildung einer de facto-Regierung und Verwaltung des besetzten Gebietes durch die Aufständischen
- Beachtung der Regeln der Kriegsführung durch die Aufständischen.

Auch bei Vorliegen der benannten Voraussetzungen besteht weder für die Regierung noch für dritte Staaten eine Pflicht zur Anerkennung Aufständischer als Kriegsführende[412].

Schließlich hat sich mit den Genfer Konventionen von 1949 in Abkehr vom klassischen Kriegsbegriff die Terminologie des bewaffneten Konflikts durchgesetzt.

---

406 Berber, Lehrbuch des Völkerrechts, Bd. 2, S. 3 ff.; Götze, Fragen der Anwendbarkeit des humanitären Völkerrechts, S. 37.

407 Götze, Fragen der Anwendbarkeit des humanitären Völkerrechts, S. 37; Rajower, Das Recht des bewaffneten nicht-internationalen Konflikts, S. 3.

408 Rajower, Das Recht des bewaffneten nicht-internationalen Konflikts, S. 3.

409 Berber, Lehrbuch des Völkerrechts, Bd. 2, S. 7 ff.; Rajower, Das Recht des bewaffneten nicht-internationalen Konflikts, S. 4 ff.

410 Verdross/Simma, Universelles Völkerrecht, S. 240; Rajower, Das Recht des bewaffneten nicht-internationalen Konflikts, S. 5.

411 Rajower, Das Recht des bewaffneten nicht-internationalen Konflikts, S. 4 ff.

412 Rajower, Das Recht des bewaffneten nicht-internationalen Konflikts, S. 4 ff.

b) Materieller Kriegsbegriff/Bewaffneter internationaler Konflikt

Der materielle Kriegsbegriff als Anwendungsvoraussetzung des humanitären Völkerrechts verlangt nach dem gemeinsamen Art. 2 der Genfer Abkommen von 1949 das Vorliegen eines erklärten Krieges oder eines anderen bewaffneten Konflikts. Die erste Alternative des „erklärten Krieges" geht dabei zurück auf die Vorstellungen des klassischen Völkerrechts. Die zweite Alternative des „bewaffneten Konflikts" ist dahingehend eine Erweiterung und Anpassung an die tatsächlichen Gegebenheiten zwischenstaatlicher bewaffneter Auseinandersetzungen. Nach Maßgabe des gemeinsamen Art. 2 Abs. 1 der Genfer Abkommen von 1949 ist Krieg ein objektiver und tatsächlicher Zustand, weswegen eine Anerkennung des Kriegszustandes durch die Konfliktparteien nicht erforderlich ist[413].

Freilich bietet auch die Abhängigkeit des Kriegsstatus von objektiven Gegebenheiten Konfliktpotenzial, weil die Feststellung der Existenz eines bewaffneten Konflikts auch weiterhin den Konfliktparteien überlassen ist. Damit hat sich das subjektive Element in den Bereich der Tatsachenfeststellungen verschoben. Dahingehend fehlt es in der Konfliktpraxis seit dem Zweiten Weltkrieg nicht an Versuchen der beteiligten Konfliktparteien, die Existenz eines bewaffneten Konfliktes auf Tatsachenebene zu leugnen[414].

Maßgebend für das Vorliegen eines bewaffneten Konflikts im Sinne des gemeinsamen Art. 2 Abs. 1 der Genfer Konventionen von 1949 ist, dass de-facto-Feindseligkeiten[415] stattfinden, wobei nach dem Willen der jeweiligen Konfliktpartei privilegierte Kämpfer (Kombattanten) eingesetzt werden[416]. Faktisch kommen förmliche Kriegserklärungen i.S. der HLKO seit dem Zweiten Weltkrieg nicht mehr vor[417], weswegen nunmehr allein der tatsächliche Beginn einer Auseinandersetzung für die Qualifikation eines bewaffneten Konflikts entscheidend ist[418]. Eine regelmäßig durch den Einsatz militärischer Gewalt gekennzeichnete Konfrontation zwischen zwei oder mehreren Staaten wird entsprechend dem gemeinsamen Art. 2 Abs. 1 der Genfer Konventionen von 1949 und nach gegenwärtiger Staatenpraxis als internationaler bewaffneter Konflikt qualifiziert[419]. Dass üblicherweise nur Staaten Parteien eines internationalen bewaff-

---

413 Maaß, Der Söldner und seine kriegsvölkerrechtliche Rechtsstellung, S. 63; Hess, Die Anwendbarkeit des humanitären Völkerrechts, S. 12.

414 Hess, Die Anwendbarkeit des humanitären Völkerrechts, S. 13 m.w.N.

415 Zu dem Begriff „Feindseligkeiten" siehe Maaß, Der Söldner und seine kriegsvölkerrechtliche Rechtsstellung, S. 69 m.w.N.

416 Schwab, Irreguläre Kombattanten als Kriegsgefangene, S. 83.

417 Gasser, Humanitäres Völkerrecht, S. 60.

418 Kurth, in: Zeitschrift für Rechtspolitik mit rechtspolitischer Umschau, Bd. 35 (2002), S. 405.

419 Gasser, Humanitäres Völkerrecht, S. 60.

neten Konfliktes sind, legt bereits der gemeinsame Art. 2 Abs. 1 der Genfer Konventionen von 1949 nahe, der auf einen erklärten Krieg oder anderen bewaffneten Konflikt zwischen zwei oder mehreren der Hohen Vertragsparteien – eben gerade Staaten – hinweist.

In diesem Sinne ist beispielsweise der gegenwärtige Einsatz internationaler Streitkräfte in Afghanistan nicht als internationaler bewaffneter Konflikt einzuordnen, weil diese Streitkräfte auf Einladung und mit dem Einverständnis der afghanischen Regierung nach Afghanistan entsandt wurden. Davon ist spätestens seit der Übernahme der Regierungsgewalt durch Hamid Karsai am 22. Dezember 2001 auszugehen[420]. Etwas anderes dürfte allenfalls für den Beginn dieses Konfliktes gelten, als eine internationale Koalition als Reaktion auf die Terroranschläge vom 11. September 2001 auf Ziele in den Vereinigten Staaten von Amerika Streitkräfte nach Afghanistan entsandt hatte. Zu diesem Zeitpunkt hatten die Taliban die Herrschaftsgewalt in Afghanistan inne und hatten sich militärisch gegen die internationalen Streitkräfte gewehrt, die zur Bekämpfung und nach Möglichkeit Verhaftung der Verantwortlichen für die Terroranschläge vom 11. September 2011 ins Land gekommen waren.

c) Zusatzprotokoll I von 1977

Für die Beschreibung seines Anwendungsbereichs knüpft das I. Zusatzprotokoll mit Art. 1 Abs. 3 unmittelbar an den gemeinsamen Art. 2 der Genfer Abkommen von 1949 an. Nach dieser Vorschrift findet das I. Zusatzprotokoll, das die Genfer Abkommen vom 12. August 1949 zum Schutz der Kriegsopfer ergänzt, in den Situationen Anwendung, die in dem diesen Abkommen gemeinsamen Art. 2 bezeichnet sind[421]. Damit ist der bewaffnete Konflikt in Art. 1 Abs. 4 ZP I und Art. 2 Abs. 1 GA III derselbe[422].

Trotz dieser Entsprechung auf den ersten Blick verschiebt Art. 1 Abs. 4 ZP I den Anwendungsbereich dieses Protokolls gegenüber dem gemeinsamen Art. 2 der Genfer Konventionen von 1949 mit der Berücksichtigung bewaffneter Konflikte, in denen Völker gegen Kolonialherrschaft und fremde Besetzung sowie gegen rassistische Regime kämpfen. Art 1 Abs. 4 ZP I lautet:

> *„Zu den in Abs. 3 genannten Situationen gehören auch bewaffnete Konflikte, in denen Völker gegen Kolonialherrschaft und fremde Besetzung sowie gegen rassistische Regime in Ausübung ihres Rechts auf Selbstbestimmung kämpfen, wie es in der Charta der Vereinten Natio-*

---

420 Wagner, in: NZWehrR 2011, S. 45.

421 Maaß sieht darin den Gleichklang zwischen dem Anwendungsbereich der Genfer Abkommen mit dem Anwendungsbereich des I. Zusatzprotokolls: Maaß, Der Söldner und seine kriegsvölkerrechtliche Rechtsstellung, S. 67.

422 Maaß, Der Söldner und seine kriegsvölkerrechtliche Rechtsstellung, S. 67.

nen und in der Erklärung über die Grundsätze des Völkerrechts betreffend freundschaftliche Beziehungen und Zusammenarbeit zwischen den Staaten im Einklang mit der Charta der Vereinten Nationen niedergelegt ist."

Dem Selbstbestimmungsrecht der Völker[423] folgend weitet Art. 1 Abs. 4 ZP I den Anwendungsbereich des in internationalen bewaffneten Konflikten anwendbaren humanitären Völkerrechts auf den Anwendungsbereich des in bewaffneten nicht-internationalen bewaffneten Konflikten anwendbaren Rechts aus[424].

Ausgehend davon, dass nationale Befreiungskriege nach geltendem Völkergewohnheitsrecht nicht als internationale bewaffnete Konflikte zu qualifizieren sind, weil dafür weder eine allgemeine Übung noch eine Rechtsüberzeugung gegeben ist, ist die Erweiterung des Anwendungsbereichs durch Art. 1 Abs. 4 ZP I nicht nur deklaratorisch, sondern konstitutiv[425].

Die Erweiterung des sachlichen Anwendungsbereichs des humanitären Völkerrechts durch die Einbeziehung von nichtstaatlichen Rechtsträgern sowie der Einführung von Motivelementen ist auch der waffentechnischen Entwicklung, der Substituierung des internationalen Krieges durch den Bürgerkrieg sowie der Ideologisierung internationaler Beziehungen geschuldet. Insbesondere Bürgerkriege werden oft als Stellvertreterkriege Dritter mit einer vergleichbaren Vehemenz geführt wie üblicherweise bewaffnete Konflikte zwischen Staaten.

Vor diesem Hintergrund erscheint die Erweiterung des Geltungsbereiches durch Art. 1 Abs. 4 ZP I gerechtfertigt, solange dabei eine Privilegierung einer Konflikt- bzw. Bürgerkriegspartei etwa im Sinne der bellum-iustum-Theorie mit Verweis auf einen „gerechten" Krieg ausgeschlossen ist[426]. Die in Art. 1 Abs. 3 ZP I einbezogenen Befreiungskämpfe gehen auf konkrete Konflikte der siebziger Jahre zurück.

Dem Begriff „Kolonialherrschaft" lag der Angola-Konflikt zu Grunde, mit dem „rassistischen Regime" ist die Lage in Südafrika angesprochen worden und bei „Fremdbesetzung" hatten die Verfasser die von Israel besetzten arabischen Gebiete vor Augen gehabt[427].

Die Einführung von Gründen und Motiven für die Kriegsführung, wie in Art. 1 Abs. 4 ZP I geschehen, erscheint grundsätzlich geeignet, das geltende Kriegs- und Gewaltverbot sowie die Geltung des humanitären Völkerrechts in bewaffneten internationalen Konflikten zu gefährden. Denn die (Wieder-)Einführung der Idee des gerechten Krieges erscheint potenziell geeignet, die Hemmschwelle zur Führung eines Angriffskrieges herabzusetzen, weil regelmäßig die

423 Verdross/Simma, Universelles Völkerrecht, S. 316 ff. m.w.N.

424 Maaß, Der Söldner und seine kriegsvölkerrechtliche Rechtsstellung, S. 69.

425 Gornig, in: Revue de Droit Penal Militaire et de Droit de la Guerre, Vol. 27 (1988), S. 18 ff.

426 Gornig, in: Revue de Droit Penal Militaire et de Droit de la Guerre, Vol. 27 (1988), S. 19 ff.

427 Gornig, in: Revue de Droit Penal Militaire et de Droit de la Guerre, Vol. 27 (1988), S. 21.

kriegführenden Staaten ihre Sache als die gerechte ansehen. Darüber hinaus ist die Gleichbehandlung der Konfliktparteien im Kriegsvölkerrecht praktische Voraussetzung der Anwendung, denn das Kriegsrecht wird wohl nur dann von allen Konfliktparteien respektiert, wenn jeder Seite die gleichen Rechte und Pflichten, Vor- und Nachteile gleichermaßen zukommen[428].

Die in Art. 1 Abs. 4 ZP I beschriebenen Konflikte sind lediglich auf Grund dieser Fiktion als völkerrechtliche Konflikte einzuordnen, weil grundsätzlich die Staaten als herkömmliche Völkerrechtssubjekte und nicht die „Völker" Adressaten des humanitären Völkerrechts sind. In der Folge wird die Abgrenzung zwischen internationalem und nationalem Konflikt verwischt[429]. Dazu wird einschränkend vertreten, dass es sich bei Art. 1 Abs. 4 ZP I nur dann um eine „echte Fiktion" handele, wenn es völlig undenkbar erscheine, dass ein Volk Konfliktpartei in einem Krieg sei[430].

Die Auffassung übersieht jedoch, dass sich der in Art. 1 Abs. 3 ZP I in Bezug genommene gemeinsame Art. 2 Abs. 1 der Genfer Abkommen von 1949 auf einen erklärten Krieg oder einen anderen bewaffneten Konflikt zwischen zwei oder mehreren der Hohen Vertragsparteien bezieht und sich darüber hinaus das kodifizierte Kriegsvölkerrecht regelmäßig an die Staaten als herkömmliche Völkerrechtssubjekte gerichtet hat. Ein „Krieg" im Sinne des Völkerrechts setzt nach wie vor voraus, dass zwei Völkerrechtssubjekte, also in erster Linie Staaten, in den Konflikt verwickelt sind[431].

Gleichwohl lässt sich der internationale Charakter der in Art. 1 Abs. 4 ZP I benannten Konflikte nicht in Abrede stellen, weil ihnen regelmäßig auch eine internationale Komponente zukommt. So unterfielen Kolonialgebiete regelmäßig dem Treuhandsystem der Vereinten Nationen[432] und auch bei der Fremdbesetzung handelt es sich um ein für den Okkupanten fremdes Territorium[433].

Im Ergebnis erweitert Art. 1 Abs. 4 ZP I den Anwendungsbereich des Kriegsgefangenenrechts um drei Konflikttypen, nämlich den bewaffneten Kampf der Völker gegen Kolonialherrschaft, fremde Besetzung sowie rassistische Regime. Der erste Anwendungsfall des Kampfes gegen Kolonialherrschaft ist mittlerweile obsolet geworden, weil die Kolonialgebiete, auf die diese Vorschrift Anwendung finden könnte, in die staatliche Selbstständigkeit entlassen worden sind oder sich die staatliche Selbstständigkeit erkämpften. Auch für den Kampf gegen rassistische Regime ist gegenwärtig kein Anwendungsbeispiel (mehr) gegeben.

---

428 Gornig, in: Revue de Droit Penal Militaire et de Droit de la Guerre, Vol. 27 (1988), S. 23 ff.

429 Gornig, in: Revue de Droit Penal Militaire et de Droit de la Guerre, Vol. 27 (1988), S. 24 ff.

430 Maaß, Der Söldner und seine kriegsvölkerrechtliche Rechtsstellung, S. 68.

431 Gornig, in: Revue de Droit Penal Militaire et de Droit de la Guerre, Vol. 27 (1988), S. 25.

432 Verdross/Simma, Universelles Völkerrecht, S. 114.

433 Gornig, in: Revue de Droit Penal Militaire et de Droit de la Guerre, Vol. 27 (1988), S. 25.

Andere Konflikte, die nicht-internationale bewaffnete Konflikte im Sinne des gemeinsamen Art. 2 der Genfer Konvention von 1949 oder diesen gemäß Art. 1 Abs. 4 ZP I gleichzusetzen sind, unterstehen nicht dem Regime des Kriegsgefangenenrechts. Während im internationalen bewaffneten Konflikt Schädigungshandlungen innerhalb der Grenzen des Humanitären Völkerrechts, insbesondere die Tötung feindlicher Kombattanten lege artis erlaubt sind, gilt das für den nicht-internationalen Konflikt nicht[434]. Entgegen dem internationalen bewaffneten Konflikt ist der nicht-internationale Konflikt formal dem Völkerrecht in Friedenszeiten zuzuordnen und kennt auch nicht den Rechtsstatus des Kombattanten[435]. Der Konflikt mit Aufständischen in Afghanistan, an dem auch deutsche Soldaten beteiligt sind, ist mittlerweile als nicht-internationaler bewaffneter Konflikt anerkannt[436].

Im internationalen bewaffneten Konflikt gilt das Kriegsgefangenenrecht in seiner Ausprägung des III. Genfer Abkommens.

2. Kriegerische Besetzung (occupatio bellica)

Zu berücksichtigen ist darüber hinaus die occupatio bellica als Anwendungsfall des Kriegsvölkerrechts. Die occupatio bellica ist ausdrücklich im gemeinsamen Art. 2 Abs. 2 der Genfer Abkommen von 1949 genannt. Die Vorschrift lautet:

> *„Das Abkommen findet auch in allen Fällen vollständiger oder teilweiser Besetzung des Gebietes einer Hohen Vertragspartei Anwendung, selbst wenn diese Besetzung auf keinen bewaffneten Widerstand stößt."*

Ferner ist die occupatio bellica in Art. 1 Abs. 4 ZP I mit dem Begriff „fremde Besetzung" als Anwendungsfall dieses Abkommens und gemäß Art. 1 Abs. 3 ZP I als Ergänzung zu dem gemeinsamen Art. 2 der Genfer Abkommen von 1949 benannt. Als Kodifikation kriegsvölkerrechtlichen Gewohnheitsrechts[437] ist die kriegerische Besetzung in Art. 42 HLKO beschrieben:

> *„Ein Gebiet gilt als besetzt, wenn es sich tatsächlich in der Gewalt des feindlichen Heeres befindet.*
>
> *Die Besetzung erstreckt sich nur auf die Gebiete, wo diese Gewalt hergestellt ist und ausgeübt werden kann."*

---

434 Wagner, NZWehrR 2011, S. 45, 47.

435 Wagner, NZWehrR 2011, S. 45, 47.

436 Einstellungsvermerk des Generalbundesanwalts beim Bundesgerichtshof im Ermittlungsverfahren gegen Oberst Klein – 3 BJs 6/10-4 – „offene Version", vom 16.04.2010, S. 41; Ambos, NJW 2010, S. 1725 f.; Safferling/Kirsch, JA 2010, S. 81.

437 Götze, Fragen der Anwendbarkeit des humanitären Völkerrechts, S. 73.

Abzugrenzen ist die occupatio bellica von der Invasion[438], welche stets mit militärischen Auseinandersetzungen sowie der völligen Einverleibung des besetzten Gebietes (Annexion) oder dessen Abtretung (Zession)[439] einhergeht. Die occupatio bellica ist der „klassische Typ“ der militärischen Besetzung. So ist auch der Begriff der kriegerischen Besetzung (belligerent occupation) eng auszulegen. Dazu müssen vier Voraussetzungen vorliegen:

Zunächst ist die Besetzung durch einen kriegführenden Staat auf dem Territorium des feindlichen und ebenfalls kriegführenden Staates im Verlauf eines bewaffneten Konflikts und vor dem Abschluss einer Waffenstillstandsvereinbarung erforderlich[440]. Freilich liegt die kriegerische Besetzung im Anwendungsbereich des allgemeinen Kriegsvölkerrechts. Für die Anwendbarkeit des Kriegsgefangenenrechts ist jedoch in zeitlicher Hinsicht fraglich, wann gemäß Art. 118 Abs. 1 GA III die aktiven Feindseligkeiten beendet sind[441]. Nach Art. 118 Abs. 1 GA III werden die Kriegsgefangenen nach Beendigung der aktiven Feindseligkeiten ohne Verzug freigelassen und heimgeschafft. Es liegt nahe, dass die Voraussetzungen der Freilassungs- und Repatriierungspflicht bereits während einer occupatio bellica vorliegen.

Dasselbe muss auch für die Gefangennahme im Rahmen einer sogenannten „gewaltsamen Besetzung zu Friedenszeiten“ gelten. Eine Besetzung zu Friedenszeiten ist denkbar, wenn es sich bei dem Besatzerstaat um eine sehr starke militärische Macht handelt, die bereits mit der Androhung von Gewalt einen bewaffneten Widerstand verhindern kann oder der Widerstand gegen die Invasion von vornherein als hoffnungslos erscheint. Vor diesem Hintergrund ist nicht auszuschließen, dass es auch bei der gewaltsamen Besetzung in Friedenszeiten zur Gefangennahme von Personen kommt, die im bewaffneten Konflikt als Kombattanten[442] zu qualifizieren wären. Es liegt nahe, auf die „gewaltsame Besetzung zu Friedenszeiten“ die Prinzipien der occupatio bellica anzuwenden. So wird hinsichtlich der rumänischen Invasion in Bulgarien 1913, welche ohne Kampfhandlungen stattfand, die Anwendbarkeit des Besatzungsrechts vertreten[443]. Auch ging der Internationale Militärgerichtshof in Nürnberg 1946 davon aus, dass die Haager Verträge auch auf die Errichtung des Reichsprotektorats Böhmen und Mähren am 16. März 1939 anwendbar sind[444].

---

438 Roberts, in: BYIL, Vol. 55 (1984), S. 256.

439 Götze, Fragen der Anwendbarkeit des humanitären Völkerrechts, S. 76 m.w.N.

440 Roberts, in: BYIL, Vol. 55 (1984), S. 265.

441 Siehe oben: 3. Kap., III.

442 Siehe oben: 3. Kap., II.

443 Roberts, in: BYIL, Vol. 55 (1984), S. 275.

444 Roberts, in: BYIL, Vol. 55 (1984), S. 275.

Die Besetzung zu Friedenszeiten lässt sich hinsichtlich ihrer tatsächlichen Wirkungen von der occupatio bellica kaum unterscheiden[445]. Mithin sind die Prinzipien der occupatio bellica in Übereinstimmung mit dem gemeinsamen Art. 2 der Genfer Konventionen von 1949 auch auf Besetzungen in Friedenszeiten anzuwenden[446].

3. Nicht-internationaler bewaffneter Konflikt

a) Begriff und Rechtsquellen

Um eine Beschreibung des nicht-internationalen bewaffneten Konflikts bemüht sich Greenwood und weist dabei auch auf die in diesem Zusammenhang zu beachtenden fundamentalen Normen des Völkerrechts hin[447]:

> *„A non-international armed conflict is a confrontation between the existing governmental authority and groups of persons subordinate to this authority or between different groups none of which acts on behalf of the government, which is carried out by force of arms within national territory and reaches the magnitude of an armed confrontation or a civil war.*
>
> *In a non-international armed conflict each party shall be bound to apply, as a minimum, fundamental humanitarian provisions of international law (see Article 3 common to the Geneva Conventions). Regular armed forces should comply with the rules of international humanitarian law in the conduct of military operations in armed conflicts however such conflicts are characterized."*

Nach Forsythe ist der nicht-internationale bewaffnete Konflikt wie folgt abzugrenzen[448]:

> *„Das herkömmliche Völkerrecht unterscheidet zwischen internationalen und nichtinternationalen bewaffneten Konflikten sozusagen mit Hilfe eines geomilitärischen Maßstabs. Nur wenn der Konflikt eine bestimmte Schwelle der militärischen Intensität übersteigt oder wenn eine geographische Grenze überschritten wird, erhält der Konflikt einen internationalen Charakter. Ein gewisses Gewaltniveau muß vorhanden sein – ein Niveau, das nur Staaten erreichen können – (...) damit ein Konflikt ein internationaler bewaffneter Konflikt im Rechtssinne wird."*

Gasser formuliert für die Anwendbarkeit des gemeinsamen Art. 3 der Genfer Konventionen folgende Voraussetzungen[449]:

---

445 Bothe, in: EPIL, Vol. 3 (1982), S. 68 ff.

446 Bothe, in: EPIL, Vol. 3 (1982), S. 68 ff.

447 Greenwood, in: Fleck, The Handbook of International Humanitarian Law, S. 54 f.

448 Forsythe, in: AJIL, Vol. 69 (1975), S. 80; Lange, Der Status der Aufständischen, S. 43.

449 Gasser, Humanitäres Völkerrecht, S. 61.

- *„Auf Seiten der Aufständischen müssen organisierte Gruppen den Regierungskräften gegenüberstehen. Nur Gruppen mit einem gewissen Organisationsgrad und einer verantwortlichen Führung können in ihren Reihen diszipliniertes Handeln und damit die Beachtung des humanitären Völkerrechts durchsetzen. Sporadische Gewalt seitens Einzelpersonen genügt nicht. Vielmehr müssen die Aufständischen zu kollektiven Formen der Ausübung von Gewalt schreiten.*
- *Die Regierung ihrerseits sieht sich gezwungen, zur Wiederherstellung und Wahrung von Ruhe und Ordnung außerordentliche Maßnahmen zu ergreifen, d.h., in der Regel militärische Kräfte einzusetzen, da die zivilen Polizeikräfte die Lage nicht mehr meistern können."*

Abzugrenzen ist der internationale vom nicht-internationalen Konflikt nach wie vor nach den Vorgaben des klassischen Völkerrechts, wonach internationale Konflikte weiterhin nur solche sind, bei denen sich Staaten oder allenfalls andere Völkerrechtssubjekte gegenüberstehen[450]. Dies steht im Einklang mit dem gemeinsamen Art. 2 der Genfer Abkommen von 1949, der auf einen erklärten Krieg oder anderen bewaffneten Konflikt zwischen zwei oder mehreren der Hohen Vertragsparteien abstellt.

Wie bereits dargelegt, führt die Vorschrift des Art. 1 Abs. 4 ZP I zu einer Verwischung der Grenzen zwischen internationalem und nicht-internationalem bewaffneten Konflikt[451]. Für die Qualifikation eines Konflikts als nicht-internationaler bewaffneter Konflikt knüpfen die dazu vertretenen Definitionen u. a. an einen geomilitärischen Maßstab an. So etwa fordert Kessler für die Bestimmung eines nicht-internationalen bewaffneten Konflikts im Sinne des gemeinsamen Art. 3 der Genfer Konvention von 1949 neben einem, wenn auch minimalen Organisationsgrad sowie einem „kollektiven Moment" der Aufständischen eine gewisse Intensität der Auseinandersetzung[452].

Nicht durchgesetzt hat sich die Idee, einen nicht-internationalen bewaffneten Konflikt bei Erreichen einer bestimmten Intensität einem zwischenstaatlichen Konflikt gleichzusetzen. Maßstab für die Einordnung bewaffneter Konflikte in die Kategorien „internationaler" und „nicht-internationaler" bewaffneter Konflikt ist somit nach wie vor die Rechtsstellung der Konfliktparteien[453].

Der nicht-internationale bewaffnete Konflikt und die in diesem Zusammenhang anzuwendenden Schutzvorschriften sind Gegenstand des gemeinsamen Art. 3 der Genfer Abkommen von 1949. Die Vorschrift lautet:

---

450 Lange, Der Status der Aufständischen, S. 43.

451 Siehe oben: Kap. 3 I. 1. c).

452 Kessler, Die Durchsetzung der Genfer Abkommen von 1949 in nicht-internationalen bewaffneten Konflikten, S. 175; vgl. dazu auch Forsythe, The 1947 diplomatic conference on humanitarian law, S. 80.

453 Lange, Der Status der Aufständischen, S. 44.

„Im Falle eines bewaffneten Konflikts, der keinen internationalen Charakter aufweist und der auf dem Gebiet einer der Hohen Vertragsparteien entsteht, ist jede der am Konflikt beteiligten Parteien gehalten, wenigstens die folgenden Bestimmungen anzuwenden:

1. Personen, die nicht direkt an den Feindseligkeiten teilnehmen, einschließlich der Mitglieder der bewaffneten Streitkräfte, welche die Waffen gestreckt haben, und der Personen, die infolge Krankheit, Verwundung, Gefangennahme oder irgendeiner anderen Ursache außer Kampf gesetzt wurden, sollen unter allen Umständen mit Menschlichkeit behandelt werden, ohne jede Benachteiligung aus Gründen der Rasse, der Farbe, der Religion oder des Glaubens, des Geschlechts, der Geburt oder des Vermögens oder aus irgendeinem ähnlichen Grunde.

Zu diesem Zwecke sind und bleiben in Bezug auf die oben erwähnten Personen jederzeit und jedenorts verboten:

a. Angriffe auf Leib und Leben, namentlich Mord jeglicher Art, Verstümmelung, grausame Behandlung und Folterung;

b. Gefangennahme von Geiseln;

c. Beeinträchtigung der persönlichen Würde, namentlich erniedrigende und entwürdigende Behandlung;

d. Verurteilungen und Hinrichtungen ohne vorhergehendes Urteil eines ordnungsmäßig bestellten Gerichtes, das die von den zivilisierten Völkern als unerlässlich anerkannten Rechtsgarantien bietet.

2. Die Verwundeten und Kranken sollen geborgen und gepflegt werden.

Eine unparteiische humanitäre Organisation, wie das Internationale Komitee vom Roten Kreuz, kann den am Konflikt beteiligten Parteien ihre Dienste anbieten.

Die am Konflikt beteiligten Parteien werden sich anderseits bemühen, durch besondere Vereinbarungen auch die anderen Bestimmungen des vorliegenden Abkommens ganz oder teilweise in Kraft zu setzen.

Die Anwendung der vorstehenden Bestimmungen hat auf die Rechtsstellung der am Konflikt beteiligten Parteien keinen Einfluss."

Ausweislich dieser Vorschrift findet das Kriegsgefangenenrecht in der Ausprägung des III. Genfer Abkommens in nicht-internationalen Konflikten keine Anwendung. Das herkömmliche Kriegsvölkerrecht ist danach im nicht-internationalen bewaffneten Konflikt nicht anwendbar. Dennoch gewährleistet der gemeinsame Art. 3 der Genfer Abkommen von 1949 auch im nicht-internationalen bewaffneten Konflikt einen Mindeststandard humanitärer Schutzvorschriften[454]. Die Vorschrift bindet heute alle Staaten, sowohl als Vertragsrecht als auch als Gewohnheitsrecht.

454 Gasser, Humanitäres Völkerrecht, S. 62 ff.

In nicht-internationalen bewaffneten Konflikten kommt dem Gewohnheitsrecht damit erhebliche Bedeutung zu. Neben den im gemeinsamen Art. 3 der Genfer Konventionen kodifizierten Bestimmungen kann auch eine große Zahl der Regeln des ZP II völkergewohnheitsrechtliche Geltung beanspruchen, die oft in gleicher Weise für internationale wie nicht-internationale bewaffnete Konflikte gelten[455]. Soweit einzelne Bestimmungen aber nicht als Völkergewohnheitsrecht anerkannt sind, findet das ZP II im Übrigen nur zwischen seinen Vertragsstaaten Anwendung.

Gegenwärtig ist der Konflikt in Afghanistan, an dem auch deutsche Soldaten beteiligt sind, als nicht-internationaler Konflikt anerkannt[456].

b) Status der Aufständischen

Bewaffnete Gruppen, die sich in nicht-internationalen Konflikten der Staatsgewalt widersetzen, werden als „Aufständische" bezeichnet. Ihnen kommt keine Völkerrechtssubjektivität zu[457]. Regelmäßig sind auf Grund der staatszentrierten Entwicklung des klassischen Völkerrechts nur die souveränen Staaten Völkerrechtssubjekte, und damit Träger völkerrechtlicher Rechte und Pflichten[458].

Ohne einen Rechtsstatus für nichtstaatliche Kriegsakteure existiert grundsätzlich auch keine Rechtspflicht für Rebellen zur Durchsetzung humanitärer Regelungen in nicht-internationalen bewaffneten Konflikten[459]. Dem entgegen wird jedoch eine Bindung der sogenannten Aufständischen an grundlegende Normen des humanitären Völkerrechts vertreten, weil sich diese auch direkt an einzelne Personen richten und deshalb auch für sie verbindlich sein müssen[460]. Das muss insbesondere für die gewohnheitsrechtlich verankerten Normen (vgl. gemeinsamer Art. 3 der Genfer Abkommen) gelten.

Regelmäßig wird der Anspruch privater, aufständischer Gruppen, dem Völkerrecht unterworfen zu sein, als Prestigegewinn oder als Schritt in Richtung einer (politischen) Anerkennung angesehen. Ob allerdings Aufständische selbst die Verpflichtungen des Humanitären Völkerrechts befolgen, ist dann eine andere – praktische – Frage[461].

---

455 Gasser, Humanitäres Völkerrecht, S. 63.

456 Einstellungsvermerk des Generalbundesanwalts beim Bundesgerichtshof im Ermittlungsverfahren gegen Oberst Klein – 3 BJs 6/10-4 – „offene Version" vom 16.04.2010, S. 41; Ambos, NJW 2010, S. 1725 f.; Safferling/Kirsch, JA 2010, S. 81.

457 Gasser, Humanitäres Völkerrecht, S. 63.

458 Lange, Der Status der Aufständischen, S. 84.

459 Lange, Der Status der Aufständischen, S. 87.

460 Gasser, Humanitäres Völkerrecht, S. 63.

461 Gasser, Humanitäres Völkerrecht, S. 64.

Ausdrückliche Regelungen zum Status und zur Behandlung von „Gefangenen“ in einem nicht-internationalen bewaffneten Konflikt existieren bisher nicht. Die Akteure seitens der Aufständischen in einem nicht-internationalen bewaffneten Konflikt sind regelmäßig Zivilisten, weswegen für sie der Primärstatus des Kriegsgefangenen im Sinne des GA III nicht in Frage kommt[462].

Die Behandlung gefangengenommener Aufständischer in einem nicht-internationalen bewaffneten Konflikt ergibt sich deswegen (nur) aus Völkergewohnheitsrecht sowie den verschiedenen Abkommen zum Schutz der Menschenrechte nach Maßgabe ihrer jeweiligen Anwendungsvoraussetzungen[463]. Als Mindeststandard für die Behandlung gefangengenommener Aufständischer gilt völkergewohnheitsrechtlich der Rechtssatz nach Art. 13 Abs. 1 Satz 1 GA III, wonach die Kriegsgefangenen jederzeit mit Menschlichkeit zu behandeln sind[464].

Anerkannt ist darüber hinaus eine Rechtspflicht zur Aufzeichnung persönlicher Daten von Personen in Gefangenschaft sowie die Möglichkeit, Dienste einer „unparteiischen humanitären Organisation“ (vgl. gemeinsamer Art. 3 der Genfer Konventionen) in Anspruch nehmen zu können. Daraus wird die Verpflichtung abgeleitet, dem internationalen Komitee vom Roten Kreuz (IKRK) Zugang auch zu Gefangenen in nicht-internationalen Konflikten zu gewähren, der nicht willkürlich verweigert werden darf[465]. Hinzu kommt schließlich die Möglichkeit eines Kontaktes zur Außenwelt als weiteres grundlegendes Schutzinteresse von Gefangenen.

Insgesamt wird den Gefangenen in nicht-internationalen Konflikten damit nur ein humanitärer Mindestschutz gewährt, so dass die Behandlung der in Gefangenschaft geratenen Aufständischen regelmäßig eine Sache des jeweils anwendbaren nationalen Rechts bleibt. Der Bereich der Gefangenschaft von Aufständischen bleibt damit einer der wenigen Regelungsbereiche für internationale und nicht-internationale Konflikte, der sich am wenigsten an die Standards des Humanitären Völkerrechts in bewaffneten Konflikten angenähert hat[466].

II. Personeller Anwendungsbereich des Kriegsgefangenenrechts

Das Kriegsrecht und damit das Kriegsgefangenenrecht unterscheiden die von einem bewaffneten Konflikt betroffenen Personen nach Kombattanten und Zivilpersonen. Diese Begriffe bezeichnen gleichzeitig den Primärstatus der einzelnen

462 Lange, Der Status der Aufständischen, S. 201.

463 Siehe oben: Kap. 2 I. 6.

464 Lange, Der Status der Aufständischen, S. 201.

465 Lange, Der Status der Aufständischen, S. 201 ff.

466 Lange, Der Status der Aufständischen, S. 203.

Personen. Der Primärstatus der Zivilperson ist nicht gleichzusetzen mit der Bezeichnung Nichtkombattant. Nichtkombattanten sind auf Grund eines Rechtsaktes ihrer Konfliktpartei von der Befugnis zur unmittelbaren Teilnahme an Kampfhandlungen ausgeschlossen, Mitgliedern des Sanitäts- und Seelsorgepersonals ist dies bereits nach dem Völkerrecht verboten[467].

Der völkerrechtliche Kombattantenbegriff bezeichnet eine Person, die völkerrechtlich befugt ist, im Rahmen des im internationalen bewaffneten Konflikt anwendbaren Völkerrechts zu kämpfen[468]. Der Kombattant setzt Kampfhandlungen, das heißt Waffengewalt, ein, um den Gegner kampfunfähig zu machen[469]. Die Waffengewalt richtet sich gegen militärische Objekte des Gegners ebenso wie gegen feindliche Kombattanten mittels Tötung, Verletzung oder Gefangennahme[470]. Es darf nur der Kombattant Ziel von Kampfhandlungen werden, der selbst physisch fähig und willens ist, Kampfhandlungen einzusetzen[471]. Der Kombattantenstatus und damit das Recht zur Ausübung von Kampfhandlungen ist kein Individualrecht, sondern abhängig von der Zugehörigkeit der Person zu einer der kriegsführenden Parteien, die selbst Völkerrechtssubjekt ist[472].

Auch aus der XXVIII. Resolution über den Schutz der Zivilbevölkerung, angenommen von der XX. Internationalen Rotkreuz-Konferenz in Wien im Oktober 1965, ergibt sich das Verbot von militärischen Angriffen gegen die Zivilbevölkerung. Ebenso ist jederzeit eine Unterscheidung zwischen der Zivilbevölkerung und den an den Feindseligkeiten beteiligten Personen, mit dem Ziel der Schonung der Zivilbevölkerung[473] zu machen. Diese Rechtsauffassung wird mit der Resolution 2444 (XXIII) der Generalversammlung der Vereinten Nationen vom 19. Dezember 1968 bestätigt[474]. Auch im Hinblick auf das Abstimmungsergebnis, die Resolution wurde einstimmig ohne Gegenstimme angenommen, kommt dieser Erklärung der universellen Staatengemeinschaft eine erhebliche Bedeutung zu[475].

An den Primärstatus einer Person knüpft sich ihre weitere rechtliche Behandlung an. Die Behandlung als Kriegsgefangener, also der Sekundärstatus des Kriegsgefangenen, geht grundsätzlich auf den Primärstatus des Kombattanten

467 Ipsen, in: Fleck, Handbuch des humanitären Völkerrechts in bewaffneten Konflikten, S. 56.

468 Ipsen, in: Schöttler/Hoffmann, Die Genfer Zusatzprotokolle, S. 136.

469 Heydte, Völkerrecht, Ein Lehrbuch, Bd. 2, S. 343; Schwab, Irreguläre Kombattanten als Kriegsgefangene, S. 146.

470 Schwab, Irreguläre Kombattanten als Kriegsgefangene, S. 146.

471 Heydte, Völkerrecht, Ein Lehrbuch, Bd. 2, S. 343.

472 Heydte, Völkerrecht, Ein Lehrbuch, Bd. 2, S. 344; Ipsen, in: Schöttler/Hoffmann, S. 136.

473 Bindschedler, in: Festschrift für Verdross zum 80. Geburtstag, S. 57 ff.

474 Revue internationale de la Croix-Rouge, Nr. 563 vom November 1965, S. 544.

475 Bindschedler, in: Festschrift für Verdross zum 80. Geburtstag, S. 57 ff.

zurück. Die rechtliche Unterscheidung zwischen Zivilbevölkerung und Kombattanten weist besonders auf die humanitäre Ausrichtung des Kriegsrechts hin und ist ein Kompromiss zwischen militärischer Notwendigkeit und Humanität[476]. Die Unterscheidung bezweckt, dass für beide am bewaffneten Konflikt beteiligten Personengruppen, Kombattanten und Zivilbevölkerung, im Hinblick auf die Gewaltanwendung unterschiedliche Normen mit besonderen Vorrechten und entsprechenden Nachteilen gelten[477]. Gewalt ist nur gegen Armeen und militärische Objekte zulässig, gegen Zivilpersonen sind andere Arten des Zwangs anzuwenden[478]. Nach heutiger Ansicht ist nur der Kombattant Objekt rechtmäßiger Kampfhandlungen gegen Personen[479].

Sind Zivilpersonen den Streitkräften als sogenanntes Gefolge zugeordnet, knüpft sich auch an den Primärstatus der Zivilperson der Sekundärstatus des Kriegsgefangenen an[480]. Zum Gefolge der Streitkräfte zählen zum Beispiel Kriegsberichterstatter, Mitglieder von Arbeitseinheiten oder von Betreuungseinrichtungen der Soldaten[481]. Etwas Anderes gilt für Zivilpersonen, die im Rahmen einer Volkserhebung (levée en masse) zu den Waffen greifen, um ihr Territorium zu verteidigen. Diesen Zivilpersonen wird der Primärstatus des Kombattanten zuerkannt[482], woran sich wiederum der Sekundärstatus des Kriegsgefangenen anknüpft. Führen Zivilpersonen außerhalb dieser Voraussetzungen Kampfhandlungen durch, haben sie mit gravierenden strafrechtlichen Konsequenzen zu rechnen. Denn die rechtliche Zulässigkeit von Kampfhandlungen, auch durch die Zivilbevölkerung, ist bei dem Verbot gezielter Angriffe gegen dieselbe, dem Gegner nur in den beschriebenen engen Voraussetzungen zumutbar[483].

1. Grundprobleme der Trennung von Kombattanten und Zivilbevölkerung

Die grundlegende Trennung zwischen Kombattanten und Zivilbevölkerung dient den humanitären Interessen beider Seiten. Verletzungen dieser kriegsrechtlichen

476 Götze, Anwendbarkeit des humanitären Völkerrechts, S. 51.

477 Bindschedler, in: Festschrift für Verdross zum 80. Geburtstag, S. 56 ff.; Götze, Fragen der Anwendbarkeit des humanitären Völkerrechts, S. 51.

478 Bindschedler, in: Festschrift für Verdross zum 80. Geburtstag, S. 56 ff.

479 Ipsen, Völkerrecht, S. 1086; Buß, Der Kombattantenstatus, S. 9 ff.; Berber, Lehrbuch des Völkerrechts, Bd. 2, S. 141 ff.

480 Ipsen, in: Schöttler/Hoffmann, Die Genfer Zusatzprotokolle, S. 136.

481 Ipsen, in: Fleck, Handbuch des humanitären Völkerrechts in bewaffneten Konflikten, S. 80.

482 Berber, Lehrbuch des Völkerrechts, Bd. 2, S. 159 ff.

483 Götze, Fragen der Anwendbarkeit des humanitären Völkerrechts, S. 52.

Vorschriften waren in der Vergangenheit immer wieder festzustellen. Der Geltung dieses grundlegenden Prinzips stehen seine zahlreichen Verletzungen nicht entgegen, weil derartige Verstöße regelmäßig als Repressalie erklärt wurden, was wiederum die grundsätzliche Anerkennung der verletzten Norm bedeutet[484]. Bindschedler setzt sich ausführlich mit den Grundproblemen der Trennung von Zivilbevölkerung und Kombattanten auseinander und zeigt Beispiele und Gründe für die Nichtbeachtung auf[485].

Die moderne Kriegsführung ist zu einem großen Teil abhängig von der Wirtschaft eines Landes. Bevölkerung und Wirtschaft einer Kriegspartei werden weitgehend in den Dienst der Kriegsführung gestellt. In die Bekämpfung des wirtschaftlichen Potenzials des Gegners werden neben den wehrtechnischen Industrien die Landwirtschaft als Grundlage der Ernährung der Streitkräfte und der Industriearbeiterschaft sowie Infrastruktureinrichtungen (Transport und Verkehr) einbezogen. Neben dem ausgedehnten Wirtschaftskrieg ist in diesem Rahmen die gewaltsame Zerstörung des Wirtschaftspotenzials und die Schädigung der Zivilbevölkerung ein mögliches Kriegsziel[486].

In den Kontext der ausgedehnten Führung eines Wirtschaftskrieges fallen die Fernblockaden der Westmächte im Ersten und Zweiten Weltkrieg. Zwar blieb eine direkte Gewaltanwendung aus, die Maßnahmen zielten dennoch auf die Zivilbevölkerung des Gegners, und übertrafen in ihren Wirkungen alle bisherigen Maßnahmen eines Wirtschaftskrieges[487]. Gegen das wirtschaftliche Potenzial des Gegners richtete sich gleichfalls der uneingeschränkte U-Boot-Krieg der beiden Weltkriege. Ziel war nicht mehr die Beschlagnahme feindlicher Handelsschiffe im Rahmen des Beuterechts, sondern deren Vernichtung. Im Gegenzug wurden Handelsschiffe militärisch genutzt, sie meldeten die Position von Kriegsschiffen und hatten dieselben zu bekämpfen[488].

Bemerkenswert ist in diesem Zusammenhang, dass der Internationale Militärgerichtshof in Nürnberg mit Rücksicht auf den beiderseits geführten völkerrechtswidrigen U-Boot-Krieg die Großadmirale Raeder und Dönitz nicht verurteilte[489]. Auch der uneingeschränkte Luftkrieg des Zweiten Weltkrieges diente unter anderem der Schädigung des feindlichen Wirtschaftspotenzials. Neben mi-

---

484 In Bezug auf das Seekriegsrecht: Kunz, Kriegsrecht und Neutralitätsrechts, S. 147; ferner: Bindschedler, in: Festschrift für Verdross zum 80. Geburtstag, S. 57 ff.

485 Bindschedler, in: Festschrift für Verdross zum 80. Geburtstag, S. 55 ff.

486 Bindschedler, in: Festschrift für Verdross zum 80. Geburtstag, S. 60 ff.

487 Kunz, Kriegsrecht und Neutralitätsrechts, S. 151; Bindschedler, in: Festschrift für Verdross zum 80. Geburtstag, S. 58 ff.

488 Bindschedler, in: Festschrift für Verdross zum 80. Geburtstag, S. 58 ff.

489 Oppenheim/Lauterpacht, International Law, Vol. 2, S. 492; Bindschedler, in: Festschrift für Verdross zum 80. Geburtstag, S. 58 ff.

litärischen Objekten richtete sich der Luftkrieg auch gegen zivile Einrichtungen[490], im Rahmen der wirtschaftlichen Schädigung insbesondere gegen die Rüstungsindustrie und die Verkehrswege[491].

Die Trennung zwischen Kombattanten und Zivilisten wird – wie gezeigt – zum Teil durch das Kriegsziel beeinflusst. Handelt es sich bei der bewaffneten Auseinandersetzung nicht mehr nur um einen Interessenkonflikt, sondern liegen dem Konflikt ideologische Ziele zugrunde, so lässt dies die Bereitschaft zur Trennung zwischen Kombattanten und Zivilbevölkerung sinken[492]. Diese Zielsetzung wird geprägt von Begriffen wie dem legalen und illegalen Krieg, Kampf des Guten gegen das Böse oder des Wahren gegen das Falsche[493]. Dieser Kampf lässt einen Kompromiss nicht zu. Ende des Krieges kann nur die bedingungslose Kapitulation des Gegners, seine Unterwerfung, Bestrafung oder Ausrottung sein[494].

Die Anstrengungen und Opfer des Krieges lassen sich mit einer entsprechenden Motivation leichter ertragen. Dazu werden Leidenschaften und Hassgefühle auf Seiten der Kriegsführenden geschürt, welche sich notwendigerweise auch auf die Bevölkerung des Feindes erstrecken[495]. Hier verwischt also zunächst gedanklich, dann auch in der Kriegspraxis die Trennung zwischen Kombattanten und Zivilisten.

Fortschritte in der Waffentechnik, im Hinblick auf die gesteigerte Wirkung und Reichweite moderner Waffen, geben den Kriegsführenden die unwiderstehliche Möglichkeit, diese Waffen zu ihrem Vorteil einzusetzen[496]. Der Einsatz hochwirksamer ABC-Waffen kann nicht so begrenzt erfolgen, dass die Schädigungswirkung die Zivilbevölkerung nicht erreicht. Moderne Waffentechnik, ausdrücklich die Massenvernichtungswaffen, sind dazu geeignet, die kriegsrechtliche Trennung zwischen Kombattanten und Zivilbevölkerung praktisch unmöglich zu machen[497].

Nicht nur die technologische Waffenüberlegenheit trägt zur Verwischung der Trennung von Kombattanten und Zivilbevölkerung bei. Auch die waffenmäßige Unterlegenheit kann zu dieser Folge führen. Der vermeintlich schwächere Gegner wird zu allen erdenklichen Mitteln greifen, um seine Interessen durchzuset-

490 Oppenheim/Lauterpacht, International Law, Vol. 2, S. 527 ff.

491 Bindschedler, in: Festschrift für Verdross zum 80. Geburtstag, S. 58 ff.

492 Bindschedler, in: Festschrift für Verdross zum 80. Geburtstag, S. 60 ff.

493 Bindschedler, in: Festschrift für Verdross zum 80. Geburtstag, S. 61.

494 Bindschedler, in: Festschrift für Verdross zum 80. Geburtstag, S. 61.

495 Bindschedler, in: Festschrift für Verdross zum 80. Geburtstag, S. 61 ff.

496 Oppenheim/Lauterpacht, International Law, Vol. 2, S. 349 f.; Bindschedler, in: Festschrift für Verdross zum 80. Geburtstag, S. 61 ff.; Verdross, Völkerrecht, S. 479.

497 Vgl. dazu auch Buß, Der Kombattantenstatus, S. 3 ff.

zen. Nachschub, sonstige Verbindungen und die Abhängigkeit moderner Armeen auch von zivilen Einrichtungen bieten danach taugliche Ziele solcher Angriffe[498].

Die Gleichheit der Chancen in Bezug auf Bewaffnung und Rüstung ist Grundlage eines funktionsfähigen Kriegsrechts. Liegt in dieser Hinsicht eine deutliche Differenz zwischen den Kriegsparteien vor, dann wird sich der mutmaßlich Unterlegene von den für ihn ungünstigen kriegsrechtlichen Normen befreien, und damit auch den Kriegsgegner zu einem entsprechenden Verhalten veranlassen[499]. Als Folge dieses Ungleichgewichts ist ein Guerillakrieg nicht auszuschließen, der sich den Normen des Kriegsrechts nicht unterordnet.

Schließlich nennt Bindschedler auch die Entfernung zwischen Führern und Ausführenden als Gefährdung der Trennung zwischen Kombattanten und Zivilbevölkerung. Während die Ersteren die Kriegsereignisse weitab vom tatsächlichen Geschehen nur abstrakt und technisch wahrnehmen, kann sich der ausführende Kämpfer entschuldigend auf seine Befehle berufen. Damit beeinflusst auch die mechanisierte Kriegsführung die Beachtung des humanitären Kriegsrechts insofern, als dass dadurch die Hemmschwelle des Soldaten möglicherweise herabgesetzt wird[500].

Diese Gefährdung des geltenden kriegsvölkerrechtlichen Grundsatzes besteht nicht nur in tatsächlicher Hinsicht, auch mit Blick auf die Entwicklung von Gewohnheitsrecht kann von einer Gefährdung gesprochen werden[501]. Durch regelmäßige Missachtung der Trennung von Kombattanten und Zivilbevölkerung ist das konstituierende Element der ständigen Übung im Gewohnheitsrecht betroffen. Das Merkmal der Rechtsüberzeugung ist betroffen, wenn den Kriegsparteien nach ihren vitalen Interessen jedes Kriegsmittel als rechtmäßig erscheint[502].

Um dieser Gefährdung entgegenzutreten, sind zwei Lösungsansätze denkbar. Hier kommt zunächst eine neue Konzeption des Kriegsvölkerrechts ohne das Prinzip der Unterscheidung zwischen Kombattanten und Zivilbevölkerung in Frage. Schützenswerte Personen und Einrichtungen sollen dabei nur noch in vorher definierten Zonen vor militärischen Aktionen zwingend verschont werden. Dieses Konzept ist vergleichbar mit den Sicherheits- und Sanitätszonen und -orten nach Art. 14 GA IV (Schutz der Zivilpersonen)[503]. Diesem Konzept stehen jedoch beträchtliche praktische Bedenken gegenüber. Diese liegen zum einen im Abschluss der dazu notwendigen Vereinbarungen, was die Installation einer effektiven Kontrolle einschließt, zum anderen ist hier der Erfolg, also die Ein-

498 Bindschedler, in: Festschrift für Verdross zum 80. Geburtstag, S. 61 ff.
499 Bindschedler, in: Festschrift für Verdross zum 80. Geburtstag, S. 61 ff.
500 Bindschedler, in: Festschrift für Verdross zum 80. Geburtstag, S. 61 ff. m.w.N.
501 Zum Gewohnheitsrecht siehe oben: Kap. 2 II.
502 Bindschedler, in: Festschrift für Verdross zum 80. Geburtstag, S. 61 ff.
503 Bindschedler, in: Festschrift für Verdross zum 80. Geburtstag, S. 63 ff.

schränkung der Gewaltanwendung, nur in geringem Maße möglich, nicht zuletzt im Hinblick auf die unkontrollierbare Wirkung mancher Kriegswaffen[504].

Hingegen wären neben der Bestätigung der bisherigen Rechtslage eine Neuformulierung, Anpassung und Präzisierung der Anwendungsregeln der Trennung von Kombattanten und Zivilbevölkerung als Alternative denkbar[505]. Problematisch sind hier insbesondere die Fragen zur Behandlung von Nuklearwaffen, der Partisanenkrieg sowie die Umschreibung der militärischen bzw. nichtmilitärischen Objekte. In Bezug auf die Nuklearwaffen ist zu beachten, dass diese, jedenfalls bei etwa gleichgerüsteten Gegnern, durch die Abschreckung auch eine friedenserhaltende Wirkung haben[506]. Hier scheint eine Unterteilung zwischen völkerrechtswidrigen strategischen Atomwaffen, die für den Erstschlag eingesetzt werden, und zulässigen kleinen, in ihrer Wirkung begrenzten, taktischen Atomwaffen sinnvoll. Für den Guerilla- und Partisanenkrieg gilt, dass eine Trennung von Kombattanten und Zivilbevölkerung nur funktionieren kann, wenn sich letztere jeglicher Teilnahme an Kampfhandlungen enthält. Damit ist festzulegen, welche Personen als Widerstandsbewegung an Kampfhandlungen teilnehmen dürfen, wobei die Umschreibung der Widerstandsbewegungen in Art. 4 A Ziff. 2 GA III wohl das Maximum einer praktisch verwertbaren Unterscheidung darstellt[507]. Wie sich aus Art. 4 A Ziff. 2 GA III bereits ergibt, ist festzulegen, dass sich die Aktionen der Guerilla- und Partisaneneinheiten ausschließlich gegen feindliche Streitkräfte und militärische Objekte richten dürfen[508]. Letztlich muss sich die Diskussion auf die militärischen Objekte konzentrieren. Für sämtliche oben genannte Problemkreise ist eine entsprechende praxisorientierte Definition Grundlage für die Trennung von Kombattanten und Zivilbevölkerung. Für die negative Definition des militärischen Objektes gibt Art. 50 GA III einen Anhaltspunkt. Dort werden zulässige Beschäftigungen und Arbeitsstätten von Kriegsgefangenen beschrieben. Entscheidend für die Definition ist der direkte Zusammenhang des Objektes mit der militärischen Kriegsführung[509]. Neben einer Definition wäre eine Liste der militärischen Objekte, beispielhaft oder schon für den Einzelfall ausgearbeitet, sinnvoll. Zulässig sind danach ausschließlich Angriffe auf militärische Objekte. Würde auch das allgemeine Kriegspotenzial, nämlich sämtliche Lebens- und Wirtschaftsbereiche eines Staates, die nur äußerst untergeordnet der Kriegsführung dienen, als zulässiges Ziel betrachtet, so wird

---

504 Bindschedler, in: Festschrift für Verdross zum 80. Geburtstag, S. 64 ff.

505 Bindschedler, in: Festschrift für Verdross zum 80. Geburtstag, S. 65 ff.

506 Bindschedler, in: Festschrift für Verdross zum 80. Geburtstag, S. 65 ff.

507 Bindschedler, in: Festschrift für Verdross zum 80. Geburtstag, S. 66 ff.

508 Bindschedler, in: Festschrift für Verdross zum 80. Geburtstag, S. 66 ff.

509 Bindschedler, in: Festschrift für Verdross zum 80. Geburtstag, S. 67 ff., m.w.N. aus nationalen Militärdienstvorschriften.

auch der Begriff des militärischen Objektes und mit ihm die Einschränkung der Kampfführung sinnlos und damit überflüssig[510].

Vorzugswürdig ist hier die zweite Alternative, also die Weiterentwicklung der Anwendungsregeln der Trennung von Kombattanten und Zivilbevölkerung. Diese Alternative geht vom geltenden Recht aus und gründet damit auf eine jahrzehntelangen Entwicklung. Auch stellen die geltenden Grundsätze des Kriegsrechts aktuell ein realistisches Maximum des Erreichbaren dar[511]. Daneben ist die Aufgabe des Prinzips der Unterscheidung zwischen Kombattanten und Zivilbevölkerung ein Rückschritt gegenüber dem heutigen Rechtszustand[512].

Eine neue Konzeption des Kriegsrechts wird wohl kaum eine Zustimmung in der Staatenwelt finden. Auch das Brechen mit dem erreichten Rechtszustand führt zu unabsehbaren Folgen zu Lasten der bislang nach dem humanitären Völkerrecht zu schützenden Personen. Eine neue Konzeption des Kriegsrechts ist daher nicht zuletzt wegen ihrer geringen Möglichkeiten zum Schutz der Zivilbevölkerung abzulehnen.

2. Historische Entwicklung des Kombattantenstatus

Die Trennung von Kombattanten und Zivilbevölkerung steht am Ende einer rechtlichen und gesellschaftlichen Entwicklung über mehrere Jahrhunderte. In weiten Teilen verläuft sie parallel zur Entwicklung des Rechts zur Behandlung der Kriegsgefangenen[513]. Eine wirkliche und nachhaltige Weiterentwicklung der Trennung zwischen Kombattanten und Kriegsgefangenen, wie auch des allgemeinen Kriegsrechts, lässt sich erst ab dem Mittelalter aufzeigen. Dem Kriegswesen früherer Zeiten fehlten die tatsächlichen und gedanklichen Voraussetzungen für die Trennung von Kombattanten und Zivilbevölkerung.

a) Germanischer Volkskrieg

Aus dem Volkskrieg der germanischen Stämme lassen sich Anhaltspunkte für eine Trennung zwischen Kombattanten und Zivilbevölkerung nicht erkennen. Hier ist von einem Volkskrieg zu sprechen, da bei den Germanen jeder freie und waffenfähige Mann ein unbeschränktes Waffenrecht innehatte, welches kor-

---

510 Bindschedler, in: Festschrift für Verdross zum 80. Geburtstag, S. 68 ff.

511 Bindschedler, in: Festschrift für Verdross zum 80. Geburtstag, S. 69 ff.

512 Bindschedler, in: Festschrift für Verdross zum 80. Geburtstag, S. 69 ff.

513 Siehe dazu Kap. 1.

respondierend eine allgemeine Waffenpflicht voraussetzte[514]. Nur die Alten und Kranken waren von dieser Pflicht entbunden[515].

Bis zum Ende des 6. Jahrhunderts waren die Kampfgruppen der germanischen Stämme freie Aufgebote und Gefolgschaften[516]. Sie stellten sich aus den jeweiligen Dorfgemeinschaften, die regelmäßig aus blutsverwandten Sippen bestanden, zusammen[517]. An der Spitze des Kampfverbandes stand der Hunno, der von den freien und wehrfähigen Männern gewählt wurde und gleichfalls das Dorf in Friedenszeiten verwaltete[518]. Hier bestand keine straffe, im heutigen Sinne militärische Führung des Kampfverbandes, vielmehr folgten die Kämpfer dem Ruf ihres Anführers und nahmen den Kampf mit der Gewissheit auf, dass auch alle anderen Stammesangehörigen diesem Ruf ebenso folgen werden[519]. Häufig waren dies Beutezüge, die als Erwerbsquelle dienten.

Der Krieg der Germanenstämme war ohne jegliche Beschränkungen, also auch ohne Trennung zwischen kämpfenden und nichtkämpfenden Stammes- oder Volksangehörigen. Von dieser schonungslosen Kriegsführung waren damit alle Angehörigen des Feindes gleichsam betroffen[520]. In dieser Art und Weise der Kriegsführung lassen sich keine Ansätze für die heutige Unterscheidung von Kombattanten und Zivilbevölkerung finden.

b) Stehendes Heer des antiken Rom

Anders als die germanischen Kampfgruppen verfügten die stehenden Heere im alten Rom zum Zeitpunkt ihrer höchsten Entwicklung über die zumindest theoretische Voraussetzung für die Trennung zwischen Kombattanten und Zivilbevölkerung. Gleich den germanischen Stämmen verfügten auch die Römer über eine allgemeine Waffenpflicht, welche anders als die der Germanen ausführlichen Regeln unterlag[521]. Dies war Voraussetzung für die Zusammensetzung des Kampfverbandes. Dabei bildeten die jüngsten waffenpflichtigen Kämpfer die vordersten Linien des Kampfverbandes, womit sie der größten Gefahr für Leib

---

514 Meynert, Geschichte des Kriegswesens und der Heeresverfassungen in Europa, Bd. 1, S. 3; Buß, Der Kombattantenstatus, S. 5 ff.

515 Meynert, Geschichte des Kriegswesens und der Heeresverfassungen in Europa, Bd. 1, S. 5; Buß, Der Kombattantenstatus, S. 5 ff.

516 Hermann, Deutsche Militärgeschichte, S. 21; Buß; Kombattantenstatus, S. 5.

517 Buß, Der Kombattantenstatus, S. 6 ff.

518 Günther, Deutsches Kriegertum im Wandel der Geschichte, S. 11; Buß, Der Kombattantenstatus, S. 5 ff.

519 Buß, Der Kombattantenstatus, S. 7 ff.

520 Buß, Der Kombattantenstatus, S. 7 ff.

521 Daniels, Das antike Kriegswesen, S. 61 ff.; Ullrich, Das Kriegswesen im Wandel der Zeiten, S. 22; Buß, Der Kombattantenstatus, S. 8 ff.

und Leben ausgesetzt waren. Die Aufrechterhaltung eines so gegliederten Kampfverbandes erforderte dann auch ein hohes Maß an Disziplin, welche von einem unbestrittenen Befehlshaber aufrecht erhalten werden musste[522].

Dazu verfügte das Römische Reich über eine straff durchorganisierte Militärjustiz, die Disziplinverstöße konsequent ahndete. Dieses galt auch in der späteren Republik, als dann auch nichtrömische Bürger in die Legionen aufgenommen werden konnten, womit sich die Zusammensetzung des römischen Heeres und damit auch die Gliederung des Kampfverbandes mit den jüngsten Mitgliedern in den vordersten Linien änderte[523]. Diese Disziplin war auch erforderlich, um die Kämpfer von Plünderungen und sonstigen Übergriffen aus militärischen oder politischen Gründen auf die Zivilbevölkerung abzuhalten. Die Disziplinierung der Kampfverbände ist damit Grundlage für die Durchsetzung einer Trennung zwischen Kombattanten und Zivilbevölkerung[524].

Ein Bewusstsein für die Trennung zwischen Kombattanten und Zivilbevölkerung war im Alten Rom noch nicht vorhanden[525]. Damit erstreckte sich auch der Kampf des römischen Heeres ohne Beschränkungen auf die gesamte Bevölkerung des Feindes. Eine Rücksichtnahme auf Teile der feindlichen Bevölkerung war aus Rechtsgründen nicht geboten[526]. Damit bestand für die Kriegsführung des römischen Heeres zwar die tatsächliche Möglichkeit, eine Trennung zwischen Kombattanten und Zivilbevölkerung durchzusetzen, es fehlte jedoch an dem Bewusstsein für eine derartige Kategorisierung. Ansätze für die heutigen kriegsrechtlichen Kategorien von Kombattanten und Zivilbevölkerung sind damit im Altertum nicht anzutreffen.

c) Mittelalter und Ancien Regime

Das Mittelalter war geprägt von der Kriegsführung des Rittertums und brachte dementsprechende Regelungen hervor[527]. Die kriegsrechtliche Stellung des Ritters im 14. und 15. Jahrhunderts zeigte die Idee, einen begrenzten Personenkreis in seiner Eigenschaft als Krieger zu privilegieren[528]. Humanitäres Recht oder auch nur eine moralische Pflicht zur Schonung der Zivilbevölkerung waren

522 Buß, Der Kombattantenstatus, S. 8 ff.
523 Buß, Der Kombattantenstatus, S. 8 ff.
524 Buß, Der Kombattantenstatus, S. 9 ff.
525 Bluntschli, Das moderne Völkerrecht der civilisirten Staaten, S. 34 ff.
526 Bluntschli, Das moderne Völkerrecht der civilisirten Staaten, S. 34 ff.
527 Siehe oben: Kap: 1.
528 Draper, in: BYIL, Vol. 45 (1971), S. 173.

auch im Mittelalter ebenso wenig wie der Rechtsstatus des Kombattanten bekannt[529].

Nach den Lehren von Franciso de Vitoria (1480-1546) war zwar zunächst der Schutz Unschuldiger bei den Kampfhandlungen geboten, jedoch nur solange, wie dieser sich in keiner Weise auf den Erfolg des rechtmäßigen Krieges auswirkte. Bereits der geringste Vorteil in der Kampfführung rechtfertigte die Einbeziehung der Zivilbevölkerung in die Kriegshandlungen[530]. Dies ermöglichte erstmals die theoretische Trennung von Kämpfern und unbeteiligter Zivilbevölkerung, blieb aber für die nächste Zeit noch ohne praktische und theoretische Relevanz[531].

Auch Hugo Grotius stellte in seinem für die Völkerrechtsgeschichte maßgeblichen Werk „De iure belli ac pacis" (1625) humanitäre Ansichten dar. Zur Schonung der Zivilbevölkerung stellt Grotius Beschränkungen des Tötungsrechts auf. So sollten nicht ohne Absicht Unschuldige im Krieg getötet werden, dies sind jederzeit die Kinder und alten Leute, die Frauen, sofern sie keines Verbrechens schuldig sind. Das Gleiche gelte auch für Geistliche und Gelehrte, die sich nicht um Kriegsdinge kümmern sowie für die Bauern, Handwerker und Künstler, denen wegen ihrer Lebensweise der Waffengebrauch fremd ist[532].

Diese Beschränkungen gründen jedoch lediglich auf vernünftigen und moralischen Überlegungen, die Qualität eines völkerrechtlichen Verbots von Schädigungshandlungen gegen die Zivilbevölkerung wird damit nicht erreicht[533]. Wesentlich für die Rechtsstellung des Menschen im Krieg ist für Grotius die Unterscheidung zwischen dem rechtmäßigen und rechtswidrigen Krieg, wobei der rechtmäßige oder öffentliche Krieg von einem Souverän getragen wird[534]. Mit aller Schärfe betont Grotius die Zulässigkeit des gerechten Krieges gegen die gesamte Zivilbevölkerung des Feindes[535].

> *„Alle, die wirkliche und dauernde Untertanen des feindlichen Staates sind, können jedoch nach dem Völkerrecht, was ihre Person anlangt, überall angegriffen werden. Denn wenn einem Staate der Krieg erklärt wird, so geschieht es auch gegen seine einzelnen Angehörigen, (...).*"[536]

---

529 Draper, in: Revue de Droit Penal Militaire et de Droit de la Guerre, Vol. 11 (1972), S. 137; Buß, Der Kombattantenstatus, S. 16.

530 Buß, Der Kombattantenstatus, S. 29.

531 Buß, Der Kombattantenstatus, S. 33.

532 Grotius, De iure belli ac pacis, Drittes Buch, 11. Kap., Ziff. VIII – XII.

533 Bluntschli, Das moderne Völkerrecht der civilisirten Staaten, S. 36; Buß, Der Kombattantenstatus, S. 58.

534 Ipsen, in: Schöttler/Hoffmann, S. 137 ff.

535 Schätzel, in: Zeitschrift für Wehrrecht, Bd. 5 (1940/41), S. 210.

536 Grotius, De iure belli ac pacis, Drittes Buch, 4. Kap., Ziff. VIII.

Insofern war die Trennung von Kombattanten und Zivilbevölkerung nach heutigem Verständnis in den Lehren von Hugo Grotius noch nicht angelegt.

Zu Beginn der Neuzeit oblag die Kriegführung den Söldnerheeren, die per Vertrag, also für ihren Sold, auf Zeit an einen Souverän gebunden waren[537]. Weniger professionell war auch die Zivilbevölkerung am Kampf beteiligt. Beim Vorrücken der feindlichen Streitmacht leistete auch die Zivilbevölkerung aus festen Plätzen oder Festungen heraus Widerstand gegen den Feind. Auch die feindlichen Söldner griffen zur Deckung ihres Kriegsbedarfs auf die Ressourcen des Landes, also auch auf die Habe der Zivilbevölkerung, zurück[538]. Damit stand zu Beginn der Neuzeit auch die Art und Weise der Kriegsführung einer Trennung zwischen Kombattanten und Zivilbevölkerung entgegen[539].

Gegen Ende des 17. Jahrhunderts sowie im 18. Jahrhundert waren die „stehenden Heere" das Kriegsführungsinstrument der Staaten[540]. Unter der Herrschaft der staatlichen Souveräne konzentrierten sich die Kampfhandlungen auf das Militär[541]. Mit diesem Inhalt änderte sich auch die Kriegsrechtsauffassung jener Zeit[542]. Nur das „stehende Heer" bot insofern mit einem disziplinierten inneren Zusammenhalt und einer einheitlichen Führung die Voraussetzung für durchsetzbare militärische und kriegsvölkerrechtliche Regeln und damit auch für die Entwicklung eines kriegsvölkerrechtlichen Kombattantenstatus[543]. Die Zivilbevölkerung, die nicht den Streitkräften ihres Souveräns angehörte, hatte nicht das Recht, Kampfhandlungen zu setzen[544]. Damit waren die Ansichten von Grotius zunächst überholt.

In der Folgezeit bedingten die als Volkskriege geführten französischen Revolutionskriege, die napoleonischen Kriege oder der amerikanische Unabhängigkeitskrieg eine zeitweise Wiederbelebung der kriegsrechtlichen Auffassungen von Grotius[545]. Danach war in einem rechtmäßigen Krieg wieder jede Person dazu befugt, Kriegshandlungen zum Nutzen ihrer eigenen Partei vorzunehmen[546].

537 Ipsen, in: Schöttler/Hoffmann, Die Genfer Zusatzprotokolle, S. 138; vgl. auch Kap. 1.

538 Ipsen, in: Schöttler/Hoffmann, Die Genfer Zusatzprotokolle, S. 138; Götze, Fragen der Anwendbarkeit des humanitären Völkerrechts, S. 53.

539 Ipsen, in: Schöttler/Hoffmann, Die Genfer Zusatzprotokolle, S. 138.

540 Draper, in: BYIL, Vol. 45 (1971), S. 175; Götze, Fragen der Anwendbarkeit des humanitären Völkerrechts, S. 54; Ipsen, in: Schöttler/Hoffmann, Die Genfer Zusatzprotokolle, S. 138.

541 Götze, Fragen der Anwendbarkeit des humanitären Völkerrechts, S. 54; Ipsen, in: Schöttler/Hoffmann, Die Genfer Zusatzprotokolle, S. 138.

542 Draper, in: Revue de Droit Penal Militaire et de Droit de la Guerre, Vol. 11 (1972), S. 139.

543 Buß, Der Kombattantenstatus, S. 45 ff., S. 73 ff.

544 Draper, in: Revue de Droit Penal Militaire et de Droit de la Guerre, Vol. 11 (1972), S. 139.

545 Götze, Fragen der Anwendbarkeit des humanitären Völkerrechts, S. 54; Ipsen, in: Schöttler/Hoffmann, Die Genfer Zusatzprotokolle, S. 138.

546 Ipsen, in: Schöttler/Hoffmann, Die Genfer Zusatzprotokolle, S. 138.

Die Zivilbevölkerung griff gegen feindliche Invasionstruppen zu den Waffen, nach heutiger Anschauung entspricht die Aufnahme dieses Kampfes der Guerillakriegsführung[547].

Nach der Phase der Volkskriege festigte sich im Anschluss an den Wiener Kongress 1815 die Rechtsauffassung, dass die Kriegsführung und damit das Recht, Kriegshandlungen vorzunehmen, als vom Souverän abgeleitetes Recht nur den unter seinem Oberkommando stehenden Streitkräften zustand[548]. Damit ist diese Rechtsauffassung, welche in den Versuchen der Souveräne während der Verfassungskonflikte des 19. Jahrhunderts das oberste Kommando über die Streitkräfte zu erhalten seine Bestätigung findet, Ausgangspunkt für die nachfolgende Entwicklung des kriegsvölkerrechtlichen Kombattantenstatus[549].

Für die Entwicklung der Trennung von Kombattanten und Zivilbevölkerung ist gemeinsam mit den gesellschaftlichen und moralischen Veränderungen der Aufklärung die Rousseau-Portalis Doktrin eine weitere Voraussetzung[550]. Es zeichnete sich ab, dass sich der Krieg nur auf die Soldaten, die zum Kampf legitimiert waren, auswirken sollte. Die Zivilbevölkerung war danach nicht mehr Ziel von Kampfhandlungen, was eine Trennung von Kombattanten und Zivilbevölkerung voraussetzt, und somit die Grundlage für die spätere Kodifikation des Kombattantenstatus bildet[551].

3. Kodifikationen des Kombattantenstatus

Die „General Order No. 100", der Lieber-Code[552], enthält erstmals eine rechtlich begründete Unterscheidung zwischen Kombattanten und Zivilpersonen[553]. Art. 25 des Lieber-Codes[554] stellt fest:

> *„In modern regular wars of the Europeans, and their descendants in other portions of the globe, protection of the inoffensive citizen of the hostile country is the rule; privation and disturbance of private relations are the exceptions."*

---

547 Draper, in: Revue de Droit Penal Militaire et de Droit de la Guerre, Vol. 11 (1972), S. 139.

548 Götze, Fragen der Anwendbarkeit des humanitären Völkerrechts, S. 54; Ipsen, in: Schöttler/Hoffmann, S. 138.

549 Ipsen, in: Schöttler/Hoffmann, Die Genfer Zusatzprotokolle, S. 138.

550 Zur Rousseau-Portalis Doktrin siehe auch Kap. 1.

551 Buß, Der Kombattantenstatus, S. 84 ff.

552 Siehe allgemein und zur völkerrechtsgeschichtlichen Bedeutung des Lieber-Codes: Kap. 1. IV. 2.

553 Ipsen, in: Schöttler/Hoffmann, Die Genfer Zusatzprotokolle, S. 139.

554 Abgedruckt bei: Bluntschli, Das moderne Völkerrecht der civilisirten Staaten, S.488 ff.

Mit dieser Vorschrift versucht Lieber auch einen Ausgleich zu schaffen zwischen der allseitigen Beteiligung an Kriegshandlungen im Sinne von Grotius und der durch die Kriegsführung jener Zeit bereits bestehenden Konzentration der Kampfhandlungen auf das Militär[555]. Lieber fixiert in seinem Kodex diejenigen Personengruppen, die als Kombattanten dem Kriegsrecht unterworfen sind und damit Kampfhandlungen vornehmen dürfen[556]. Dazu zählen die Angehörigen der bewaffneten Macht (Art. 57 Lieber-Code), die Levée en masse (Art. 51 Lieber-Code) sowie die uniformierten Partisanen, die getrennt von ihrer Armee Kampfhandlungen vornehmen (Art. 81 Lieber-Code). Personen, die nicht dieser Aufzählung angehören, aber trotzdem Kriegshandlungen vornehmen, werden nach dem Lieber-Code als Kriminelle betrachtet[557]. Insgesamt ist der Lieber-Code die erste bedeutende und von den Staaten anerkannte Kriegsrechtskodifikation, die mithin den Ausgangspunkt für die weitere Ausgestaltung und Kodifizierung des Kombattantenstatus bietet[558].

Elf Jahre nach der Kriegsrechtskodifikation von Lieber wurde der Kombattantenstatus während der Brüsseler Konferenz abermals weiterentwickelt und in die Brüsseler Erklärung von 1874 aufgenommen[559]. Die Teilnehmer der Brüsseler Konferenz diskutierten auf Grundlage eines russischen Entwurfs, der die Trennung von Kombattanten und Nichtkombattanten innerhalb der Streitkräfte vorsah[560]. Zu den Nichtkombattanten innerhalb der bewaffneten Macht zählten das Seelsorgepersonal, Sanitätspersonal, die Militärjustiz oder das Personal der Intendantur[561].

Mit dieser Kategorisierung wurde der damaligen Struktur der Heere mit der Absicht Rechnung getragen, sämtlichen Militärangehörigen den Sekundärstatus des Kriegsgefangenen bei ihrer Gefangennahme zukommen zu lassen[562]. Schwierigkeiten bereitete die Frage, ob auch die Beteiligten einer unorganisierten Volkserhebung, levée en masse, Kriegshandlungen vornehmen dürfen und in-

555 Ipsen, in: Schöttler/Hoffmann, Die Genfer Zusatzprotokolle, S. 139.

556 Buß, Der Kombattantenstatus, S. 144 ff.

557 Rubin, in: DJIL, Vol. 12 (1983), S. 221; Götze, Fragen der Anwendbarkeit des humanitären Völkerrechts, S. 55.

558 Draper, in: Revue de Droit Penal Militaire et de Droit de la Guerre, Vol. 11 (1972), S. 141; Buß, Der Kombattantenstatus, S. 144; Ipsen, in: Schöttler/Hoffmann, Die Genfer Zusatzprotokolle, S. 139.

559 Zur Brüsseler Konferenz und Erklärung von 1874 siehe Kap. 1.

560 Götze, Fragen der Anwendbarkeit des humanitären Völkerrechts, S. 55; Ipsen, in: Schöttler/Hoffmann, Die Genfer Zusatzprotokolle, S. 139.

561 Götze, Fragen der Anwendbarkeit des humanitären Völkerrechts, S. 55; Ipsen, in: Schöttler/Hoffmann, Die Genfer Zusatzprotokolle, S. 139.

562 Götze, Fragen der Anwendbarkeit des humanitären Völkerrechts, S. 55; Ipsen, in: Schöttler/Hoffmann, Die Genfer Zusatzprotokolle, S. 139.

wieweit sie den Kombattantenstatus innehaben. Gegen eine weite Fassung des Kombattantenstatus sperrten sich die Delegierten der Staaten, die über gut organisierte und starke Heere verfügten[563]. Auch fehlte es noch an einer deutlichen Trennung zwischen der Zivilbevölkerung einerseits und den Angehörigen der Streitkräfte andererseits, da sich nach der Mehrheitsauffassung der Konferenzteilnehmer die Kriegshandlungen nicht auf das Militär beschränkten[564]. Jedoch war die Verknüpfung von Primär- und Sekundärstatus, also Kombattanten- und Kriegsgefangenenstatus, der maßgebliche Entwicklungsschritt des Kombattantenstatus durch die Brüsseler Konferenz, welcher das Kriegsvölkerrecht bis heute prägt[565].

Der russische Entwurf wurde mit nur geringen Änderungen von der Konferenz als Brüsseler Deklaration angenommen, erreichte allerdings niemals die Ebene eines völkerrechtlichen Vertrages[566]. Die Aussagen der Art. 9 und 10 der Brüsseler Deklaration zum Kombattantenstatus waren Vorbild für das erste Haager Abkommen betreffend die Gesetze und Gebräuche des Landkrieges, dessen entsprechende Vorschriften fast unverändert in die bis heute gültige HLKO von 1907 eingegangen sind[567].

a) Kombattantenstatus nach der HLKO

Die Normen der HLKO sind die Kodifikation des Gewohnheitsrechts jener Zeit und gelten bis heute fort. Eine konkrete Definition des Kombattanten bietet die HLKO allerdings nicht an. Das erste Kapitel (Art. 1 – 3 HLKO) behandelt den Begriff des Kriegsführenden. Art. 1 HLKO umschreibt zwei Kategorien von Kombattanten. Dazu gehören:

- die regulären Streitkräfte eines Staates,
- Milizen und Freiwilligenkorps, die nicht in die Streitkräfte integriert sind.

563 Buß, Der Kombattantenstatus, S. 167 ff.

564 Kussbach, in: Österreichische Militärische Zeitschrift (1974), S. 469 ff.; Ipsen, in: Schöttler/Hoffmann, S. 140.

565 Ipsen, in: Schöttler/Hoffmann, Die Genfer Zusatzprotokolle, S. 140.

566 Kussbach, in: Österreichische Militärische Zeitschrift (1974), S. 468; Götze, Fragen der Anwendbarkeit des humanitären Völkerrechts, S. 55.

567 Draper, in: Revue de Droit Penal Militaire et de Droit de la Guerre, Vol. 11 (1972), S. 141,142; Rubin, in: DJIL, Vol. 12 (1983), S. 221; Kussbach, in: Österreichische Militärische Zeitschrift (1974), S. 468; Götze, Fragen der Anwendbarkeit des humanitären Völkerrechts, S. 55.

Art. 1 HLKO lautet[568]:

„Die Gesetze, die Rechte und die Pflichten des Krieges gelten nicht nur für das Heer, sondern auch für die Milizen und Freiwilligenkorps, wenn sie folgende Bedingungen in sich vereinigen:

1. dass jemand an ihrer Spitze steht, der für seine Untergebenen verantwortlich ist;

2. dass sie ein bestimmtes, aus der Ferne erkennbares Abzeichen tragen;

3. dass sie die Waffen offen führen und

4. dass sie bei ihren Unternehmungen die Gesetze und Gebräuche des Krieges beobachten.

In den Ländern, in denen Milizen oder Freiwilligenkorps das Heer oder einen Bestandteil des Heeres bilden, sind diese unter der Bezeichnung „Heer" einbegriffen."

aa) Streitkräfte

In Art. 1 HLKO wird nur das „Heer" neben den Milizen und Freiwilligenkorps als Adressat der Rechte und Pflichten des Krieges genannt. Nach heutigem Verständnis bezeichnet der Begriff „Heer" die Landstreitkräfte. Nach allgemeiner Lehrmeinung und Staatenpraxis schließt der Begriff „Heer" in Art. 1 HLKO auch alle weiteren Teilstreitkräfte ein, die zum Einsatz in einem internationalen Konflikt bestimmt sind[569]. Damit fallen die Luft- und Seestreitkräfte eines Staates ebenfalls unter Art. 1 HLKO. Kraft eigener innerstaatlicher Organisationsgewalt bestimmt jeder Staat diejenigen Einheiten und Verbände, die seinen internationalen Streitkräften zugeordnet sind[570]. Werden Kräfte, wie beispielsweise die Polizei, welche gewöhnlich nicht den Streitkräften angehören, diesen zugeordnet, so ist dies dem aktuellen oder potenziellen Konfliktgegner anzuzeigen[571].

Die bereits im russischen Entwurf zur Brüsseler Deklaration von 1874 enthaltene Trennung zwischen Kombattanten und Nichtkombattanten innerhalb der Streitkräfte wird in Art. 3 HLKO bestätigt und zugleich wird bestimmt, dass sämtliche Angehörige der Streitkräfte als Kriegsgefangene behandelt werden müssen. Die Zuordnung von Kombattanten und Nichtkombattanten innerhalb der Streitkräfte hängt von einem innerstaatlichen Organisationsakt ab[572]. Entgegen dem heutigen Verständnis des Begriffes Nichtkombattant im humanitären Völ-

---

568 Abgedruckt in: Strupp, Das internationale Landkriegsrecht, S. 37.

569 Götze, Fragen der Anwendbarkeit des humanitären Völkerrechts, S. 57; Ipsen, in: Schöttler/Hoffmann, Die Genfer Zusatzprotokolle, S. 141.

570 Schwab, Irreguläre Kombattanten als Kriegsgefangene, S. 152; Götze, Fragen der Anwendbarkeit des humanitären Völkerrechts, S. 57; Ipsen, in: Schöttler/Hoffmann, Die Genfer Zusatzprotokolle, S. 141.

571 Ipsen, in: Schöttler/Hoffmann, Die Genfer Zusatzprotokolle, S. 141.

572 Berber, Lehrbuch des Völkerrechts, Bd. 2, S. 143 ff.

kerrecht ist dieser Begriff in der HLKO noch eng auszulegen[573]. Nach Art. 3 HLKO gehören zu den Nichtkombattanten neben dem Staatsoberhaupt und seinen männlichen Familienmitgliedern Militärbeamte, Mitglieder der Feldpost, Sanitätspersonal (Sonderstellung nach dem Genfer Abkommen von 1864) und das Seelsorgepersonal. Ziviles Gefolge der Streitkräfte ist nach Art. 3 HLKO nicht erfasst, dazu zählen die Armeelieferanten, Marketender und Berichterstatter, ebenso wie Diplomaten, Minister und Militärattachés[574]. Personen, die dem zivilen Gefolge der Streitkräfte zuzuordnen sind, haben nach Art. 13 HLKO dann einen Anspruch auf die entsprechende Behandlung als Kriegsgefangene, wenn sie einen Ausweis der Militärbehörde jener Streitkräfte besitzen, welche sie begleiten. Der Sekundärstatus des Kriegsgefangenen wird damit diesem Personenkreis allerdings nicht zugestanden.

Zweck der Unterscheidung zwischen Kombattanten und Nichtkombattanten als Primärstatus ist der völkerrechtliche Schutz sämtlicher Angehörigen der Streitkräfte als Kriegsgefangene (Sekundärstatus). Darüber hinaus gehende Rechtsfolgen sieht das Völkerrecht nicht vor[575]. Insofern dient Art. 3 HLKO nur zur Klarstellung des Grundsatzes, dass auch den nichtkombattanten Teilen der Streitkräfte bei ihrer Gefangennahme der Sekundärstatus des Kriegsgefangenen zusteht[576].

Anders als für die Milizen und Freiwilligenkorps stellt Art. 1 HLKO keine Kennzeichnungspflicht für die Angehörigen des „Heeres" auf. Dies könnte den Schluss nahe legen, dass eine solche Kennzeichnungspflicht nicht besteht, was wiederum zur Folge hätte, dass auf die in Zivilkleidung angetroffenen Angehörigen der Streitkräfte das Kriegsrecht in derselben Form wie für ihre uniformierten Kameraden anwendbar ist. Das Fehlen der Kennzeichnung als Angehöriger der Streitkräfte eines Staates kann aber auch als Verstoß gegen das humanitäre Völkerrecht aufgefasst werden, allerdings unter Beibehaltung des Kombattantenstatus für die betroffene Person[577]. Jedoch sind nach Art. 1 HLKO die Streitkräfte an die Pflichten des Krieges gebunden. Dabei ist die Pflicht zur Erkennbarkeit den „Pflichten des Krieges" im Sinne des Art. 1 HLKO zuzuordnen[578].

Bei systematischer Auslegung ergibt sich aus Art. 23 lit. f) HLKO, welcher den Missbrauch der Parlamentärflagge, der Nationalflagge, der militärischen Ab-

573 Götze, Fragen der Anwendbarkeit des humanitären Völkerrechts, S. 57.

574 Strupp, Das internationale Landkriegsrecht, S. 44.

575 Ipsen, in: Schöttler/Hoffmann, Die Genfer Zusatzprotokolle, S. 141.

576 Götze, Fragen der Anwendbarkeit des humanitären Völkerrechts, S. 57.

577 Meyrowitz zit. nach: Götze, Fragen der Anwendbarkeit des humanitären Völkerrechts, S. 58, Fn. 2.

578 Götze, Fragen der Anwendbarkeit des humanitären Völkerrechts, S. 57; Ipsen, in: Schöttler/Hoffmann, Die Genfer Zusatzprotokolle, S. 141.

zeichen, der Uniform des Feindes sowie der besonderen Abzeichen des Genfer Abkommens (1906) untersagt, in Zusammenhang mit der Kennzeichnungspflicht für Milizen und Freiwilligenkorps nach Art. 1 HLKO eine entsprechende Rechtspflicht erst recht für die Angehörigen der regulären Streitkräfte[579]. Das Fehlen einer entsprechenden wörtlichen Verpflichtung zur Kennzeichnung der regulären Streitkräfte lässt sich erklären, da zum Zeitpunkt der Entstehung der HLKO die Unterscheidung der Streitkräfte mittels Uniformen als unstreitiger Rechtsbrauch für die Teilnehmer der Haager Konferenzen selbstverständlich war[580].

Auch Strupp thematisiert diese Problematik in seiner Kommentierung der HLKO von 1914 nicht, wohl weil die Uniformierung der Streitkräfte auch für ihn selbstverständlich war. Damit verlieren die Angehörigen regulärer Streitkräfte, wenn sie der verlangten Kennzeichnung nicht entsprechen, ihre Vorrechte aus dem Kombattantenstatus[581].

bb) Nichtintegrierte Milizen und Freiwilligenkorps

In Art. 1 HLKO werden die Voraussetzungen aufgestellt nach denen auch die Angehörigen von Milizen und Freiwilligenkorps der Kombattantenstatus zuerkannt wird. Dieser Teil der Vorschrift spiegelt den Kompromiss zwischen den Interessen der großen Militärmächte und den Staaten wider, die ihre Verteidigung auf Einheiten außerhalb eines stehenden Heeres, also auf Milizen und Freiwilligenkorps, stützen[582]. Nachdem seit Mitte des 20. Jahrhunderts die Bedeutung der Milizen und Freiwilligenkorps zunächst anscheinend deutlich abgenommen hatte, zeigte sich gegen Ende des Jahrhunderts, insbesondere mit den Nationalitätenkonflikten im ehemaligen Jugoslawien, dass diese Kategorie militärischer Verbände ihre Relevanz für Kriegsführung und Kriegsrecht bis heute behielten[583].

Nach Art. 1 Nr. 1 HLKO wird für die Milizen und Freiwilligenkorps gefordert, dass jemand an ihrer Spitze steht, der für seine Untergebenen verantwortlich ist. Dabei kommt es nicht darauf an, dass der Befehlshaber Offizier oder sonst den regulären Streitkräften unterstellt ist, es genügt vielmehr eine Persönlichkeit, die tatsächlich den Befehl innehat und die Verantwortung für die Trup-

579 Ipsen, in: Schöttler/Hoffmann, Die Genfer Zusatzprotokolle, S. 141 ff.

580 Ipsen, in: Schöttler/Hoffmann, Die Genfer Zusatzprotokolle, S. 142.

581 Berber, Lehrbuch des Völkerrechts, Bd. 2, S. 143 ff.

582 Götze, Fragen der Anwendbarkeit des humanitären Völkerrechts, S. 59; Ipsen, in: Schöttler/Hoffmann, Die Genfer Zusatzprotokolle, S. 142.

583 Ipsen, in: Schöttler/Hoffmann, Die Genfer Zusatzprotokolle, S. 142.

pe trägt[584]. Die Person an der Spitze der Miliz oder des Freiwilligenkorps hat zwei Funktionen zu erfüllen. Einerseits vermittelt diese Person das Rechtsband zwischen dem ihr zugeordneten Verband und dem kriegsführenden Staat. Zwar ergibt sich dieses Kriterium nicht wörtlich aus dem Art. 1 HLKO, die Verantwortlichkeit der Führung legt eine solche Zuordnung allerdings nahe. Denn nur Angehörige von Einheiten oder Verbänden, die im internationalen bewaffneten Konflikt einem Völkerrechtssubjekt zugeordnet sind, haben den Kombattantenstatus[585]. Diese Kopplung vermittelt gleichsam die völkerrechtliche Verantwortlichkeit des Staates für diese Verbände[586]. Historisch ist dies darauf zurück zu führen, dass es seit Grotius für Jahrhunderte dem Souverän vorbehalten war, diejenigen Personen zu autorisieren, die für ihn den bewaffneten Kampf führen sollten[587]. Gerade im Hinblick auf die historische Entwicklung, die von der ausdrücklichen oder stillschweigenden Ermächtigung irregulärer Verbände hin zu objektiven Kriterien für die Zugehörigkeit zu den Streitkräften geht, vertritt Schwarzenberger die Ansicht, dass weder die staatliche Anerkennung irregulärer Verbände noch deren Rechtmäßigkeit für die Zugehörigkeit zu einer Konfliktpartei maßgeblich sind[588]. Dieser Ansicht ist jedoch nicht zu folgen, da die HLKO von staatlich aufgestellter Miliz und Freiwilligenverbänden ausgeht. Ferner lässt der Verzicht auf jede innerstaatliche Billigung von Milizen und Freiwilligenkorps eine völkerrechtliche Zuordnung der Handlungen dieser Verbände kaum noch zu. Ist die Kriegsführung so nicht mehr einem Staat oder Völkerrechtssubjekt zuzuordnen, liegt diese in privaten Händen; allerdings ist dieser Zustand schon seit Jahrhunderten überwunden. Die Kopplung der Verbände ist aber auch nicht notwendigerweise an eine ausdrückliche formelle Autorisierung durch den Staat gebunden[589]. Entscheidend ist die völkerrechtliche Verantwortlichkeit des Staates für den irregulären Verband. Mithin ist mittels der Person an der Spitze der Miliz oder des Freiwilligenkorps eine Kopplung zwischen dem ihr zugeordneten Verband und dem Staat als völkerrechtlich verantwortliche Instanz zu fordern. Andererseits obliegt der Person an der Spitze des irregulären Verbandes die Sorge für die Einhaltung der Kriterien nach Art. 1 HLKO[590]. Missachtet

584 Strupp, Das internationale Landkriegsrecht, S. 40.

585 Götze, Fragen der Anwendbarkeit des humanitären Völkerrechts, S. 59; Schwarzenberger, in: Current Legal Problems, Vol. 24 (1971), S. 270; Ipsen, in: Schöttler/Hoffmann, Die Genfer Zusatzprotokolle, S. 142.

586 Ipsen, in: Schöttler/Hoffmann, Die Genfer Zusatzprotokolle, S. 142.

587 Götze, Fragen der Anwendbarkeit des humanitären Völkerrechts, S. 59; Ipsen, in: Schöttler/Hoffmann, Die Genfer Zusatzprotokolle, S. 142.

588 Schwarzenberger, in: Current Legal Problems, Vol. 24 (1971), S. 269 ff.

589 Kirchenheim, in: Hatschek/Strupp, Wörterbuch des Völkerrechts und der Diplomatie, Bd. 1, S. 654.

590 Götze, Fragen der Anwendbarkeit des humanitären Völkerrechts, S. 58.

der Verband als solcher die Gesetze und Gebräuche des Krieges, so verliert er insgesamt den Status des legalen Belligerentens, womit jeder einzelne Angehörige ebenfalls den Status des Kombattanten einbüßt[591].

Nach Art. 1 Nr. 2 HLKO haben die Milizen und Freiwilligenkorps ein aus der Ferne erkennbares Abzeichen zu tragen. Eine Verpflichtung zur Uniformierung solcher Verbände ist darunter allerdings nicht zu verstehen. Für die Erkennbarkeit des Abzeichens kann eine Entfernung angenommen werden, für die die normale Sehweite eines unbewaffneten Auges ausreicht[592]. Zwar ist auch diese Voraussetzung strittig, jedoch lassen sich im Zeitalter automatischer und weitreichender Waffen sowie der mittlerweile üblichen Tarnkleidung keine praktikableren Definitionen finden[593].

Der Forderung gemäß Art. 1 Nr. 3 HLKO, die Waffen offen zu tragen, genügt, wenn diese in gleicher Weise offen getragen werden wie durch die Mitglieder der Streitkräfte. Nach dem Schutzzweck der Norm kommt es darauf an, dass das Mitglied des irregulären Verbandes in gleicher Weise wie ein Angehöriger der regulären Streitkräfte als Kombattant erkennbar ist, was die Möglichkeit eines verdeckten Angriffs, etwa als Zivilperson getarnt, ausschließt[594]. Insofern fällt das Mitführen von Pistolen, Handgranaten oder Messern nicht unter diese Vorschrift[595]. Im Hinblick auf die Ausrüstung und Kampfweise von Kommandoeinheiten erscheint die Frage nach dem Offentragen der Waffen ohnehin eher hypothetisch[596].

Art. 1 Nr. 4 HLKO bindet die Milizen und Freiwilligenkorps nochmals ausdrücklich an die Gesetze und Gebräuche des Krieges. Zwar ergibt sich diese Rechtsbindung bereits aus dem ersten Teil der Vorschrift, die nachdrückliche Erwähnung weist hier jedoch abermals auf die Gleichbehandlung von regulären und irregulären Streitkräften hin.

cc) Levée en masse

Die zu den Kombattanten gehörende Kategorie der unorganisierten Volkserhebung, levée en masse, wird in Art. 2 HLKO beschrieben.

---

591 Götze, Fragen der Anwendbarkeit des humanitären Völkerrechts, S. 58, Fn. 4.

592 Strupp, Das internationale Landkriegsrecht, S. 40.

593 Schwarzenberger, in: Current Legal Problems, Vol. 24 (1971), S. 274.

594 Wieczorek, Humanitäres Völkerrecht – Informationsschriften 2002, S. 92.

595 Strupp, Das internationale Landkriegsrecht, S. 41.

596 Götze, Fragen der Anwendbarkeit des humanitären Völkerrechts, S. 60; Schwarzenberger, in: Current Legal Problems, Vol. 24 (1971), S. 274.

Art. 2 HLKO[597]:

> *„Die Bevölkerung eines nicht besetzten Gebietes, die beim Herannahen des Feindes aus eigenem Antriebe zu den Waffen greift, um die eindringenden Truppen zu bekämpfen, ohne Zeit gehabt zu haben, sich nach Artikel 1 zu organisieren, ist als kriegführend betrachtet, wenn sie die Waffen offen führt, und die Gesetze und Gebräuche des Krieges beobachtet."*

Wie schon die Vorschriften zu den Milizen und Freiwilligenkorps ist das Rechtsinstitut der levée en masse ein Zugeständnis der großen Militärmächte an solche Staaten, die zur ihrer Verteidigung nur über geringes oder gar kein permanentes militärisches Potenzial verfügen[598]. Das Kriegsvölkerrecht billigt grundsätzlich nur den Angehörigen der Streitkräfte das Recht zu bewaffneten Schädigungshandlungen gegen legitime Ziele zu. Der Zivilbevölkerung steht regelmäßig ein solches Recht nicht zu. Einzige Ausnahme sind die Teilnehmer einer levée en masse, die unter engen zeitlich und räumlich begrenzten Bedingungen ebenfalls Schädigungshandlungen gegen den Feind vornehmen dürfen[599]. Liegen die Voraussetzungen des Art. 2 HLKO vor, dann sind die Teilnehmer einer levée en masse als Kombattanten zu behandeln, womit im Falle der Gefangennahme auch der Sekundärstatus des Kriegsgefangenen verbunden ist.

Die levée en masse ist nach Art. 2 HLKO nur in einem nicht besetzten Gebiet zulässig. Nach Art. 42 HLKO gilt ein Gebiet als besetzt, wenn es sich tatsächlich in der Gewalt des feindlichen Heeres befindet, wobei sich die Besetzung nur auf die Gebiete erstreckt, in denen diese Gewalt hergestellt ist und ausgeübt werden kann. An die Größe eines Gebietes werden keine ausdrücklichen Anforderungen gestellt. Bei den Teilnehmern einer levée en masse kann es sich auch lediglich um die Einwohner einer einzelnen Ortschaft handeln[600]. Organisieren sich erst nach der Besetzung autonome Befreiungsbewegungen, so zählen diese nicht mehr zur privilegierten levée en masse[601].

Ferner setzt Art. 2 HLKO voraus, dass die Bevölkerung des von der Besetzung bedrohten Gebietes aus eigenem Antrieb, also spontan, zu den Waffen greift. Diese Bedingung setzt der levée en masse eine zeitliche Grenze, da nur die spontane und seitens des Staates nicht schon zuvor organisierte Volkserhebung nach Art. 2 HLKO privilegiert ist[602]. Folglich schließt die vorherige Möglichkeit zum Aufbau eines regulären Widerstands die levée en masse aus. Damit

---

597 Abgedruckt in: Strupp, Das internationale Landkriegsrecht, S. 38.

598 Vgl. zu der Diskussion während der ersten Haager Friedenskonferenz Buß, Der Kombattantenstatus, S. 170 ff.

599 Ipsen, in: Schöttler/Hoffmann, Die Genfer Zusatzprotokolle, S. 67; Götze, Fragen der Anwendbarkeit des humanitären Völkerrechts, S. 60.

600 Strupp, Das internationale Landkriegsrecht, S. 43.

601 Ipsen, in: Fleck, Handbuch des humanitären Völkerrechts in bewaffneten Konflikten, S. 67.

602 Ipsen, in: Schöttler/Hoffmann, Die Genfer Zusatzprotokolle, S. 143.

fallen alle sonstigen geplanten und daher nicht spontanen Widerstandsbewegungen nicht unter Art. 2 HLKO[603].

Zeitlich ist die levée en masse von Beginn einer Invasion bis zur vollendeten kriegerischen Besetzung (occupatio bellica) zulässig[604]. Die kriegerische Besetzung, und damit die Anwendung des Besatzungsrechts, setzt die tatsächliche Gewalt der eingedrungenen Streitkräfte über ein bestimmtes Gebiet voraus[605]. Ferner ist der Zweck der levée en masse limitiert, nämlich auf den Widerstand gegen die eindringenden Streitkräfte[606]. Widerstandsbewegungen in besetzten Gebieten erfüllen regelmäßig weder die Bedingung der spontanen Erhebung noch ist ihr Widerstand ausschließlich gegen die eindringenden Streitkräfte gerichtet[607].

Zur Rechtmäßigkeit einer levée en masse darf der Bevölkerung des von der Besetzung bedrohten Gebietes keine Möglichkeit zur Organisation eines Widerstandes i.S.d. Art. 1 HLKO geblieben sein. Seitens des Staates darf nicht die Gelegenheit bestanden haben, die Zivilbevölkerung bzw. die wehrfähigen Teile derselben in die Streitkräfte oder entsprechende Verbände i.S.d. Art. 1 HLKO zu integrieren[608]. Auch jede sonstige Aufstellung kriegsrechtskonformer Verbände muss der den Widerstand leistenden Bevölkerung zeitlich unmöglich gewesen sein[609]. Insofern stellt die levée en masse die letzte Verteidigungslinie des von der Besetzung bedrohten Staates dar[610].

Letztlich haben die Teilnehmer einer levée en masse die Waffen offen zu führen und die Gesetze und Gebräuche des Krieges zu beachten. Während das Merkmal des offenen Waffentragens im Sinne eines sichtbaren Waffentragens enger auszulegen ist als bei Art. 1 HLKO, sind wegen des selbsthilfeähnlichen und militärisch unorganisierten Charakters der levée en masse die Gesetze und Gebräuche des Krieges mindestens in ihrem Kernbestand zu achten[611].

Die Anerkennung des Kombattantenstatus für Kämpfer außerhalb der regulären Streitkräfte ist in der HLKO streng limitiert, wobei die Vorschriften zur levée en masse die weiteste Ausnahme von dem Prinzip der ausschließlichen Kriegs-

603 Götze, Fragen der Anwendbarkeit des humanitären Völkerrechts, S. 61.

604 Meyrowitz, zit. nach Götze, Fragen der Anwendbarkeit des humanitären Völkerrechts, S. 61, Fn. 3.

605 Gasser, in: Fleck, Handbuch des humanitären Völkerrechts in bewaffneten Konflikten, S. 197.

606 Ipsen, in: Schöttler/Hoffmann, Die Genfer Zusatzprotokolle, S. 143.

607 Ipsen, in: Fleck, Handbuch des humanitären Völkerrechts in bewaffneten Konflikten, S. 68.

608 Draper, in: BYIL, Vol. 45 (1971), S. 181.

609 Götze, Fragen der Anwendbarkeit des humanitären Völkerrechts, S. 61; Ipsen, in: Fleck, Handbuch des humanitären Völkerrechts in bewaffneten Konflikten, S. 68.

610 Vgl. Draper, in: BYIL, Vol. 45 (1971), S. 181.

611 Götze, Fragen der Anwendbarkeit des humanitären Völkerrechts, S. 61.

führung durch staatlich autorisierte Streitkräfte darstellt[612]. In diesen strikten und engen Ausnahmen sieht Ipsen einen Beleg für den Grundsatz, dass nur ein Staat oder eine als Völkerrechtssubjekt anerkannte Konfliktpartei befugt ist, im Rahmen des geltenden Völkerrechts Kriegshandlungen vorzunehmen[613].

Die praktische Bedeutung der levée en masse ist nicht zuletzt wegen ihrer strengen Voraussetzungen heute eher als gering einzuschätzen. So sind auch nur wenige Szenarien für eine bewaffnete Volkserhebung denkbar. Hier kommen schnelle Durchbrüche von Panzern weit in das Territorium des Feindes hinein oder Überraschungsangriffe durch Luftlandetruppen in Betracht[614]. Im Hinblick auf das Rüstungsniveau moderner regulärer Streitkräfte ist einer Invasion mit den Mitteln der levée en masse (die regelmäßig nicht über Kriegswaffen verfügt) nicht zu begegnen[615].

Erfüllt aber die bewaffnete Volkserhebung die genannten Voraussetzungen, so gelten ihre Teilnehmer als Kombattanten. Sie haben dementsprechend im Falle ihrer Gefangennahme einen Anspruch auf den Sekundärstatus des Kriegsgefangenen.

b) Persönliche Anwendbarkeit nach der Kriegsgefangenenkonvention von 1929

Die Genfer Kriegsgefangenenkonvention von 1929 bringt zwar aus humanitärer Sicht eine detaillierte Fortschreibung der Kriegsgefangenenrechte[616], hinsichtlich der personellen Anwendbarkeit des Kriegsgefangenenrechts enthält dieses Abkommen keine Neuerungen. Mit Art 1 I der Genfer Kriegsgefangenenkonvention von 1929 werden die Voraussetzungen der Art. 1 – 3 HLKO für dieses Abkommen übernommen. Gemäß Art. 1 II Genfer Kriegsgefangenenkonvention von 1929 sind ausdrücklich neben den Kriegsgefangenen des Landkrieges auch die des See- und Luftkrieges durch das Abkommen geschützt. Nach der oben vertretenen Auslegung von Art. 1 HLKO kann Art. 1 II Genfer Kriegsgefangenenkonvention von 1929 insofern nur als Klarstellung verstanden werden.

---

612 Draper, in: BYIL, Vol. 45 (1971), S. 181.

613 Ipsen, in: Fleck, Handbuch des humanitären Völkerrechts in bewaffneten Konflikten, S. 68; Ipsen, in: Schöttler/Hoffmann, Die Genfer Zusatzprotokolle, S. 143; ebenso Götze, Fragen der Anwendbarkeit des humanitären Völkerrechts, S. 60 ff.

614 Meyrowitz, zit. nach Götze, Fragen der Anwendbarkeit des humanitären Völkerrechts, S. 62, Fn. 1.

615 Ipsen, in: Fleck, Handbuch des humanitären Völkerrechts in bewaffneten Konflikten, S. 68.

616 Siehe oben: Kap. 1 VI., Kap. 2 I., 2; Plassmann, in: Zeitschrift für Völkerrecht, Bd. 15 (1930), S. 411 ff.

c) Persönliche Anwendbarkeit nach Art. 4 GA III

Das GA III stellt die herausragende Weiterentwicklung des humanitären Völkerrechts seit seinen Anfängen dar[617]. Auch die Frage nach der persönlichen Anwendbarkeit der humanitären Regelungen ist dabei berücksichtigt worden. Zunächst war mit dem GA III nur die weitere Detailregelung der Behandlung der Kriegsgefangenen auf Grund der Erfahrungen des letzten Krieges beabsichtigt. Daneben wurden aber auch sämtliche Kategorien von Personen definiert, denen im Falle der Gefangennahme der Schutz dieses Abkommens zukommt. Der in Art. 4 GA III beschriebene Personenkreis erhält den Sekundärstatus der Kriegsgefangenen[618]. Die genannten Anwendungsvoraussetzungen gründen auf den Vorschriften der früheren Abkommen, sie erweitern den Kreis der Kombattanten um weitere Kategorien und ergänzen die Liste der Nichtkombattanten und solcher Zivilisten, die im Falle ihrer Gefangennahme als Kriegsgefangene zu behandeln sind[619].

Damit stellt Art. 4 GA III heute den Kernbestand der personellen Anwendungsvoraussetzungen des Kriegsgefangenenrechts dar. Die Erweiterung der personellen Anwendungsvoraussetzungen gehen dabei zurück auf die militärischen und rechtlichen Erkenntnisse des Zweiten Weltkriegs, wobei insbesondere die Aktivitäten der Widerstands- und Partisaneneinheiten neben den Schlussfolgerungen aus den Kriegsverbrecherprozessen von Bedeutung sind[620].

Aus der Unterscheidung zwischen dem Genfer Recht als humanitärem Völkerrecht und dem Haager Recht als Kriegsführungsrecht ergibt sich, dass mit Art. 4 GA III keine neue Definition eines Kombattantenstatus geschaffen werden sollte, sondern lediglich ein Katalog derjenigen Personengruppen, die in einem bewaffneten Konflikt nach dem GA III als Kriegsgefangene gelten. Freilich bedingt auch nach dem GA III der Primärstatus des Kombattanten den Sekundärstatus des Kriegsgefangenen. In Art. 4 GA III sind neben den Nichtkombattanten und berechtigten Zivilisten diejenigen Personengruppen, die auf Grund des staatlichen Konsenses im Kriegsvölkerrecht als Kombattanten gelten, genannt[621].

---

617 Vgl. zur Geschichte des GA III oben: Kap. 1.

618 Ipsen, in: Schöttler/Hoffmann, Die Genfer Zusatzprotokolle, S. 146.

619 Groh, Das Recht der Kriegsgefangenen, S. 65; Draper, in: BYIL, Vol. 45 (1971), S. 189.

620 Götze, Fragen der Anwendbarkeit des humanitären Völkerrechts, S. 98; Hinz, Das Kriegsgefangenenrecht, S. 22; Draper, in: BYIL, Vol. 45 (1971), S. 189.

621 Buß, Der Kombattantenstatus, S. 194 ff.

Die Vorschrift lautet:

„*A. Kriegsgefangene im Sinne des vorliegenden Abkommens sind die in Feindeshand gefallenen Personen, die einer der nachstehenden Kategorien angehören:*

1. Mitglieder von Streitkräften einer am Konflikt beteiligten Partei, sowie Mitglieder von Milizen und Freiwilligenkorps, die in diese Streitkräfte eingegliedert sind;

2. Mitglieder anderer Milizen und Freiwilligenkorps, einschließlich solcher von organisierten Widerstandsbewegungen, die zu einer am Konflikt beteiligten Partei gehören und außerhalb oder innerhalb ihres eigenen Gebietes, auch wenn dasselbe besetzt ist, tätig sind, sofern diese Milizen oder Freiwilligenkorps einschließlich der organisierten Widerstandsbewegungen

a) eine für ihre Untergebenen verantwortliche Person an ihrer Spitze haben;

b) ein bleibendes und von weitem erkennbares Unterscheidungszeichen führen;

c) die Waffen offen tragen;

d) bei ihren Kampfhandlungen die Gesetze und Gebräuche des Krieges einhalten;

3. Mitglieder regulärer Streitkräfte, die sich zu einer von der Gewahrsamsmacht nicht anerkannten Regierung oder Autorität bekennen;

4. Personen, die den Streitkräften folgen, ohne in sie eingegliedert zu sein, wie zivile Besatzungsmitglieder von Militärflugzeugen, Kriegsberichterstatter, Heereslieferanten, Mitglieder von Arbeitseinheiten oder von Diensten, die für die Betreuung der Militärpersonen verantwortlich sind, sofern dieselben von den Streitkräften, die sie begleiten, zu ihrer Tätigkeit ermächtigt sind, wobei diese ihnen zu diesem Zweck eine dem beigefügten Muster entsprechende Ausweiskarte auszuhändigen haben;

5. die Besatzungen der Handelsschiffe, einschließlich der Kapitäne, Lotsen und Schiffsjungen sowie Besatzungen der Zivilluftfahrzeuge der am Konflikt beteiligten Parteien, die keine günstigere Behandlung auf Grund anderer Bestimmungen des internationalen Rechts genießen;

6. die Bevölkerung eines unbesetzten Gebietes, die beim Herannahen des Feindes aus eigenem Antrieb zu den Waffen greift, um die eindringenden Truppen zu bekämpfen, ohne zur Bildung regulärer Streitkräfte Zeit gehabt zu haben, sofern sie die Waffen offen trägt und die Gesetze und Gebräuche des Krieges einhält.

B. Die gemäß dem vorliegenden Abkommen den Kriegsgefangenen zugesicherte Behandlung genießen ebenfalls

1. die Personen, die den Streitkräften des besetzten Landes angehören oder angehört haben, sofern die Besatzungsmacht es als nötig erachtet, sie auf Grund dieser Zugehörigkeit zu internieren, selbst wenn sie sie ursprünglich, während die Feindseligkeiten außerhalb des besetzten Gebietes weitergingen, freigelassen hatte; dies gilt namentlich nach einem missglückten Versuch dieser Person, sich den eigenen, im Kampf stehenden Streitkräften wieder anzuschließen, oder wenn sie einer Aufforderung, sich internieren zu lassen, nicht Folge leisten;

2. *die einer in diesem Artikel aufgezählten Kategorien angehörenden Personen, die von neutralen oder nichtkriegführenden Staaten in ihr Gebiet aufgenommen werden und auf Grund des Völkerrechts von ihnen interniert werden müssen, unter dem Vorbehalt jeder günstigeren Behandlung, die diese ihnen zu gewähren wünschen, und mit Ausnahme der Bestimmungen der Artikel 8, 10, 15, 30 Absatz 5, 58 bis 67 einschließlich, 92, 126 und für den Fall, dass zwischen den am Konflikt beteiligten Parteien und der betreffenden neutralen oder nichtkriegführenden Macht diplomatische Beziehungen bestehen, auch mit Ausnahme der die Schutzmacht betreffenden Bestimmungen. Bestehen solche diplomatischen Beziehungen, so sind die am Konflikt beteiligten Parteien, denen diese Personen angehören, ermächtigt, diesen gegenüber die gemäß dem vorliegenden Abkommen den Schutzmächten zufallenden Funktionen auszuüben, ohne dass dadurch die von diesen Parteien auf Grund der diplomatischen oder konsularischen Gebräuche und Verträge ausgeübten Funktionen beeinträchtigt werden.*

C. *Die Bestimmungen dieses Artikels berühren in keiner Wiese die Rechtsstellung des Sanitäts- und Seelsorgepersonals, wie sie in Artikel 33 des vorliegenden Abkommens vorgesehen ist.*"

aa) „die in Feindeshand gefallenen Personen"

Nach Beendigung der Kampfhandlungen des Zweiten Weltkrieges wurde den sich ergebenden Einheiten der Kriegsgefangenenstatus mit der Begründung verweigert, dass nach Art. 3 S. 2 HLKO die Kombattanten nur bei „Gefangennahme" als Kriegsgefangene gelten, was mit der freiwilligen Handlung des Sichergebens ausgeschlossen sein sollte[622]. Bestätigt werden sollte diese Argumentation mit dem Wortlaut des Art. 1 I und II der Kriegsgefangenenkonvention von 1929, deren entscheidende Passage lautet:

„and captured by the enemy."

Diese in sich unschlüssige Argumentation sollte mit dem Wortlaut des Art. 4 A. GA III, die in Feindeshand gefallenen Personen, vermieden werden,[623] wobei bereits während der Vorbereitungen zur Genfer Konferenz von 1949 die Rechtsmeinung bestand, dass eine bedingungslose Kapitulation keinesfalls einen Verzicht auf die Anwendung der Genfer und Haager Abkommen bedeute[624]. Zwar lässt auch die Formulierung „gefallen" in Art. 4 A GA III eine restriktive Auslegung, welche den Kriegsgefangenenstatus bei Kapitulation ablehnt, möglich erscheinen, jedoch ist diese Auslegung im Sinne des Schutzzwecks des GA III abzulehnen[625].

622 Buß, Der Kombattantenstatus, S. 195 ff.
623 Buß, Der Kombattantenstatus, S. 195 ff.
624 Strebel, in: ZaöRV, Bd. 13 (1950/51), S. 125.
625 Buß, Der Kombattantenstatus, S. 195 ff.

bb) Mitglieder von Streitkräften, eingegliederten Milizen und Freiwilligenkorps, Art. 4 A Nr. 1 GA III

Mit Art. 4 A Nr. 1 wird die Kategorie der Kombattanten, wie sie in Art. 1 HLKO beschrieben ist, bestätigt[626]. Damit gelten auch die zu Art. 1 HLKO gemachten Aussagen für den Art. 4 A Nr. 1 grundsätzlich fort[627].

Im Gegensatz zu Art. 1 HLKO verwendet Art. 4 A Nr. 1 GA III statt des Begriffes „Heer" den modernen Ausdruck der „Streitkräfte". Bei dieser Begriffswahl bedarf es nun nicht mehr der Auslegung, dass neben den Landstreitkräften auch alle anderen Teilstreitkräfte in den Regelungsbereich des Art. 4 A Nr. 1 GA III fallen. Damit erübrigt sich auch eine Klarstellung wie in Art. 1 II Genfer Kriegsgefangenenkonvention von 1929, dass auch die Angehörigen der Luft- und Seestreitkräfte in den Anwendungsbereich des GA III fallen. Im Übrigen verzichtet das GA III auf eine Definition der kriegsvölkerrechtlichen Kategorie der Streitkräfte. Schließlich bleiben entsprechend Art. 1 HLKO auch die Mitglieder der Milizen und Freiwilligenkorps denen der Streitkräfte gleichgestellt.

(1) Kombattanten und Nichtkombattanten

Die begriffliche Unterscheidung von Kombattanten und Nichtkombattanten wie noch in Art. 3 S. 1 HLKO niedergelegt, wird im GA III nicht mehr aufgegriffen. Insofern sind beide Kategorien unter dem Begriff der Streitkräfte zusammengefasst[628]. Einerseits wird damit nicht die tatsächlich Aufgabenteilung innerhalb der Streitkräfte bestritten, wonach ein Teil der Streitkräfteangehörigen zu bewaffneten Schädigungshandlungen bestimmt ist (Kombattanten), der andere Teil kraft Völkerrecht (Sanitäts- und Seelsorgepersonal) oder internem Organisationsakt zu solchen Aktionen nicht befugt ist (Nichtkombattanten).

Andererseits sollte der Schutz für sämtliche Angehörige der Streitkräfte im Sinne des Kombattantenstatus als Anknüpfungspunkt für den Kriegsgefangenenstatus nicht eingeschränkt werden[629].

(2) Angehörigkeit zu einer Konfliktpartei

Für den Kombattantenstatus verlangt Art. 4 A Nr. 2 GA III die Zugehörigkeit der Streitkräfte zu einer am Konflikt beteiligten Partei. Grundsätzlich sind die Staa-

626 Buß, Der Kombattantenstatus, S. 196 ff.; Ipsen, in: Schöttler/Hoffmann, Die Genfer Zusatzprotokolle, S. 146.

627 Siehe oben: Kap. 2. I. 1.

628 Götze, Fragen der Anwendbarkeit des humanitären Völkerrechts, S. 108.

629 Buß, Der Kombattantenstatus, S. 197 ff.

ten kriegsführende Parteien. Diese Vorschrift verlangt ein Rechtsband zwischen dem einzelnen Angehörigen der Streitkräfte und dem Staat als Völkerrechtssubjekt[630]. Wie bereits erörtert, leitet sich für den einzelnen Kombattanten die Befugnis zu bewaffneten Schädigungshandlungen von dem Staat ab, dem er angehört.

Anstelle der Zugehörigkeit zu einem Staat ist auch die Anknüpfung an völkerrechtlich anerkannte Aufständische als kriegführende Partei statthaft. Diese Anerkennung, notwendigerweise durch die andere Konfliktpartei, ermöglicht die Anwendung des humanitären Völkerrechts und des Kriegsrechts für die Konfliktparteien[631]. Abzugrenzen ist die äußerst selten vorkommende Anerkennung von Aufständischen als „Kriegsführende"[632] von der Anerkennung von Staaten bzw. de facto Regimen, welche regelmäßig nach einer Sezession oder Machtübernahme im Staat in Frage kommt[633]. Die Anerkennung von Aufständischen als Kriegsführende wirkt einerseits konstitutiv für die Anwendung des Kriegsrechts[634], andererseits relativ, also nur im Verhältnis zwischen der anerkennenden Partei und den Aufständischen[635]. Dabei ist in der – praktisch äußerst unwahrscheinlichen – Anerkennung von Aufständischen als Kriegsführende durchaus die Vorstufe zur Anerkennung einer neuen Regierung oder eines neuen Staates zu erkennen[636].

Die Abhängigkeit der Anwendung des Humanitären Völkerrechts von der Anerkennung der Aufständischen als Kriegsführende gilt hier als besondere Schwachstelle des humanitären Schutzes der Konfliktparteien, da die bekämpfte Regierung regelmäßig eine Anerkennung ablehnt, um den Restriktionen durch das Kriegsvölkerrecht zu entgehen. Genauso ist eine Anerkennung von dritter Seite für die Anwendbarkeit des Humanitären Völkerrechts nicht ausschlaggebend[637]. Dem entgegen sind die grundlegenden Schutznormen des Humanitären Völkerrechts auch im nicht-internationalen bewaffneten Konflikt gültig, bestärkt durch die völkerrechtliche Ausbildung des Menschenrechtsschutzes[638].

---

630 Götze, Fragen der Anwendbarkeit des humanitären Völkerrechts, S. 103.

631 Berber, Lehrbuch des Völkerrechts, Bd. 1, S. 237 ff.; Götze, Anwendbarkeit des humanitären Völkerrechts, S. 46 f.

632 Ipsen, Völkerrecht, S. 1073.

633 Götze, Fragen der Anwendbarkeit des humanitären Völkerrechts, S. 46; Siehe zur Anerkennung von Staaten: Ipsen, Völkerrecht, S. 231.

634 Berber, Lehrbuch des Völkerrechts, Bd. 1, S. 237 ff.; Wyss, Der nicht internationale bewaffnete Konflikt in El Salvador, S. 23.

635 Götze, Fragen der Anwendbarkeit des humanitären Völkerrechts, S. 46 ff.; Scheuner, in Blumenwitz/Randelzhofer, Festschrift für Berber zum 75. Geburtstag, S. 477.

636 Götze, Fragen der Anwendbarkeit des humanitären Völkerrechts, S. 47.

637 Götze, Fragen der Anwendbarkeit des humanitären Völkerrechts, S. 46 ff.

638 Ipsen, Völkerrecht, S. 1074.

(3) Streitkräfte

Art. 4 A Nr. 1 GA III gewährt den Angehörigen der Streitkräfte den Sekundärstatus der Kriegsgefangenen. Nähere Bestimmungen im Sinne einer Definition des Rechtsbegriffes „Streitkräfte“ sind in den Genfer Abkommen von 1949 nicht zu finden. Zu Beginn des 20. Jahrhunderts galt das „Heer“ synonym für den heute verwendeten Ausdruck „Streitkräfte“. Dieser Begriff wurde bereits in Art. 9 der Brüsseler Deklaration und in Art. 1 HLKO verwendet und den Milizen und Freiwilligenkorps gegenübergestellt. Weder in diesen noch in anderen kriegsvölkerrechtlichen Abkommen ist eine Erläuterung dieses Rechtsbegriffes bis heute gegeben[639].

Als legitimes Machtinstrument des Herrschers waren die Wesensmerkmale des uniformierten und die Kriegsbräuche beachtenden Heeres unumstritten und standen deshalb auch nicht in der Diskussion[640]. Von der Einhaltung konstitutiver Mindestbedingungen, die für die Streitkräfte inhaltlich vorausgesetzt sind, geht das Völkerrecht stillschweigend aus[641].

Mit der Ausweitung des Kriegsgefangenenschutzes auf weitere Personengruppen durch das GA III wurde den Erfahrungen aus dem Zweiten Weltkrieg Rechnung getragen, insbesondere wurde der bewaffnete Widerstand in besetzten Gebieten (occupatio bellica) und die Teilnahme an entsprechenden Kampfhandlungen geregelt. Keine weitere Regelung erfuhr das in diesem Ausmaß erstmalige Auftreten von Verbänden, die zwar Staatsorgane waren, jedoch den eigentlichen „Streitkräften“ nicht zuzuordnen waren. Dies waren auf deutscher Seite die SS- und Polizeidivisionen sowie der Reichsarbeitsdienst, auf sowjetischer Seite waren sog. MWD-Truppen (paramilitärische Polizeieinheiten) eingesetzt, die dem Innenministerium unterstanden. In der Nachkriegszeit führte der geplante Einsatz des Bundesgrenzschutzes zur Landesverteidigung zu Diskussionen[642].

Die Wesensmerkmale der Streitkräfte gehen über die Legalbedingungen des Art. 4 A Nr. 2 GA III (verantwortliche Führung, deutliche Kennzeichnung, offenes Waffentragen, Beachtung der Gesetze und Gebräuche des Krieges), die das Völkerrecht den irregulären Streitkräften zur Auflage macht, hinaus[643]. Entgegen

639 Buß, Der Kombattantenstatus, S. 200 ff.; Knackstedt, in: Revue de Droit Penal Militaire et de Droit de la Guerre, S. 423.

640 Buß, Der Kombattantenstatus, S. 200 ff.; Knackstedt, in: Revue de Droit Penal Militaire et de Droit de la Guerre, S. 409.

641 Maaß, Der Söldner und seine kriegsvölkerrechtliche Rechtsstellung, S. 24; Steinkamm, Streitkräfte, S. 118; Schwab, Irreguläre Kombattanten als Kriegsgefangene, S. 153.

642 Knackstedt, in: Revue de Droit Penal Militaire et de Droit de la Guerre, S. 410.

643 Schwab, Irreguläre Kombattanten als Kriegsgefangene, S. 153; Steinkamm, Streitkräfte, S. 121; Knackstedt, in: Revue de Droit Penal Militaire et de Droit de la Guerre, S. 420.

den irregulären Streitkräften kommt diesen Legalbedingungen für die regulären Streitkräfte nur deklaratorische Bedeutung zu[644], ansonsten wäre die Trennung zwischen beiden nicht zu erklären[645]. Ebenfalls würde die gegenteilige Ansicht dem Wortlaut der Art. 4 A GA III und 1 HLKO widersprechen[646].

Damit sind hier im Rahmen von Art. 4 A GA III die völkerrechtlichen Voraussetzungen des Rechtbegriffes der Streitkräfte, deren Angehörige nach dieser Norm als Kombattanten privilegiert sind, zu klären.

Allgemein sind die regulären Streitkräfte militärische Verbände, die staatlicherseits für die Verteidigung eines Landes aufgestellt und im Rahmen einer Wehrverfassung organisiert sind[647].

(a) Konstitution und Legitimation durch die Staatsgewalt

Der Staat stellt im Rahmen seiner Souveränität Streitkräfte auf. Wehrverfassung und innere Ordnung der Streitkräfte liegen als Souveränitätsrecht in den Händen des Staates[648]. Unerheblich ist daher auch, welches Organ des Staates für die Aufstellung und Organisation der Streitkräfte zuständig ist. Entscheidend ist, dass der Organisationsakt nach außen erkennbar ist. Regelmäßig haben die Staaten ihre Wehrverfassung und damit die Aufstellung ihrer Streitkräfte rechtlich fixiert und kommen so der Forderung nach[649]. Nur so sind die gegnerischen Völkerrechtssubjekte in der Lage festzustellen, welche innerstaatlichen Regelungen sie anerkennen müssen und welcher Personenkreis zu den Streitkräften zählt, also zu bewaffneten Schädigungshandlungen ermächtigt ist[650].

Der einzelne Streitkräfteangehörige weist seine staatliche Autorisation in der Regel mit dem Einberufungsbefehl, Wehrpass, Dienstausweis, Soldbuch oder Ähnlichem nach[651]. Diese staatliche Autorisation des Einzelnen als Angehöriger der Streitkräfte ist die völkerrechtlich unabdingbare, innerstaatliche Rechts-

---

644 Schwab, Irreguläre Kombattanten als Kriegsgefangene, S. 153; Schmid, Die völkerrechtliche Stellung der Partisanen im Kriege, S. 84.

645 Buß, Der Kombattantenstatus, S. 204 ff.

646 Steinkamm, Streitkräfte, S. 122.

647 Steinkamm, Streitkräfte, S. 122 m.w.N.

648 Oppenheim / Lauterpacht, International Law, Vol. 2, S. 255; Schwab, Irreguläre Kombattanten als Kriegsgefangene, S. 152; Buß, Der Kombattantenstatus, S. 200 ff.

649 Steinkamm, Streitkräfte, S. 127.

650 Schwab, Irreguläre Kombattanten als Kriegsgefangene, S. 154; Buß, Der Kombattantenstatus, S. 201 ff.

651 Schmid, Die völkerrechtliche Stellung der Partisanen im Kriege, S. 83; Steinkamm, Streitkräfte, S. 133; Schwab, Irreguläre Kombattanten als Kriegsgefangene, S. 154.

grundlage für den Primärstatus des Kombattanten und daran anknüpfend den Sekundärstatus des Kriegsgefangenen im Falle der Gefangennahme[652].

(b) Ständiger Kampf- und Verteidigungsauftrag

Neben der staatlichen Organisation hängt die Streitkräfteeigenschaft von der ständigen und fortdauernden Zuweisung von Kampf- und Verteidigungsaufgaben ab[653]. Diesem Merkmal liegt das kriegsvölkerrechtliche Prinzip der Trennung von Streitkräften und Zivilbevölkerung zugrunde[654]. Die Schutzvorschriften des humanitären Völkerrechts erfordern zu ihrer Durchführung und Einhaltung die Möglichkeit zur Unterscheidung von Zivilbevölkerung und Streitkräften. Fehlt eine klare und fortdauernde Zuweisung von Kampf- und Verteidigungsaufgaben an ein bestimmtes Staatsorgan, die Streitkräfte, so wird die notwendige Abgrenzung zu zivilen Staatsorganen verhindert[655]. Die Anwendung völkerrechtlicher Schutzvorschriften wäre damit in Frage gestellt.

Mit der ständigen Zuweisung von Verteidigungsaufgaben ist ein beliebiges Pendeln zwischen dem rechtmäßigen Kombattantenstatus und der Zugehörigkeit zur Zivilbevölkerung ausgeschlossen. Dieses Merkmal findet seine Bestätigung in Art. 4 A Nr. 2 GA III, welcher eine bleibende Kennzeichnung selbst für irreguläre Verbände verlangt, womit dasselbe erst recht für reguläre Streitkräfte gelten muss[656]. Die Beachtung der Forderung trägt zur Rechtssicherheit hinsichtlich der Zuordnung der Personengruppen im bewaffneten Konflikt bei[657]. Kampf- und Verteidigungsauftrag müssen daher Hauptaufgabe der Streitkräfte sein. Freilich sind neben den unmittelbaren Kampfaufträgen in den Streitkräften noch weitere Tätigkeiten notwendig. Dazu zählen etwa Versorgung, Nachschub, Instandsetzung, Fernmeldewesen und die militärische Verkehrsregelung, die jeweils zur Erfüllung der Hauptaufgabe beitragen und notwendigerweise von den Streitkräften erfüllt werden müssen[658].

Ferner besteht keine völkerrechtliche Einschränkung, die Streitkräfte auch zu anderen Aufgaben als zu Verteidigungsaufgaben, wie etwa Polizeiaufgaben oder Katastrophenschutz, heranzuziehen, solange die Hauptaufgabe nicht dahinter zu-

652 Buß, Der Kombattantenstatus, S. 201 ff.; Schmid, Die völkerrechtliche Stellung der Partisanen im Kriege, S. 83 ff.

653 Knackstedt, in: Revue de Droit Penal Militaire et de Droit de la Guerre, S. 440; Steinkamm, Streitkräfte, S. 133; Moritz, in: Bundeswehrverwaltung 1965, S. 49.

654 Buß, Der Kombattantenstatus, S. 201; Steinkamm, Streitkräfte, S. 133.

655 Buß, Der Kombattantenstatus, S. 201 ff.; Steinkamm, Streitkräfte, S. 133.

656 Knackstedt, in: Revue de Droit Penal Militaire et de Droit de la Guerre, S. 432.

657 Steinkamm, Streitkräfte, S. 133.

658 Buß, Der Kombattantenstatus, S. 202; Steinkamm, Streitkräfte, S. 134.

rücktritt[659]. Ist jedoch der Hauptauftrag der fraglichen staatlichen Organisation ziviler Natur, so steht dies seiner Anerkennung als Streitkräfte i.S.d. Kriegsvölkerrechts und somit auch der Legitimation seiner Angehörigen als rechtmäßige Kombattanten entgegen[660].

Der Kampf- und Verteidigungsauftrag, mithin der Kombattantenstatus, endet für die Angehörigen der Streitkräfte mit ihrer Entlassung, also der Herausnahme aus der Organisation der Streitkräfte[661].

(c) Staatlich eingesetzter Befehlshaber und hierarchische Struktur

Die Streitkräfte sind in einem hierarchischen System zu organisieren und einem staatlich eingesetzten, dem Staate verantwortlichen Befehlshaber zu unterstellen[662]. Die Forderung nach einem staatlich eingesetzten Befehlshaber an der Spitze der Streitkräfte ergibt sich aus dem Merkmal der Konstitution und Legitimation der Streitkräfte durch den Staat[663].

Der seiner staatlichen Autorität unterstellte Befehlshaber garantiert die Bindung der regulären Streitkräfte an den Staat, womit dem völkerrechtlichen Verbot des Privatkriegs Rechnung getragen wird. Gleichfalls ist auch den irregulären Verbänden im internationalen Konflikt die Bindung an ein kriegsfähiges Völkerrechtssubjekt zwingend vorgeschrieben. Damit darf erst recht nichts Anderes für die regulären Streitkräfte gelten[664]. Die hierarchische Struktur der Streitkräfte, gründend auf dem Prinzip von Befehl und Gehorsam, stellt die Funktionsfähigkeit der Streitkräfte sicher[665].

Der Befehlsstrang vom obersten Befehlshaber der Streitkräfte bis zum einzelnen Soldaten dient der Erfüllung der Anforderungen, die das Kriegsrecht und die Kriegsbräuche, insbesondere die Schutznormen des Humanitären Völkerrechts, an die Kampfführung stellen[666].

Die Person, der die oberste Kommandogewalt über die Streitkräfte zukommt, muss nicht notwendigerweise einen militärischen Status haben. Als Auswirkung des Souveränitätsrechts der Staaten ist es diesen kraft innerstaatlicher Regelung

659 Knackstedt, in: Revue de Droit Penal Militaire et de Droit de la Guerre, S. 433.
660 Schwab, Irreguläre Kombattanten als Kriegsgefangene, S. 155.
661 Steinkamm, Streitkräfte, S. 134; Schwab, Irreguläre Kombattanten als Kriegsgefangene, S. 155.
662 Buß, Der Kombattantenstatus, S. 202; Steinkamm, Streitkräfte, S. 135; Schwab, Irreguläre Kombattanten als Kriegsgefangene, S. 155.
663 Buß, Der Kombattantenstatus, S. 202; Steinkamm, Streitkräfte, S. 135.
664 Steinkamm, Streitkräfte, S. 135.
665 Steinkamm, Streitkräfte, S. 135.
666 Buß, Der Kombattantenstatus, S. 202 ff.; Schwab, Irreguläre Kombattanten als Kriegsgefangene, S. 156; Knackstedt, in: Revue de Droit Penal Militaire et de Droit de la Guerre, S. 424.

überlassen, den Träger der höchsten Befehlsgewalt über die Streitkräfte festzulegen. In der Staatenpraxis kommt die oberste Befehls- und Kommandogewalt in der Regel einem politischen Organ, meist der Person des Verteidigungsministers oder Regierungschefs, zu[667].

(d) Mindestmaß militärischer Disziplin zur Gewährleistung der Beachtung des Kriegsrechts

Neben dem Merkmal des hierarchischen Systems innerhalb der Streitkräfte ist auch die militärische Disziplin als Grundlage für die Durchsetzung des Prinzips von Befehl und Gehorsam für die Beachtung des Kriegsrechts maßgebend[668]. So verpflichtet Art. 1 des Abkommens, betreffend die Gesetze und Gebräuche des Landkrieges vom 18. Oktober 1907 (HLK)[669] die Vertragsstaaten zur Einhaltung der Gesetze und Gebräuche des Krieges, entsprechende Dienstvorschriften für ihre Landstreitkräfte zu erlassen. Bislang liegen die Sanktionen zur Aufrechterhaltung der militärischen Disziplin in Form von Straf- und Disziplinarvorschriften und darin eingeschlossen die Sicherung der Beachtung des Kriegsrechts in innerstaatlicher Verantwortung[670]. Damit stellt die militärische Disziplin, bei entsprechenden Vorgaben durch die Führung der Streitkräfte, das kriegsrechtskonforme Verhalten des Einzelnen sicher.

(e) Kennzeichnung der Streitkräfte

Als konstitutives Merkmal der Streitkräfte gilt auch deren Kennzeichnung. Dabei ist dies nicht notwendigerweise eine Uniform, verlangt wird jedoch ein gleichwertiges, bleibendes und von weitem erkennbares Unterscheidungszeichen[671]. Die Kennzeichnung dient der Unterscheidung der Kombattanten von der Zivilbevölkerung und damit dem Schutz derselben sowie der Einhaltung der Vorschriften des Humanitären Völkerrechts, die eine entsprechende Trennung voraussetzen[672].

---

667 Schwab, Irreguläre Kombattanten als Kriegsgefangene, S. 156; Steinkamm, Streitkräfte, S. 138.

668 Buß, Der Kombattantenstatus, S. 203 ff.; Schwab, Irreguläre Kombattanten als Kriegsgefangene, S. 157.

669 RGBl. 1910, S. 107; auch abgedruckt bei Schindler/Toman, Laws of Armed Conflicts, S. 63.

670 Krawietz, in: DVBl, Bd. 85 (1979), S. 611; Schwab, Irreguläre Kombattanten als Kriegsgefangene, S. 157.

671 Knackstedt, in: Revue de Droit Penal Militaire et de Droit de la Guerre, S. 425; Moritz, in: Bundeswehrverwaltung 1965, S. 49.

672 Schwab, Irreguläre Kombattanten als Kriegsgefangene, S. 158.

Die genannten Wesensmerkmale der Streitkräfte sind konstitutiv und müssen kumulativ erfüllt werden, damit ein bewaffneter Verband völkerrechtlich als reguläre Streitmacht zählt. Deren Angehörigen kommt nur unter diesen Voraussetzungen der Kombattantenstatus zu.

(f) Bewaffnete Staatsorgane außerhalb der regulären Streitkräfte

Oben angesprochen wurden bereits die Einheiten, die zwar im bewaffneten Kampf eingesetzt werden, aber nicht den eigentlichen Streitkräften eines Staates angehören. Die Praxis seit dem Zweiten Weltkrieg belegt, dass die Staaten neben ihren originären Streitkräften auch andere Staatsorgane mit Verteidigungsaufgaben betraut haben[673]. In der Regel sind dies Polizeieinheiten, so stellte sich auch die Frage des Einsatzes des Deutschen Bundesgrenzschutzes im Verteidigungsfall[674].

Die rechtliche Zuordnung dieser Einheiten zur Miliz scheitert daran, dass diese Verbände zum einen dem Wesen der Miliz widersprechen[675], zum anderen genügt regelmäßig die Uniformierung der Polizeikräfte und ähnlicher Einheiten nicht den Anforderungen, die das Völkerrecht an eine Kennzeichnung stellt. Die Polizeiuniform dient der Abgrenzung von der übrigen Zivilbevölkerung. Polizei und sonstige Kräfte mit besonderen innerstaatlichen Aufgaben sind aber nicht schon ohne Weiteres zur Teilnahme an Kampfhandlungen berufen, wonach eine solche Kennzeichnung als Kombattant also nicht ausreicht[676].

Staatsorgane, wie etwa die Polizeiverbände, sind organisiert und diszipliniert, sie sind auch an die Weisungen des Staates gebunden. Damit sind diese Einheiten rechtlich auch nicht der levée en masse zuzuordnen, die nur bei der fehlenden Möglichkeit zum organisierten Widerstand zulässig ist[677].

Werden jedoch einem Staatsorgan Verteidigungsaufgaben zugewiesen und sind die genannten völkerrechtlichen Merkmale der Streitkräfte gegeben, insbesondere eine deutliche Unterscheidung von anderen möglicherweise uniformierten Staatsorganen ohne Verteidigungsauftrag gesichert, so zählen diese Verbände

---

673 Knackstedt, in: Revue de Droit Penal Militaire et de Droit de la Guerre, S. 443.

674 Knackstedt, in: Revue de Droit Penal Militaire et de Droit de la Guerre, S. 410.

675 Ihrem Wesen nach ist die Miliz ein militärischer Verband, dem im Frieden ständige Einheiten, bis auf geringe Kader zur Ausbildung und Verwaltung, nicht zur Verfügung stehen und die erst im Kriegsfall zu ihrem vollen personellen Umfang aufwächst; vgl: Knackstedt, Miliz, in: Strupp/Schlochauer, Wörterbuch des Völkerrechts, Bd. II, S. 527; Knackstedt, in: Revue de Droit Penal Militaire et de Droit de la Guerre, S. 417; Buß, Der Kombattantenstatus, S. 198 ff.

676 Buß, Der Kombattantenstatus, S. 198 ff.; Knackstedt, in: Revue de Droit Penal Militaire et de Droit de la Guerre, S. 418.

677 Buß, Der Kombattantenstatus, S. 199 ff.; Knackstedt, in: Revue de Droit Penal Militaire et de Droit de la Guerre, S. 419.

zu den regulären Streitkräften. Entscheidend ist allerdings, dass der Konfliktgegner die Zugehörigkeit dieser Einheiten zu den regulären Streitkräften erkennen kann[678].

cc) Mitglieder anderer Milizen und Freiwilligenkorps, Art. 4 A Nr. 2 GA III

Art. 4 A Nr. 2 GA III erstreckt den persönlichen Geltungsbereich des Kriegsgefangenenrechts auf Grund der Erfahrungen des Zweiten Weltkriegs auf Milizen und Freiwilligenkorps, einschließlich solcher von organisierten Widerstandsbewegungen, die nicht in die regulären Streitkräfte einer Konfliktpartei eingegliedert sind (Art. 4 A Nr. 1 GA III)[679]. Die unter diese Vorschrift fallenden Einheiten werden daher als legale irreguläre Kombattanten bezeichnet[680]. Neben dem Primärstatus des Kombattanten[681] haben die gefangengenommenen Mitglieder solcher Einheiten gemäß Art. 4 A GA III einen Anspruch auf den Sekundärstatus des Kriegsgefangenen und eine entsprechende Behandlung. Mit Art. 4 A Nr. 2 GA III sind die organisierten Widerstandsbewegungen nunmehr auf die gleiche Rechtsgrundlage gestellt worden, welche nach der HLKO für Milizen und Freiwilligenkorps außerhalb des Heeres vorgesehen ist[682].

(1) Entstehung und Hintergrund

Wie Art. 4 A Nr. 3 GA III gründet die Ausweitung des Kombattantenstatus auf Mitglieder von organisierten Widerstandsbewegungen auf den Erfahrungen des Zweiten Weltkrieges. Partisanen- und Widerstandsverbände haben während des Zweiten Weltkriegs einen erheblichen Beitrag zum Sieg über die Achsenmächte geleistet[683]. Die Vorschrift des Art. 4 A Nr. 2 GA III soll diesen Widerstandsgruppen nachträglich eine kriegsvölkerrechtliche Grundlage vermitteln[684]. Allerdings war auch im Zweiten Weltkrieg eine effektive Partisanen- und Guerilla-Kriegsführung innerhalb der Vorgaben des im internationalen bewaffneten Konflikt anwendbaren Völkerrechts überwiegend nicht möglich[685]. Die allgemeine

---

678 Knackstedt, in: Revue de Droit Penal Militaire et de Droit de la Guerre, S. 445.

679 Ipsen, in: Schöttler/Hoffmann, Die Genfer Zusatzprotokolle, S. 146.

680 Götze, Fragen der Anwendbarkeit des humanitären Völkerrechts, S. 112.

681 Buß, Der Kombattantenstatus, S. 207 ff.; Ipsen, in: Schöttler/Hoffmann, Die Genfer Zusatzprotokolle, S. 146.

682 Ipsen, in: Schöttler/Hoffmann, Die Genfer Zusatzprotokolle, S. 146.

683 Götze, Fragen der Anwendbarkeit des humanitären Völkerrechts, S. 121.

684 Buß, Der Kombattantenstatus, S. 213 ff.; Binz, in: Wehrwissenschaftliche Rundschau, Bd. 13 (1963), S. 336 ff.

685 Ipsen, in: Schöttler/Hoffmann, Die Genfer Zusatzprotokolle, S. 146.

Situation trifft wohl auch das Urteil des Militärgerichtshofs im Geiselfall mit der Feststellung:

„(...) *that certain units (...) complied with the requirements of international law entitling them to the status of a lawfull belligerent. But the greater portion of the partisans failed to comply with the rules of war entitling them to be accorded the right of a lawful belligerent.*"[686]

Gerade die Partisanentätigkeit in Frankreich, welche die Hauptmotivation für die Vorschrift des Art. 4 A Nr. 2 GA III war, konnte solange keinen effektiven Widerstand gegen die deutsche Besatzung leisten, wie das Deutsche Reich die tatsächliche Herrschaft über das französische Territorium ausübte. Hier traten deutlich die Probleme der irregulären Kriegsführung zu Tage, denn die Besatzungsmacht erwiderte die Partisanenaktionen mit strengen Maßnahmen gegen die Zivilbevölkerung, wobei diese Maßnahmen nur zum Teil als Repressalien bezeichnet werden können, zum anderen Teil allerdings Kriegsverbrechen darstellten.

(2) Zugehörigkeit zu einer Konfliktpartei

Nach Art. 4 A Nr. 2 GA III ist die Zugehörigkeit der Milizen und Freiwilligenkorps, einschließlich solcher von organisierten Widerstandsbewegungen, zu einer Konfliktpartei eine zwingende Voraussetzung für die Rechtsstellung als Kombattant und Kriegsgefangener[687]. Diese Forderung bekräftigt den Grundsatz der Legitimation der Kombattanten durch die Konfliktpartei, für die sie streiten[688]. Art. 4 A Nr. 2 GA III bestätigt die Notwendigkeit einer ausdrücklichen Ermächtigung des Kampfverbandes durch eine Konfliktpartei im Sinne der Autorisierungslehre[689] und setzt zudem ein gewisses Maß der Zugehörigkeit der Kampfverbände, mithin eine de-facto Bindung, zu einer Konfliktpartei voraus[690].

Das Merkmal der Staatsangehörigkeit kann für die Zugehörigkeit zu einer Konfliktpartei maximal als Indiz zum Tragen kommen, da sich Staatsangehörige der Besatzungsmacht, selbst wenn sie sich den feindlichen Streitkräften angeschlossen haben, nicht auf die Zugehörigkeit zur gegnerischen Partei berufen können, um den Schutz der Genfer Abkommen zu erlangen[691]. Auch die Auf-

686 Zit. nach Ipsen, in: Schöttler/Hoffmann, Die Genfer Zusatzprotokolle, S. 146.

687 Buß, Der Kombattantenstatus, S. 207 ff.; Schwab, Irreguläre Kombattanten als Kriegsgefangene, S. 184; Kalshoven, in: Revue de Droit Penal Militaire et de Droit de la Guerre, Vol. 11 (1972), S. 77.

688 Buß, Der Kombattantenstatus, S. 208 ff.

689 Schmid, Die völkerrechtliche Stellung der Partisanen im Kriege, S. 109.

690 Buß, Der Kombattantenstatus, S. 208 ff.; Schwab, Irreguläre Kombattanten als Kriegsgefangene, S. 181; Kalshoven, in: Revue de Droit Penal Militaire et de Droit de la Guerre, Vol. 11 (1972), S. 77.

691 Buß, Der Kombattantenstatus, S. 208 ff.; Strebel, in: ZaöRV, Bd. 13 (1950/51), S. 133.

nahme des bewaffneten Kampfes gegen den Feind genügt allein nicht, um die Zugehörigkeit zu einer Konfliktpartei zu begründen[692].

Für eine Zugehörigkeit zu einer Konfliktpartei spricht mit Blick auf das Recht der Staatenverantwortlichkeit die Erklärung der Verantwortlichkeit einer Partei für Handlungen eines Kampfverbandes, der nicht Teil ihrer Streitkräfte ist[693]. Auch die offizielle Anerkennung eines Kampfverbandes seitens der Regierung einer Konfliktpartei oder ihres militärischen Oberkommandos führt zu einer klaren Rechtslage[694]. Es genügt jedoch auch ein tatsächliches Verhalten einer Konfliktpartei, welches das Bestreben einer Widerstandsbewegung unterstützt. Hierzu kommen zum Beispiel in Betracht die Erteilung von Weisungen, die Überlassung und Vermittlung von Nachrichten sowie die Unterstützung des Kampfes mit Nahrung, Munition und Waffen[695].

Schmid will sekundär auch das Schweigen einer Regierung in Kenntnis von einem in ihrem Namen operierenden Kampfverband solange als Vermutung für eine Zugehörigkeit eines irregulären Verbandes gemäß Art. 4 A Nr. 2 GA III ansehen, bis sich die Kriegspartei von den Aktivitäten des irregulären Verbandes ausdrücklich distanziert[696]. Die rechtliche Position der irregulären Verbände ist zumindest solange nicht eindeutig zu erfassen, bis die von den Kampfhandlungen betroffene Konfliktpartei positiv von der Kenntnis des Konfliktgegners um die Miliz weiß, und damit ihr Schweigen und ihre Untätigkeit als Zustimmung zu werten ist[697].

Diese Auffassung ist aber schon deshalb abzulehnen, weil die Konfliktparteien nach Kenntnisnahme von einem entsprechenden Verband nicht vor die Entscheidung gestellt sind, entweder ihre Nichtanerkennung bekannt zu geben oder die Zugehörigkeit ausdrücklich zu bestätigen. Erfolgt keine Äußerung der betroffenen Konfliktpartei beeinträchtigt das die Rechtssicherheit zusätzlich, wobei die Rechtslage in einem bewaffneten Konflikt ohnehin meist unübersichtlich und umstritten ist. Darüber hinaus ist das Schweigen als einziges Kriterium für die Zugehörigkeit eines irregulären Verbandes zu einer Konfliktpartei schon deshalb nicht ausreichend, weil die stillschweigende völkerrechtliche Anerkennung, neben dem auf die Herbeiführung einer bestimmten Rechtsfolge gerichteten Wil-

---

692 Schmid, Die völkerrechtliche Stellung der Partisanen im Kriege, S. 112, Strebel, in: ZaöRV, Bd. 13 (1950/51), S. 133.

693 Draper, in: BYIL, Vol. 45 (1971), S. 201.

694 Schmid, Die völkerrechtliche Stellung der Partisanen im Kriege, S. 112.

695 Schmid, Die völkerrechtliche Stellung der Partisanen im Kriege, S. 112; Buß, Der Kombattantenstatus, S. 209 ff.; Groh, Das Recht der Kriegsgefangenen, S. 90; Strebel, in: ZaöRV, Bd. 13 (1950/51), S. 133.

696 Schmid, Die völkerrechtliche Stellung der Partisanen im Kriege, S. 112.

697 Buß, Der Kombattantenstatus, S. 209 ff.

len, Handlungen eines Völkerrechtssubjekts voraussetzt, aus denen dieser Wille deutlich hervorgehen muss[698]. Aus diesem Gründen kann das Schweigen einer Konfliktpartei die Zugehörigkeit eines irregulären Verbandes zu eben dieser Konfliktpartei nicht nachweisen. Für diesen Nachweis müssen mindestens tatsächliche Anhaltspunkte vorliegen. Rechtssicherheit für die Zugehörigkeit zu einer Konfliktpartei schafft hingegen nur die ausdrückliche Anerkennung des irregulären Verbandes durch eine Konfliktpartei.

Der Begriff der Zugehörigkeit zu einer Konfliktpartei gemäß Art. 4 A Nr. 2 GA III ist allgemein der Auslegung zugänglich. Für die Beurteilung der Zugehörigkeit zu einer Konfliktpartei ist für die Praxis daher festzuhalten, dass es für eine Widerstandsbewegung regelmäßig einfach sein wird, ihre Legitimation durch die ihr zugetane kriegsführende Partei zu erlangen. Das wird üblicherweise die „besetzte Macht“ sein. Diese Konfliktpartei wird geneigt sein wird, jede Gruppe anzuerkennen, die nützlich ist, dem Feind zu schaden und seine Kräfte zu binden[699]. Irreguläre Verbände in einem bewaffneten Konflikt werden einerseits die Voraussetzungen der Zugehörigkeit zu einer Konfliktpartei gemäß Art. 4 A Nr. 2 GA III möglichst weit fassen, um den Schutz des GA III zu genießen[700]. Andererseits wird die Besatzungsmacht zum Schutz ihrer eigenen militärischen Sicherheit einen strengen Maßstab an die Voraussetzungen des Art. 4 A Nr. 2 GA III anlegen[701]. Damit ist in einem bewaffneten Konflikt gerade diese Rechtsfrage relevant, da vitale Interessen beider Kriegsgegner betroffen sind.

(3) Aktionen auf besetztem Gebiet

Unter den Bedingungen des Art. 4 A Nr. 2 a) bis d) wird den Milizen und Freiwilligenkorps, einschließlich solcher von organisierten Widerstandsbewegungen innerhalb ihres eigenen Gebietes, auch wenn dies besetzt ist, der Kombattantenstatus und damit der Sekundärstatus des Kriegsgefangenen zugesichert. Damit ist eine Einschränkung des Grundsatzes des Besatzungsrechts nach Art. 42 bis 56 HLKO begründet, wonach mit der Besetzung eines Gebietes auch dessen relative Befriedung und Wiederherstellung der öffentlichen Ordnung einhergeht[702]. Auch schon vor den Haager Friedenskonferenzen forderte im Jahr 1867 der schweizerische Völkerrechtler Bluntschli, dass der Widerstand in besetzten Gebieten zu

698 Zur stillschweigenden völkerrechtlichen Anerkennung: Ipsen, Völkerrecht, S. 226.

699 Groh, Das Recht der Kriegsgefangenen, S. 90.

700 Buß, Der Kombattantenstatus, S. 210 ff.

701 Groh, Das Recht der Kriegsgefangenen, S. 89.

702 Buß, Der Kombattantenstatus, S. 211 ff.; Schmid, Die völkerrechtliche Stellung der Partisanen im Kriege, S. 123; Strebel, in: ZaöRV, Bd. 13 (1950/51), S. 133.

bestrafen sei.[703] Gleichfalls heißt es in Artikel 85 der US-amerikanischen Militärinstruktionen aus demselben Jahr:

> *„Persons who rise in arms against the occupying army are war-rebels. If captured, they may suffer dead, they are not prisoner of war.“*[704]

Mithin wurde der zivile Widerstand gegen eine Okkupation nach herkömmlichem Kriegsrecht als zulässige Kriegsrebellion angesehen[705], wobei gleichzeitig der Krieg als Rechtszustand erlaubt war. Heute bedroht der auf dem besetzten Gebiet gegründete Widerstand in Form von Milizen und anderen Verbänden die klare Unterscheidung von kämpfender Truppe zur Zivilbevölkerung und damit eine grundlegende Unterscheidung für das Kriegsrecht insgesamt[706].

Die mit den Genfer Abkommen neu geschaffenen Regelungen für die Kampfführung auf besetztem Gebiet sind vor dem Hintergrund der subversiven Kampftätigkeit in den während des Zweiten Weltkrieges von deutschen Truppen eroberten Ländern zu sehen. Sie sind der Versuch, die Widerstandsaktionen, etwa gegen die deutsche Besetzung im Osten oder die Partisanenbewegung in Frankreich, nachträglich zu legalisieren[707].

Eine Befriedung des besetzten Gebiets wurde im herkömmlichen Kriegsrecht mit der Gehorsamspflicht der zur Zeit der Besetzung dort ansässigen zivilen Bewohner begründet. Denn nur durch die Pflicht der zivilen Bevölkerung, keine bewaffneten Aktionen gegen die Besatzungsmacht durchzuführen, erfolge eine Befriedung, womit ein annähernd normales öffentliches Leben vorstellbar sei[708]. Die Gehorsamspflicht der Zivilbevölkerung war nach dem Haager Recht vorausgesetzt und stand damit einer Kriegsrebellion entgegen[709]. Das herkömmliche Kriegsvölkerrecht kannte aber keine *ausdrückliche* Anordnung der Gehorsamspflicht für die Zivilbevölkerung eines besetzten Gebietes, zumal die Art. 43 HLKO und 64 GA IV lediglich grundsätzlich die Fortgeltung der jeweiligen Landesgesetze anordnen. Dazu geben die genannten Vorschriften den Rahmen für eine ergänzende eigene Rechtssetzung der Besatzungsmacht. Allgemein wur-

703 Binz, in: Wehrwissenschaftliche Rundschau, Bd. 13 (1963), S. 336 ff.

704 Binz, in: Wehrwissenschaftliche Rundschau, Bd. 13 (1963), S. 336 ff.

705 Buß, Der Kombattantenstatus, S. 211 ff.; Schmid, Die völkerrechtliche Stellung der Partisanen im Kriege, S. 123, Binz, in: Wehrwissenschaftliche Rundschau, Bd. 13 (1963), S. 336 ff.

706 Strebel, in: ZaöRV, Bd. 13 (1950/51), S. 134.

707 Buß, Der Kombattantenstatus, S. 213 ff.; Binz, in: Wehrwissenschaftliche Rundschau, Bd. 13 (1963), S. 336 ff.

708 Buß, Der Kombattantenstatus, S. 211 ff.

709 Groh, Das Recht der Kriegsgefangenen, S. 76; Schmid, Die völkerrechtliche Stellung der Partisanen im Kriege, S. 123; Brandweiner, in: Juristische Blätter, Heft 11 (1950), S. 261 ff.

de die Gehorsamspflicht lediglich aus dem Kriegsstrafrecht, also der Strafgewalt auf Grund der militärischen Herrschaft des Okkupanten, hergeleitet[710].

Kehrseite der die organisierten Widerstandsbewegungen schützenden „neuen“ Normen der Genfer Abkommen ist eine Gefährdung der Zivilbevölkerung in dem besetzten Gebiet mit kaum überschaubaren Auswirkungen. Eine Besatzungsmacht wird gezwungen, im besetzten Gebiet gegen eine aus den Reihen der Zivilbevölkerung organisierte Widerstandsbewegung wirksam vorzugehen, um die eigenen militärischen Kräfte vor Angriffen zu schützen. Ein solches Vorgehen gegen die nunmehr völkerrechtlich nach den Genfer Abkommen zulässigen Widerstandsbewegungen – wenn es wirkungsvoll sein soll – ist ohne Einschränkungen für die im besetzten Gebiet ansässige Zivilbevölkerung kaum denkbar, etwa in Form von Beschränkungen der Bewegungsfreiheit oder anderen weitergehenden Restriktionen. So ist die Befriedung und Verwaltung des besetzten Gebietes gemäß Art. 43 HLKO gegen die Widerstandsbewegungen durchzusetzen, dies im Zweifel auch mit Zwang gegen Teile der Zivilbevölkerung[711].

(4) Legalbedingungen des Art. 4 A Nr. 2 a) – d) GA III

Die Mitglieder der Milizen und Freiwilligenkorps nach Art. 4 A. Nr. 2 GA III haben nach den Buchstaben a) bis d) der Vorschrift eine für ihre Untergebenen verantwortliche Person an ihrer Spitze, führen ein bleibendes und von weitem erkennbares Unterscheidungszeichen, tragen die Waffen offen und halten bei den Kampfhandlungen die Gesetze und Gebräuche des Krieges ein. Diese Bedingungen entsprechen den Mindestbedingungen, wie sie bereits vor 1949 für halbmilitärische, nichtuniformierte Verbände nach den Haager Kodifikationen galten[712].

(5) Kumulatives Vorliegen der Voraussetzungen des Art. 4 A Nr. 2

Nach der wörtlichen Auslegung des Art. 4 A Nr. 2 GA III sind die vier Mindestbedingungen nach den Buchstaben a) bis d) kumulativ zu erfüllen, damit der irreguläre Verband in den Schutzbereich des Abkommens fällt. Fehlt also eine der Legalbedingungen, so können sich der betroffene Kämpfer oder sein gesamter Verband nicht mehr auf den Schutz des GA III berufen[713].

---

710 Schmid, Die völkerrechtliche Stellung der Partisanen im Kriege, S. 123.

711 Buß, Der Kombattantenstatus, S. 212 ff.; weitergehende Bedenken: Binz, in: Wehrwissenschaftliche Rundschau, Bd. 13 (1963), S. 336 ff.

712 Buß, Der Kombattantenstatus, S. 216 ff.; Binz, in: Wehrwissenschaftliche Rundschau, Bd. 13 (1963), S. 336 ff.

713 Waltzog, Recht der Landkriegsführung, S. 18; im Ergebnis auch Schlosser, Das völkerrechtliche Problem des Partisanenkrieges, S. 255.

Es wird hingegen vertreten, dass nur derjenige Kämpfer nicht mehr dem Schutz des GA III unterliegt, der kein von weitem erkennbares Unterscheidungszeichen führt oder die Waffen nicht offen trägt[714]. Danach ist ein Verstoß gegen die Forderung nach der verantwortlichen Person an der Spitze eines Verbandes oder die Verletzung der Gesetze und Gebräuche des Krieges für die Anwendung des Art. 4 A Nr. 2 GA III unschädlich. Nach dieser Ansicht liegt nur bei einem Verstoß gegen Art. 4 A Nr. 2 b) und c), nämlich dem fehlenden Führen eines Erkennungszeichens oder dem nicht offenen Tragen der Waffen, eine perfide Kampfweise vor, welche die Freischärler für die kämpfende Truppe so gefährlich macht[715]. Ein Verstoß gegen die Gesetze und Gebräuche des Krieges stellt sich danach als Kriegsverbrechen dar, nicht aber als zwingenden Ausschluss des Art. 4 A Nr. 2 GA III[716]. Für den Fall, dass es sich bei den Verstößen gegen die Gesetze und Gebräuche des Krieges nicht gleichzeitig auch um eine Verletzung der einfachsten Gebote der Menschlichkeit[717] handelt, sei dem einzelnen Kämpfer der Schutz des GA III nicht zu versagen. Dies gilt jedoch nur, wenn die Verletzung der Gesetze und Gebräuche des Krieges ihre Ursache in der Unkenntnis dieser Regeln hat[718]. Eine detaillierte Kenntnis der Kriegsgesetze kann dem einfachen Kämpfer eines irregulären Verbandes nicht abverlangt werden. Ihm aus letztlich rechtlicher Unkenntnis den Kombattantenstatus zu verweigern, erscheine im Lichte der Schutzbestimmungen des GA III als unbillig. Kämpft die Zivilbevölkerung allerdings unter Missachtung jeglicher Menschlichkeit mit organisiertem Terror und mit allen Mitteln gegen den Feind, so ist diesen Kämpfern der Kriegsgefangenenstatus nach Art. 4 A Nr. 2 GA III zu versagen[719]. Für diese Auffassung spricht, dass für den Fall des einzelnen Kämpfers die strafrechtliche

714 Brandweiner, in: Juristische Blätter, Heft 11 (1950), S. 261 ff.; Groh, Das Recht der Kriegsgefangenen, S. 81.

715 Brandweiner, in: Juristische Blätter, Heft 11 (1950), S. 261 ff.

716 Brandweiner, in: Juristische Blätter, Heft 11 (1950), S. 261 ff.; Groh, Das Recht der Kriegsgefangenen, S. 82.

717 Hierzu bietet Art. 23 HLKO einen Anhaltspunkt:
Abgesehen von den durch Sonderverträgen aufgestellten Verboten ist namentlich untersagt:
a) die Verwendung von Gift oder vergifteten Waffen,
b) die meuchlerische Tötung oder Verwundung von Angehörigen des feindlichen Volkes oder Heeres,
c) die Tötung oder Verwundung eines die Waffen streckenden oder wehrlosen Feindes, der sich auf Gnade oder Ungnade ergeben hat,
d) die Erklärung, dass kein Pardon gegeben wird,
e) der Gebrauch von Waffen, Geschossen oder Stoffen, die geeignet sind, unnötig Leiden zu verursachen.

718 Groh, Das Recht der Kriegsgefangenen, S. 83.

719 Groh, Das Recht der Kriegsgefangenen, S. 82.

Verantwortung des Einzelnen für seine „kriegerischen" Handlungen bestehen bleibt.

Dem kann nicht zugestimmt werden, wenn es um die Beurteilung eines gesamten Verbandes nach Art. 4 A Nr. 2 GA III geht. Die einschränkende Auslegung des Erfordernisses des kumulativen Vorliegens der Legalbedingungen des Art. 4 A Nr. 2 a) bis d) zu Gunsten des einzelnen Kämpfers ist dann nicht mehr möglich, wenn der Verband selbst den Kampf unter Verletzung der Gesetze und Gebräuche des Krieges führt, etwa indem er grundsätzlich „keine Gefangenen macht" oder seine Angehörigen anderen perfiden Weisungen zur Kriegsführung folgen[720]. Kämpfer eines per se gegen die Kriegsgesetze operierenden Verbandes können sich somit nicht mit Art. 4 A Nr. 2 GA III auf den Kriegsgefangenenstatus berufen.

Vor dem Hintergrund der gerade im bewaffneten Konflikt – auch zum Schutz der Zivilbevölkerung – notwendigen Rechtssicherheit für die Zuordnung einzelner Personen bzw. Gruppen ist allerdings zu fordern, dass die Legalbedingungen des Art. 4 A Nr. 2 GA III kumulativ vorliegen müssen. Nach dem Zweck dieser Vorschrift ist denjenigen Kämpfern allerdings der Kriegsgefangenenstatus nicht zu verwehren, die aus Unkenntnis gegen Gebräuche und Gesetze des Krieges, die auch nicht zu den einfachsten Geboten der Menschlichkeit zählen, verstoßen haben.

dd) Mitglieder regulärer Streitkräfte einer von der Gewahrsamsmacht nicht anerkannten Konfliktpartei, Art. 4 A Nr. 3

Als Kriegsgefangene im Sinne des Art. 4 A Nr. 3 gelten Mitglieder regulärer Streitkräfte, die sich zu einer von der Gewahrsamsmacht nicht anerkannten Regierung oder Autorität bekennen.

Historisch geht die Vorschrift wiederum auf die Verhältnisse während des Zweiten Weltkriegs zurück. Insbesondere war der Rechtsstatus der Einheiten der französischen Exilregierung unter General Charles de Gaule umstritten. So ging die deutsche Rechtspraxis davon aus, dass den Exilregierungen und anderen Autoritäten militärisch besetzter Gebiete[721] ein Kriegsführungsrecht nicht zustand, und verweigerte dementsprechend teilweise den Angehörigen der regulären Verbände dieser Seite die Anerkennung als legitime Kombattanten[722]. Die Frage nach der Legitimation der Kampfführung (facultas bellandi), also der tat-

720 Schlosser, Das völkerrechtliche Problem des Partisanenkrieges, S. 255.

721 Dies sind insbesondere Staaten wie Norwegen, Niederlande, Belgien, Polen und Frankreich.

722 Buß, Der Kombattantenstatus, S. 205 ff.; Schwab, Irreguläre Kombattanten als Kriegsgefangene, S. 164.

sächlichen Möglichkeit einen Krieg zu führen, in dem die Normen des Kriegsvölkerrechts zur Anwendung kommen, war in der HLKO nicht ausdrücklich beantwortet worden[723].

Mit der Formulierung

„Les Forces armées des Parties belligérantes“

in Art. 3 HLKO wird allerdings deutlich, dass als selbstverständlich vorausgesetzt war, dass eine Armee, die im Auftrag einer völkerrechtlich anerkannten kriegsführenden Partei handelt, die Rechte der Landkriegsordnung und anderer kriegsrechtlicher Abkommen für sich in Anspruch nehmen kann[724], auch wenn die andere Konfliktpartei die Anerkennung gerade nicht teilt.

Die facultas bellandi kommt, ohne Berücksichtigung der Rechtmäßigkeit der Gewaltanwendung, jeder sozialen Gruppe zu, deren umfassende Gewaltanwendung gegen ein anderes Völkerrechtssubjekt vom Völkerrecht als Krieg erfasst und damit dem Kriegsrecht unterworfen wird[725]. Damit kommt auch solchen Parteien das Kriegsführungsrecht zu, die über eigene reguläre Streitkräfte verfügen, für die sie verantwortlich sind und zum Kampf autorisiert haben, unabhängig davon, ob sie selbst von dritter Seite völkerrechtliche Anerkennung gefunden haben[726]. Hierunter fallen auch die Exilregierungen des Zweiten Weltkriegs, so dass die Kämpfer ihrer Streitkräfte legitime Kombattanten waren und Anspruch auf eine dem Kriegsrecht entsprechende Behandlung hatten. So enthält Art. 4 A Nr. 3 eine Klarstellung dieses Rechtsverhältnisses, weil die humanitären Rechte der Gefangenen nicht allein von der Anerkennung einzelner Staaten und Regierungen abhängen sollten[727].

Für die Streitkräfte nach Art. 4 A Nr. 3 GA III gilt kein anderer Streitkräftebegriff als der in Art. 4 A Nr. 1 GA III. Es gelten dieselben Kennzeichnungs- und Unterscheidungspflichten sowie die weiteren Voraussetzungen für „Streitkräfte“.

Art. 4 A Nr. 3 GA III nennt als Bezugspunkt für die Streitkräfte neben der nicht anerkannten Regierung den Begriff der Autorität. In der Literatur wurde der hier verwendete Begriff Autorität durch den der Behörde ersetzt[728], wobei allerdings eine nähere Definition fehlt. Der Behördenbegriff in nationalrechtli-

723 Schwab, Irreguläre Kombattanten als Kriegsgefangene, S. 164; Strebel, in: ZaöRV, Bd. 13 (1950/51), S. 141.

724 Strebel, in: ZaöRV, Bd. 13 (1950/51), S. 141.

725 Schwab, Irreguläre Kombattanten als Kriegsgefangene, S. 165.

726 Schwab, Irreguläre Kombattanten als Kriegsgefangene, S. 165.

727 Draper, in: Academie de Droit International Recueil des Cours 1965, S. 107; Buß, Der Kombattantenstatus, S. 206 ff.

728 Groh, Das Recht der Kriegsgefangenen, S. 70.

cher Ausprägung ist für den Rahmen des Art. 4 A Nr. 3 GA III aber zu eng. Vielmehr hat eine Autorität die wesentlichen Merkmale einer Regierung zu erfüllen, insbesondere ist die Befehlsgewalt über die betreffenden Streitkräfte maßgeblich[729].

Letztlich ist darauf hinzuweisen, dass das Recht, Kampfaktivitäten auf eigenem Gebiet durchzuführen, auch wenn dieses besetzt ist, ausschließlich der in Art. 4 A Nr. 2 GA III genannten Gruppe zustehen soll. Es wird vertreten, dass eine solche Kompetenz für die Streitkräfte nach Art. 4 A Nr. 3 GA III nicht besteht. So stellt Art. 4 A Nr. 3 GA III auch keine grundlegende Veränderung des Humanitären Völkerrechts und des Kombattantenbegriffs dar[730].

ee) Ziviles Gefolge der Streitkräfte, Art. 4 A Nr. 4 GA III

Nicht zu den Kombattanten zählen die Zivilpersonen als Gefolge der Streitkräfte. Gemäß Art. 4 A Nr. 4 GA III werden diese Personen in der Gewalt des Gegners aber als Kriegsgefangene behandelt. Mit der Vorschrift des Art. 4 A Nr. 4 GA III ist ein erster Ausnahmetatbestand von dem Grundsatz, dass nur auf den Primärstatus des Kombattanten der „Sekundärstatus" des Kriegsgefangenen folgen kann, erfüllt. Damit wird der Schutz des Kriegsgefangenenrechts auf Zivilpersonen ausgedehnt, die nicht formell in die Streitkräfte eingegliedert sind, ihnen wegen ihrer Aufgabe allerdings in das Kriegsgebiet folgen. Dazu zählen beispielsweise zivile Besatzungsmitglieder militärischer Luftfahrzeuge, Kriegsberichterstatter, Unterstützungspersonal oder die Mitarbeiter von Betreuungseinrichtungen für die Soldaten[731].

ff) Besatzungen der Handelsschiffe und Zivilluftfahrzeuge, Art. 4 A Nr. 5 GA III

Mit Art. 4 A Nr. 5 GA III sind die Besatzungen der Handelsschiffe und Zivilluftfahrzeuge in den Anwendungsbereich der Kriegsgefangenenkonvention einbezogen worden. Dieser Personenkreis hat bis dahin keine Berücksichtigung bei der Anwendung der kriegsvölkerrechtlichen Regelungen über die Behandlung von Kriegsgefangenen gefunden. Lediglich sind Vorschriften über die Behandlung von Besatzungen der Handelsschiffe im sogenannten 11. Haager Abkommen

729 Buß, Der Kombattantenstatus, S. 206 ff.; Schwab, Irreguläre Kombattanten als Kriegsgefangene, S. 166.

730 Buß, Der Kombattantenstatus, S. 207 ff.

731 Ipsen, in: Fleck, Handbuch des humanitären Völkerrechts in bewaffneten Konflikten, S. 80; Ruud, in: Revue de Droit Penal Militaire et de Droit de la Guerre, Vol. 24 (1985), S. 437.

über gewisse Beschränkungen in der Ausübung des Beuterechts im Seekriege[732] berücksichtigt worden.

Die Art. 5 bis 8 des 11. Haager Abkommens behandeln die Gefangennahme von Besatzungen feindlicher Handelsschiffe zu Kriegszeiten. Die Vorschriften lauten:

„Art. 5

Wird von einem Kriegführenden ein feindliches Kauffahrteischiff weggenommen, so wird dessen Mannschaft, soweit sie einem neutralen Staat angehört, nicht zu Kriegsgefangenen gemacht. Das Gleiche gilt von dem Kapitän und den Offizieren, die ebenfalls einem neutralen Staat angehören, wenn sie ein förmliches schriftliches Versprechen abgeben, während der Dauer des Krieges auf keinem feindlichen Schiffe Dienste zu nehmen.

Art. 6

Der Kapitän, die Offiziere und die Mitglieder der Mannschaft, die dem feindlichen Staate angehören, werden nicht zu Kriegsgefangenen gemacht, sofern sie sich unter Bekräftigung mit einem förmlichen schriftlichen Versprechen verpflichten, während der Dauer der Feindseligkeiten keinen Dienst zu übernehmen, der mit den Kriegsunternehmungen im Zusammenhange steht.

Art. 7

Die Namen der unter den Voraussetzungen des Art. 5 Abs. 2 und des Art. 6 freigelassenen Personen werden von der nehmenden Kriegsmacht der anderen Kriegsmacht mitgeteilt. Dieser ist es untersagt, solche Personen wissentlich zu verwenden.

Art. 8

Die Bestimmungen der drei vorstehenden Artikel finden keine Anwendung auf Schiffe, die an den Feindseligkeiten teilnehmen."

Die Regelungen des 11. Haager Abkommens haben sich mit dem Ersten Weltkrieg als uneffektiv erwiesen, so dass im Rahmen der diplomatischen Verhandlungen zur Genfer Kriegsgefangenenkonvention von 1929 der Vorschlag zur Berücksichtigung von Besatzungen von Handelsschiffen im Anwendungsbereich des Kriegsgefangenenrechts gemacht worden ist. Dieser Vorschlag hat sich jedoch nicht durchsetzen können.

Auch im Verlauf des Zweiten Weltkrieges sind die Bestimmungen des 11. Haager Abkommens überwiegend missachtet worden, so dass der Status der Besatzungen von Handelsschiffen und Zivilluftfahrzeugen und deren Behandlung als nicht geklärt galten[733]. Mit Art. 4 A Nr. 5 GA III wurden die vermeintlich unklaren Verhältnisse des Zweiten Weltkrieges ausgeräumt und die Besatzungen

---

732 RGBl. Nr. 2 vom 25.01.1910, S. 316 ff.

733 Levie, in: Naval War College International Law Studies, Vol. 59 (1978), S. 68.

der Handelsschiffe und Zivilluftfahrzeuge ausdrücklich dem Schutz der Kriegsgefangenenkonvention unterstellt.

Mit den Besatzungen der Handelsschiffe und Zivilluftfahrzeuge existiert neben dem zivilen Gefolge der Streitkräfte gemäß Art. 4 A Nr. 4 GA III eine weitere Personengruppe, die nicht dem Primärstatus des Kombattanten zuzurechnen ist, sondern auf Grund ihrer besonderen Tätigkeit in Bezug auf eine kriegsführende Partei unter den besonderen Schutz der Kriegsgefangenenkonvention gestellt worden ist.

gg) Levée en masse, Art. 4 A Nr. 6 GA III

Den Sekundärstatus eines Kriegsgefangenen erlangen gemäß Art. 4 A Nr. 6 GA III auch die Teilnehmer einer levée en masse. Diese Vorschrift entspricht weitgehend dem Inhalt von Art. 2 HLKO. Die im Wesentlichen inhaltsgleiche Definition der levée en masse in Art. 2 HLKO sowie in Art. 4 A Nr. 6 GA III verdeutlicht erneut den engen Zusammenhang zwischen dem Primärstatus des regulären Kombattanten und dem Sekundärstatus des Kriegsgefangenen. Während Art. 2 HLKO zunächst auf den Kombattantenstatus als persönliche Anwendbarkeitsvoraussetzung des ius in bello der HLKO abhebt, stellt die Definition der levée en masse in Art. 4 A Nr. 6 GA III einen konkreten Anwendungsfall dieser Konvention dar.

Die Vorschrift des Art. 4 A Nr. 6 GA III ist lediglich anwendbar, wenn das Land zum Zeitpunkt der levée en masse noch nicht vom Feind besetzt gewesen ist. Erforderlich ist dabei nicht, dass die Teilnehmer von dem Herannahen des Feindes überrascht werden, so dass ein etwa per Rundfunk ausgestrahlter Aufruf zum Widerstand der Anwendung des Kriegsgefangenenrechts auf Teilnehmer einer levée en masse nicht entgegensteht[734]. Die Spontanerhebung hat gemäß Art. 2 HLKO sowie Art. 4 A Nr. 6 GA III folgende vier Bedingungen zu erfüllen[735]:

- spontaner Widerstand in einem nicht besetzten Gebiet,
- Spontanerhebung aus eigenem Antrieb,
- keine Zeit zur Organisation,
- Beachtung der Gesetze und Gebräuche des Krieges.

Insgesamt ist die erneute Kodifikation der levée en masse in Art. 4 a Nr. 6 GA III nicht nur ein Anwendungsbereich der Kriegsgefangenenkonvention, sondern auch Bestätigung für den Primärstatus des Kombattanten, wie er in der HLKO kodifiziert wurde.

734 Götze, Fragen der Anwendbarkeit des humanitären Völkerrechts, S. 112.
735 Ipsen, in Fleck: The Handbook of International Humanitarian Law, S. 93, Rn. 310.

d) Zusatzprotokolle von 1977

Wie bereits dargelegt, haben die Genfer Abkommen von 1949 mit den Zusatzprotokollen von 1977 eine Ausdehnung ihres sachlichen Anwendungsbereiches über den internationalen bewaffneten Konflikt hinaus auch auf den nicht-internationalen Konflikt erfahren[736]. Neben den Vorschriften zur Erweiterung des sachlichen Anwendungsbereiches der Genfer Konventionen finden sich in den Zusatzprotokollen auch Vorschriften zum persönlichen Anwendungsbereich des Genfer Rechts.

aa) Zusatzprotokoll I

Die Schlüsselvorschrift für den Primärstatus des Kombattanten[737] und damit Voraussetzung für den Sekundärstatus des Kriegsgefangenen ist Art. 43 Abs. 1 ZP I. Nach Art. 44 Abs. 1 ZP I ist ein Kombattant im Sinne des Art. 43, der in die Gewalt einer gegnerischen Partei gerät, ein Kriegsgefangener. Art. 43 Abs. 1 ZP I lautet:

> *„Die Streitkräfte einer am Konflikt beteiligten Partei bestehen aus der Gesamtheit der organisierten bewaffneten Verbände, Gruppen und Einheiten, die einer Führung unterstehen, welche dieser Partei für das Verhalten ihrer Untergebenen verantwortlich ist; dies gilt auch dann, wenn diese Partei durch eine Regierung oder ein Organ vertreten ist, die von einer gegnerischen Partei nicht anerkannt werden. Diese Streitkräfte unterliegen einem internen Disziplinarsystem, das unter anderem die Einhaltung der Regeln des in bewaffneten Konflikten anwendbaren Völkerrechts gewährleistet."*

Die Bedeutung dieser Vorschrift wird in Art. 43 Abs. 2 ZP I dadurch unterstrichen, dass diese Vorschrift ausdrücklich vorschreibt, dass die Angehörigen der Streitkräfte einer am Konflikt beteiligten Partei Kombattanten und damit berechtigt sind, unmittelbar an Feindseligkeiten teilzunehmen.

Aus der umfassenden Streitkräftedefinition des Art. 43 Abs. 1 ZP I ist für die Qualifikation des Primärstatus als Kombattant die zwingende Zuordnung zu einer Konfliktpartei erforderlich. Kombattanten müssen daher einem Völkerrechtssubjekt zuzuordnen sein[738]. Völkerrechtssubjekt kann hier ein Staat oder ein Volk im Sinne des Art. 1 Abs. 4 ZP I sein. Zulässig ist damit auch die Zuordnung zu einem Volk, das gegen Kolonialherrschaft und fremde Besetzung sowie gegen rassistische Regimes in Ausübung seines Rechts auf Selbstbestimmung kämpft, wie es in der Charta der Vereinten Nationen und in der „Friendly-Relations-De-

---

736 Siehe oben: Kap. 3. I. 3.

737 Ipsen, in: Schöttler/Hoffmann, Die Genfer Zusatzprotokolle, S. 151.

738 Ipsen, in: Schöttler/Hoffmann, Die Genfer Zusatzprotokolle, S. 152.

claration“ der UN-Generalversammlung vom 24. Oktober 1970 niedergelegt ist[739]. Von der Berechtigung zur unmittelbaren Teilnahme an Feindseligkeiten sind gemäß Art. 43 Abs. 2 ZP I ausdrücklich das Sanitäts- und Seelsorgepersonal ausgenommen.

(1) Streitkräftedefinition gemäß Art. 43 Abs. 1 ZP I

Die Streitkräftedefinition des Art. 43 Abs. 1 ZP I statuiert folgende Voraussetzungen für die Anerkennung als Kombattant:

(a) Organisation

In der Fortentwicklung zur HLKO ist die Streitkräftedefinition nach Art. 43 Abs. 1 ZP I nicht mehr nur auf die „regulären“ Streitkräfte beschränkt. Während die HLKO noch zwischen Milizen und freiwilligen Korps unterschieden hat, sind nun sämtliche Formationen einer Kriegspartei eingeschlossen, die ihr als bewaffnetes Instrument zur Verfügung stehen[740]. Ausdrücklich wird nach Art. 43 Abs. 1 ZP I gefordert, dass die als Streitkräfte in Frage kommenden Verbände, Gruppen und Einheiten organisiert sind. Das schließt zunächst den isolierten Einzelkämpfer vom Schutzbereich des Vertrages aus[741]. Unerheblich ist, welches Maß an Organisation die fragliche Formation aufweist. Entscheidend ist das Rechtsband zwischen den fraglichen Formationen und der Konfliktpartei, was erst die Qualifikation als „Streitkräfte“ im Sinne des Art. 43 Abs. 1 ZP I erlaubt[742]. Voraussetzung ist damit der kollektive Charakter, die Bindung der Streitkräfte an die Konfliktpartei sowie die Einhaltung der Regeln des in bewaffneten Konflikten anwendbaren Völkerrechts[743].

(b) Verantwortliche Führung

Art. 43 Abs. 1 ZP I fordert weiterhin eine verantwortliche Führung (responsible command) der bewaffneten Kräfte durch eine Konfliktpartei[744]. Die verantwortliche Führung als Tatbestandsmerkmal der Streitkräfte gemäß Art. 43 Abs. 1 ZP I

739 Horn, in: Humanitäres Völkerrecht 1992, S. 14.
740 Ipsen, in: Schöttler/Hoffmann, Die Genfer Zusatzprotokolle, S. 152.
741 Buß, Der Kombattantenstatus, S. 231 ff.
742 Ipsen, in: Schöttler/Hoffmann, Die Genfer Zusatzprotokolle, S. 152.
743 Buß, Der Kombattantenstatus, S. 231 ff.; Ipsen, in: Schöttler/Hoffmann, Die Genfer Zusatzprotokolle, S. 152; Born, in: NZWehrR, Bd. 21 (1979), S. 58 ff.
744 Buß, Der Kombattantenstatus, S. 231 ff.; Ipsen, in: Schöttler/Hoffmann, Die Genfer Zusatzprotokolle, S. 152; Goldman/Tittemore, Unprivileged Combatants, S. 17.

gewährleistet die Zuordnung des Verhaltens der bewaffneten Kräfte zu einer Konfliktpartei, die für die Einhaltung der Gesetze des internationalen bewaffneten Konflikts durch ihre Untergebenen verantwortlich ist[745]. Die verantwortliche Führung setzt damit auch voraus, dass die Verantwortlichen, also die handelnden Personen, die Gesetze des Krieges und des Humanitären Völkerrechts kennen[746].

Die Zuordnung der Verantwortlichkeit einer Konfliktpartei für die von ihr geführten bewaffneten Kräfte folgt den Maßgaben des völkerrechtlichen Haftungsrechts und der völkerrechtlichen Verantwortlichkeit, wonach völkerrechtliches Unrecht stets nur ein Völkerrechtssubjekt treffen kann[747].

(c) Internes Disziplinarsystem

Nach Art. 43 Abs. 1 Satz 2 ZP I unterliegen die in Satz 1 genannten Streitkräfte einem internen Disziplinarsystem, um damit die Einhaltung der Regeln des in bewaffneten Konflikten anwendbaren Völkerrechts zu gewährleisten. Das Bestehen eines Disziplinarsystems ist nicht konstitutiv für die Qualifikation als „Streitkräfte" im Sinne des Art. 43 Abs. 1 Satz 1 ZP I[748]. Das Erfordernis eines internen Disziplinarsystems ergibt sich bereits sach- und rechtslogisch aus dem Tatbestandsmerkmal der verantwortlichen Führung, weil ohne entsprechende disziplinarische Maßnahmen zur Durchsetzung der verantwortlichen Führung sich eine völkerrechtliche Verantwortlichkeit tatsächlich schwer begründen lassen wird. Auch ist ein Disziplinarsystem praktisch unerlässlich, damit ein Völkerrechtssubjekt oder partielles Völkerrechtssubjekt im Sinne des Art. 1 Abs. 4 ZP I als Konfliktpartei den ihm obliegenden Verpflichtungen des humanitären Völkerrechts nachkommen kann[749].

(2) Mitteilung über die Eingliederung paramilitärischer Einheiten oder bewaffneter Vollzugsorgane gemäß Art. 43 Abs. 3 ZP I

Art. 43 Abs. 3 ZP I statuiert eine Mitteilungspflicht der Konfliktpartei gegenüber der oder den anderen Konfliktparteien, wenn sie paramilitärische oder bewaffnete Vollzugsorgane in ihre Streitkräfte aufnimmt.

Diese Vorschrift dient der Vermeidung von Missverständnissen über den Status von bewaffneten Formationen der Konfliktparteien. Die Vorschrift trifft

745 Buß, Der Kombattantenstatus, S. 231 ff.

746 Buß, Der Kombattantenstatus, S. 231 ff.

747 Ipsen, in: Schöttler/Hoffmann, Die Genfer Zusatzprotokolle, S. 152.

748 Buß, Der Kombattantenstatus, S. 232 ff.; Ipsen, in: Schöttler/Hoffmann, Die Genfer Zusatzprotokolle, S. 152.

749 Ipsen, in: Schöttler/Hoffmann, Die Genfer Zusatzprotokolle, S. 153.

keine Aussage über das Recht eines Völkerrechtssubjekts, paramilitärische oder militante Vollzugsorgane in seine Streitkraft einzugliedern. Dieses Recht einer Konfliktpartei steht außer Frage, weil schon Gruppen den Streitkräften angehören können, die weniger eng mit dem Völkerrechtssubjekt verbunden sind[750].

(3) Kombattanten und Kriegsgefangene gemäß Art. 44 ZP I

Art. 44 ZP I statuiert weitere Anforderungen an den Primärstatus des Kombattanten, der gemäß Abs. 1 der Vorschrift Voraussetzung für den Sekundärstatus des Kriegsgefangenen ist, wenn der Kombattant in die Gewalt einer gegnerischen Partei gerät. Im Wesentlichen sind in Art. 44 ZP I folgende ergänzende Voraussetzungen und Pflichten des Kombattanten genannt. Im Einzelnen:

(a) Einhaltung der Regeln des in bewaffneten Konflikten anwendbaren Völkerrechts gemäß Art. 44 Abs. 2 ZP I

Art. 44 Abs. 2 ZP I statuiert die Pflicht des Kombattanten zur Einhaltung der Regeln des in bewaffneten Konflikten anwendbaren Völkerrechts. Die Vorschrift lautet:

> *„Obwohl alle Kombattanten verpflichtet sind, die Regeln des in bewaffneten Konflikten anwendbaren Völkerrechts einzuhalten, verwirkt ein Kombattant bei Verletzung dieser Regeln nicht das Recht als Kombattant oder, wenn er in die Gewalt einer gegnerischen Partei gerät, als Kriegsgefangener zu gelten, ausgenommen in den in den Absätzen 3 und 4 bezeichneten Fällen."*

Diese Vorschrift kann dabei als Klarstellung der Rechtslage nach Art. 1 HLKO und Art. 4 A Nr. 2 GA III angesehen werden. Nach der HLKO sowie dem GA III war ebenfalls die Beachtung der Gesetze und Gebräuche des Krieges vorgeschrieben gewesen[751]. Die Vorschriften nach der HLKO und dem GA III konnten dabei dahingehend ausgelegt werden, dass es sich bei der Pflicht zur Beachtung der Gesetze und Gebräuche des Krieges um ein konstitutives Element des Kombattantenstatus handelt. Dass dem nicht so ist, stellt Art. 44 Abs. 2 ZP I klar[752].

Für irreguläre Kombattanten im Sinne des Art. 4 A Abs. 2 GA III bedeutet die Vorschrift des Art. 44 Abs. 2 ZP I gleichsam eine wesentliche Erleichterung gegenüber der bisherigen Rechtslage, weil eben kein Zweifel mehr darüber besteht,

---

750 Buß, Der Kombattantenstatus, S. 232 ff.

751 Siehe oben: Kap. 3 II 3. a), Kap. 3 II 3. c) (3) (d).

752 Ipsen, in: Schöttler/Hoffmann, Die Genfer Zusatzprotokolle, S. 154; Götze, Fragen der Anwendbarkeit des humanitären Völkerrechts, S. 460 ff.

dass die Einhaltung der Gesetze und Gebräuche des Krieges eben nicht konstitutiv für den Kombattantenstatus ist[753].

Soweit für die Rechtslage vor der Kodifikation des Art. 44 Abs. 2 ZP I die Beachtung der Gesetze und Gebräuche des Krieges als konstitutive Voraussetzung des Kombattantenstatus angesehen wurde, lag dem der Gedanke zu Grunde, dass das Völkerrecht eben den irregulären Kombattantenstatus nur bei Einhaltung der Gesetze und Gebräuche des Krieges gewähren wollte. Das führte jedoch zu der Problematik, dass die Missachtung der „Gesetze und Gebräuche des Krieges“ durch viele Einzelne den Status der gesamten Gruppe und ihrer Angehörigen gefährdete, weswegen mit dem Verlust des Kombattantenstatus irreguläre Kämpfer auch für die Handlungen anderer zur Rechenschaft gezogen werden konnten[754]. Dass es für den Kombattantenstatus nun nicht mehr auf die Beachtung der Gesetze und Gebräuche des Krieges ankommt, ist in Art. 44 Abs. 2 ZP I klargestellt. Betont sei, dass sich die zwingende Beibehaltung des Kombattantenstatus nach dieser Vorschrift trotz Nichtbeachtung des in bewaffneten Konflikten anwendbaren Völkerrechts nicht auch auf die Pflicht zur Unterscheidung von der Zivilbevölkerung bezieht[755].

Die Verweigerung des Kriegsgefangenenstatus auf Grund angeblicher Kriegsverbrechen durch gefangengenommene US-Soldaten durch die Vietcong und damit die Erfahrungen aus dem Vietnamkrieg sind von Teilen der Literatur als Begründung für die Klarstellung in Art. 44 Abs. 2 ZP I herangezogen worden[756]. Eine Klarstellung des Kriegsgefangenenrechts nach der HLKO sowie des GA III auf Grund der Erfahrungen des Vietnamkrieges wäre nach Auffassung von Götze jedoch nicht erforderlich gewesen, weil man dieser Praxis antihumanitären Verhaltens gegenüber regulären Kombattanten auch auf andere Weise als durch Beibehaltung des Kombattantenstatus hätte begegnen können. So seien die Garantien der Art. 45 Abs. 1 Satz 2 und Art. 75 ZP I ausreichend, um gefangene irreguläre Kombattanten vor Willkür zu schützen[757]. Insoweit genießen gemäß Art. 45 Abs. 1 Satz 2 ZP I Personen bei Zweifel über ihren Kriegsgefangenenstatus so lange diesen Status und damit den Schutz des GA III und des ZP I, bis ein zuständiges Gericht über ihren Status entschieden hat. Darüber hinaus werden in Art. 75 ZP I denjenigen Personen, die sich in Gewalt einer Konfliktpartei befinden und keine Kombattanten sind, weitere bestimmte Rechte garantiert. Insbesondere sind gemäß Art. 75 Abs. 1 ZP I diese Personen unter allen Umständen mit Menschlichkeit zu behandeln.

---

753 Götze, Fragen der Anwendbarkeit des humanitären Völkerrechts, S. 460 ff.

754 Götze, Fragen der Anwendbarkeit des humanitären Völkerrechts, S. 461 ff.

755 Götze, Fragen der Anwendbarkeit des humanitären Völkerrechts, S. 462.

756 Götze, Fragen der Anwendbarkeit des humanitären Völkerrechts, S. 462.

757 Götze, Fragen der Anwendbarkeit des humanitären Völkerrechts, S. 462.

(b) Pflicht zur Unterscheidung von der Zivilbevölkerung gemäß Art. 44 Abs. 3 Satz 1 ZP I

Die Kodifikation des Art. 44 Abs. 3 ZP I beruht auf den völkerrechtlichen Erfahrungen mit den Partisanenbewegungen des Zweiten Weltkrieges, der Dekolonialisierung und der Absicht, das Regime des humanitären Völkerrechts dahingehend zu erweitern[758]. Um den Schutz der Zivilbevölkerung vor den Auswirkungen von Feindseligkeiten zu verstärken, sind die Kombattanten nach Art. 44 Abs. 3 Satz 1 ZP I verpflichtet, sich von der Zivilbevölkerung zu unterscheiden, so lange sie an einem Angriff oder an einer Kriegshandlung zur Vorbereitung eines Angriffs beteiligt sind.

Art. 44 Abs. 3 Satz 1 ZP I bestätigt die grundsätzliche Pflicht des Kombattanten zur Unterscheidung von der Zivilbevölkerung[759]. Ein für den Kombattantenstatus grundsätzlich konstitutiver Charakter der Unterscheidungspflicht kann aber nicht mit dem Hinweis verneint werden, dass dies in Art. 44 Abs. 3 Satz 1 nicht ausdrücklich vorgeschrieben ist. Dafür spricht auch, dass die Pflicht zur Unterscheidung der Zivilbevölkerung gemäß Art. 44 Abs. 3 Satz 1 ZP I als bloße Wiederholung einer Grundpflicht des Kombattanten angesehen werden kann[760]. Auch nach systematischer Auslegung der Vorschrift kann ein konstitutiver Charakter der Unterscheidbarkeit von Zivilbevölkerung für den Kombattantenstatus nicht mit Verweis auf Art. 44 Abs. 3 ZP I bestritten werden, denn Art. 44 Abs. 4 Satz 1 ZP I schreibt vor:

> *„Ein Kombattant, der in die Gewalt einer gegnerischen Partei gerät und die in Absatz 3 Satz 2 genannten Voraussetzungen nicht erfüllt, verwirkt sein Recht, als Kriegsgefangener zu gelten; er genießt jedoch in jeder Hinsicht den Schutz, der dem den Kriegsgefangenen durch das III. Abkommen und dieses Protokoll gewährten Schutz entspricht.“*

Mit Art. 44 Abs. 3 ZP I ist die besondere Situation sogenannter Guerillakämpfer erfasst. Da es in bewaffneten Konflikten Situationen gibt, in denen sich ein bewaffneter Kombattant wegen der Art der Feindseligkeiten nicht von der Zivilbevölkerung unterscheiden kann, schreibt Art. 44 Abs. 3 Satz 3 ZP I vor, dass der bewaffnete Kämpfer den Kombattantenstatus nach den Mindestbedingungen dieser Vorschrift behält. Art. 44 Abs. 3 ZP I begründet damit einen Ausnahmetatbestand für sogenannte Guerillakämpfer, die bei Einhaltung der Mindestbedingungen gem. Art. 44 Abs. 3 Satz 3 ZP I als Kombattanten einzuordnen sind[761].

---

758 Buß, Der Kombattantenstatus, S. 233 ff.

759 Buß, Der Kombattantenstatus, S. 234 ff.; Ipsen, in: Schöttler/Hoffmann, Die Genfer Zusatzprotokolle, S. 154.

760 Ipsen, in: Schöttler/Hoffmann, Die Genfer Zusatzprotokolle, S. 154.

761 Gasser, Humanitäres Völkerrecht, S 77.

(c) Minimalbedingungen gemäß Art. 44 Abs. 3 Satz 2 ZP I

Art. 44 Abs. 3 Satz 2 ZP I stellt Minimalbedingungen für die Anerkennung als Kombattant auf. Gleichfalls statuiert die Vorschrift eine Ausnahme von dem kriegsvölkergewohnheitsrechtlich sowie völkervertragsrechtlich verankerten Grundsatz der Offenheit, also Pflicht der Kombattanten zur Unterscheidung von der Zivilbevölkerung[762]. Die Vorschrift lautet wie folgt:

> *„Da es jedoch in bewaffneten Konflikten Situationen gibt, in denen sich ein bewaffneter Kombattant wegen der Art der Feindseligkeiten nicht von der Zivilbevölkerung unterscheiden kann, behält er den Kombattantenstatus, vorausgesetzt, dass er in solchen Fällen*
>
> *a) während jedes militärischen Einsatzes seine Waffen offen trägt und*
>
> *b) während eines militärischen Aufmarsches vor Beginn eines Angriffs, an dem er teilnehmen soll, seine Waffen so lange offen trägt, wie er für den Gegner sichtbar ist. Handlungen, die den in diesem Absatz genannten Voraussetzungen entsprechen, gelten nicht als heimtükkisch im Sinne des Artikels 37 Absatz 1 Buchstabe c.“*

Diese Regelung geht auf einen Kompromiss der Befürworter und Gegner der Erweiterung des humanitären Völkerrechts auf Guerilla- bzw. Partisanenkriegsführung zurück. Während die einen um eine weitgehende Legalisierung dieser Kriegsführung bemüht waren, waren ihre Gegner bestrebt, derartige Regeln möglichst restriktiv zu fassen und eine Beschränkung ihrer Anwendbarkeit auf besetzte Gebiete zu erreichen[763].

Einer Ausweitung dieser Regelungen auch auf reguläre Streitkräfte dürfte mit Verweis auf Art. 44 Abs. 7 ZP I entgegengetreten werden können. Eine auf Grund von Art. 44 Abs. 3 Satz 2 ZP I liberale Praxis des Grundsatzes der Offenheit und Unterscheidung von Kombattanten und Zivilbevölkerung in Bezug auf das Tragen von Uniformen durch reguläre Streitkräfte dürfte zu zahlreichen nachteiligen Folgen für die Zivilbevölkerung führen[764]. Insoweit schreibt Art. 44 Abs. 7 ZP I vor, dass dieser Artikel nicht bezwecke, die allgemein anerkannte Staatenpraxis in Bezug auf das Tragen von Uniformen durch Kombattanten zu ändern, die den regulären, uniformierten bewaffneten Einheiten einer am Konflikt beteiligten Partei angehören.

Ipsen hat zu Recht drei Thesen zur Einordnung von Art. 44 Abs. 3 Satz 2 ZP I formuliert[765]:

---

762 Buß, Der Kombattantenstatus, S. 234 ff.

763 Ipsen, in: Schöttler/Hoffmann, Die Genfer Zusatzprotokolle, S. 155.

764 Ruud, in: Revue de Droit Penal Militaire et de Droit de la Guerre, Vol. 24 (1985), S. 441.

765 Ipsen, in: Schöttler/Hoffmann, Die Genfer Zusatzprotokolle, S. 155.

- *„Die in Art. 44 Abs. 3 Satz 2 ZP I niedergelegte Ausnahme von der Unterscheidungsregel und dem offenen Waffentragen ist die äußerste Grenzlinie, bis zu der eine Fortentwicklung des im internationalen bewaffneten Konflikt anwendbaren Völkerrechts möglich war.*

- *Die Kontroverse über diese Vorschrift verbietet es, ihren Inhalt bereits als Völkergewohnheitsrecht zu qualifizieren.*

- *Weitere Ausnahmen hat das neue Recht zu Gunsten der Guerilla- bzw. Partisanen-Kriegführung nicht festgelegt. Um dies in gebührender Weise deutlich zu machen, legt Art. 44 Abs. 2 eingangs ausdrücklich fest, dass „alle" Kombattanten verpflichtet sind, die Regeln des in bewaffneten Konflikten anwendbaren Völkerrechts einzuhalten."*

Zur Rechtsfolge des Art. 44 Abs. 3 Satz 2 ZP I wird in der Literatur teils die Auffassung vertreten, dass bei Erfüllung der Mindestbedingungen der Vorschrift zwar der Status eines Kriegsgefangenen gewährleistet ist, jedoch der Kombattant bzw. die jeweils betroffenen Konfliktteilnehmer gleichwohl wegen Verletzung der allgemeinen Unterscheidungspflicht als Kriegsverbrecher zur Verantwortung gezogen werden können[766].

Diese Rechtsfolge erscheint jedoch nach historischer Auslegung der Vorschrift nicht der Absicht ihrer Autoren zu entsprechen[767]. Um die Formulierung des Art. 44 Abs. 3 Satz 2 ZP I ist auf den Konferenzen heftig gestritten worden, so dass sich bereits deswegen eine enge Auslegung dieser Vorschrift gebietet[768]. Daneben fordert auch der Schutz der Zivilbevölkerung, als eines der Anliegen der Zusatzprotokolle, eine enge Auslegung von Art. 44 Abs. 3 Satz 2 ZP I. Denn Gefährdungen oder gar Repressalien gegenüber der Zivilbevölkerung lassen sich umso weniger ausschließen, je undeutlicher eine Unterscheidung der Zivilbevölkerung von den am Konflikt beteiligten Kräften, z.B. Guerillas, ist[769]. Dafür spricht auch die Grundregel des Art. 48 ZP I. Dort heißt es:

> *„Um Schonung und Schutz der Zivilbevölkerung und ziviler Objekte zu gewährleisten, unterscheiden die am Konflikt beteiligten Parteien jederzeit zwischen der Zivilbevölkerung und Kombattanten sowie zwischen zivilen Objekten und militärischen Zielen; sie dürfen daher ihre Kriegshandlungen nur gegen militärische Ziele richten."*

Nach Art. 44 Abs. 3 Satz 2 lit. a) ZP I hat der Kombattant während jedes militärischen Einsatzes seine Waffen offen zu tragen. Diese Vorschrift beschreibt damit eine militärisch-kriegsrechtliche Selbstverständlichkeit. Unerheblich ist dabei, ob es sich um einen offensiven oder defensiven Einsatz handelt[770].

766 Götze, Fragen der Anwendbarkeit des humanitären Völkerrechts, S. 464 m.w.N.
767 Greenwood, in: IYHR, Vol. 19 (1989), S. 204.
768 Buß, Der Kombattantenstatus, S. 236 ff.
769 Buß, Der Kombattantenstatus, S. 236 ff.
770 Buß, Der Kombattantenstatus, S. 236 ff.

In Art. 44 Abs. 3 Satz 2 lit. b) ZP I wird das offene Waffentragen der Kombattanten während eines militärischen Aufmarsches verlangt. Dabei ist der „militärische Aufmarsch" nicht auf den Zeitpunkt unmittelbar vor Beginn der Kampfhandlungen beschränkt. Ein entsprechender Vorschlag ist nach Einspruch mehrerer Staaten – unter anderem der Bundesrepublik Deutschland – nicht in die Vorschrift eingegangen[771]. Schließlich ist der von der Bundesrepublik Deutschland eingeführte Begriff „Military Deployment" (Militärischer Aufmarsch – Entwicklung, Bereitstellung) in Art. 44 Abs. 3 Satz 2 lit. b) ZP I aufgenommen worden und verlangt ein Verständnis des militärischen Aufmarsches im weiteren Sinne. Der Begriff umfasst dabei sowohl die Bereitstellung der militärischen Kräfte als auch die Entwicklung des Aufmarsches auch im Sinne der Aufstellung der Verbände[772].

Uneinigkeit herrschte auf den Genfer Konferenzen auch über das Merkmal der Sichtbarkeit des Waffentragens. Dabei ist einerseits auf eine Sichtbarkeit nur durch das bloße menschliche Auge abgestellt, andererseits ist eine Sichtbarkeit bei Dunkelheit und Nebel verlangt worden. Richtigerweise sollte eine Sichtbarkeit auch unter Zuhilfenahme üblicher, für militärische Verbände alltäglicher Hilfsmittel, wie Ferngläser oder Infrarotausrüstungen, den Anforderungen an das sichtbare Waffentragen genügen. Es sollte dabei nicht auch auf außergewöhnliche Sichthilfen, wie z.B. Beobachtungssatelliten oder ähnliche Verfahren, ankommen[773].

Rechtsfolge eines Verstoßes gegen die Minimalbedingungen des Art. 44 Abs. 3 Satz 2 lit. a) und lit. b) ZP I ist der Verlust des Primärstatus des Kombattanten und damit einhergehend auch des Sekundärstatus des Kriegsgefangenen und folglich des Anspruches auf Kriegsgefangenenschaft gemäß Art. 44 Abs. 4 ZP I. Das bedeutet, dass der vermeintliche Kombattant nach Gefangennahme dem nationalen Strafrecht unterliegt und für seine Gewalthandlungen oder sonstigen Handlungen vor Gericht gestellt und entsprechend belangt werden kann[774].

Im Ergebnis handelt es sich bei den Art. 43 und 44 ZP I um eine Rechtsfortbildung, wonach eine neue und weitere Streitkräftedefinition es ermöglicht, Widerstands- und Befreiungsbewegungen einschließlich ihrer Kampfaktionen dem Humanitären Völkerrecht unterzuordnen. Nicht von dem ZP I geschützt ist die Methode der Guerilla- bzw. Partisanenkriegsführung, nämlich das Verbergen des Kampfzweckes bis zur unmittelbaren Aufnahme von Kampfhandlungen[775].

---

771 Buß, Der Kombattantenstatus, S. 237 ff.

772 Buß, Der Kombattantenstatus, S. 237 ff.; Born, in: NZWehrR, Bd. 21 (1979), S. 66 ff.

773 Buß, Der Kombattantenstatus, S. 238 ff.

774 Buß, Der Kombattantenstatus, S. 238 ff.; Ipsen, in: Schöttler/Hoffmann, Die Genfer Zusatzprotokolle, S. 156.

775 Ipsen, in: Schöttler/Hoffmann, Die Genfer Zusatzprotokolle, S. 156.

(4) Status der Spione gemäß Art. 46 ZP I

Nach Art. 46 Abs. 1 ZP I haben Spione ausdrücklich keinen Anspruch auf den Status des Kriegsgefangenen. Spione können grundsätzlich den Primärstatus eines Kombattanten oder Zivilisten haben, werden jedoch auf Grund ihrer kriegsvölkerrechtlichen Behandlung als „unrechtmäßige Kombattanten" bezeichnet[776]. Neben Bestimmungen über die Behandlung von Spionen enthält Art. 46 ZP I auch Aussagen darüber, wann ein vermeintlicher Kombattant als Spion zu qualifizieren ist. Art. 46 ZP I lautet:

> *„(1) Ungeachtet anders lautender Bestimmungen der Abkommen oder dieses Protokolls hat ein Angehöriger der Streitkräfte einer am Konflikt beteiligten Partei, der bei Ausübung von Spionage in die Gewalt einer gegnerischen Partei gerät, keinen Anspruch auf den Status eines Kriegsgefangenen und kann als Spion behandelt werden.*
>
> *(2) Wenn sich ein Angehöriger der Streitkräfte einer am Konflikt beteiligten Partei für diese Partei in einem von einer gegnerischen Partei kontrollierten Gebiet Informationen beschafft oder zu beschaffen versucht, so gilt dies nicht als Spionage, wenn er dabei die Uniform seiner Streitkräfte trägt.*
>
> *(3) Wenn sich ein Angehöriger der Streitkräfte einer am Konflikt beteiligten Partei, der in einem von einer gegnerischen Partei besetzten Gebiet ansässig ist und für die Partei, der er angehört, in diesem Gebiet Informationen von militärischem Wert beschafft oder zu beschaffen versucht, so gilt dies nicht als Spionage, sofern er nicht unter Vorspiegelung falscher Tatsachen oder bewusst heimlich tätig wird. Ferner verliert eine solche Person nur dann ihren Anspruch auf den Status eines Kriegsgefangenen und darf nur dann als Spion behandelt werden, wenn sie bei einer Spionagetätigkeit gefangen genommen wird.*
>
> *(4) Ein Angehöriger der Streitkräfte einer am Konflikt beteiligten Partei, der in einem von einer gegnerischen Partei besetzten Gebiet nicht ansässig ist und dort Spionage betrieben hat, verliert nur dann seinen Anspruch auf den Status eines Kriegsgefangenen und darf nur dann als Spion behandelt werden, wenn er gefangen genommen wird, bevor er zu den Streitkräften, zu denen er gehört, zurückgekehrt ist."*

Die Regelungen des Art. 46 ZP I geben keine Auskunft darüber, ob neben vermeintlichen Kombattanten auch ein Zivilist als Spion im Sinne dieser Vorschrift qualifiziert werden kann. Anders hingegen ist der Begriff des Spions in Art. 29 Abs. 1 HLKO auch auf Zivilisten anwendbar[777]. Art. 29 HLKO lautet:

> *„Als Spion gilt nur, wer heimlich oder unter falschem Vorwand in dem Operationsgebiet eines Kriegführenden Nachrichten einzieht oder einzuziehen sucht in der Absicht, sie der Gegenpartei mitzuteilen.*

---

776 Wieczorek, Unrechtmäßige Kombattanten, S. 60; Ipsen, in: Fleck, Handbuch des humanitären Völkerrechts in bewaffneten Konflikten, S. 82.

777 Wieczorek, Unrechtmäßige Kombattanten, S. 61.

Demgemäß sind Militärpersonen in Uniform, die in das Operationsgebiet des feindlichen Heeres eingedrungen sind, um sich Nachrichten zu verschaffen, nicht als Spione zu betrachten. Des Gleichen gelten nicht als Spione: Militärpersonen und Nicht-Militärpersonen, die den ihnen erteilten Auftrag, Mitteilungen an ihr eigenes oder an das feindliche Heer zu überbringen, offen ausführen. Dahin gehören ebenfalls Personen, die in Luftschiffen befördert werden, um Mitteilungen zu überbringen oder um überhaupt Verbindungen zwischen den verschiedenen Teilen eines Heeres oder eines Gebietes aufrecht zu erhalten."

Während die Vorschrift in Art. 46 ZP I keine Aussage über den Primärstatus eines Spions gibt, wird in Art. 29 Abs. 2 Satz 3 HLKO zwischen Militärpersonen und Nicht-Militärpersonen, also Zivilpersonen und Streitkräftemitgliedern, unterschieden. Einerseits können damit Personen, die Spionage begehen, den Primärstatus von Zivilpersonen innehaben und deshalb regelmäßig für die Qualifikation des Sekundärstatus Kriegsgefangener ausscheiden. Andererseits ist denkbar, dass Personen, die als Zivilisten in den Anwendungsbereich der Art. 46 ZP I oder Art. 29 HLKO fallen, als Mitglieder des militärischen Gefolges auch Anspruch auf den Sekundärstatus des Kriegsgefangenen haben können[778]. Aus den einschlägigen Vorschriften über die Behandlung von Spionen gemäß Art. 29 HLKO und Art. 46 ZP I ergeben sich drei Personengruppen, die als Spion im Sinne des Kriegsvölkerrechts gelten können[779]:

- Personen, die den Primärstatus von Zivilisten innehaben und dabei bei Gefangennahme durch eine Kriegspartei nicht Kriegsgefangene werden, weil sie keiner der in Art. 4 A GA III genannten Gruppen zugeordnet werden können.
- Personen, die den Primärstatus des Zivilisten innehaben, aber im Falle der Gefangennahme gemäß Art. 4 A Abs. 4 GA III den Sekundärstatus Kriegsgefangener erhalten.
- Personen, die Mitglieder von regulären Streitkräften sind und die in Art. 29 Abs. 2 HLKO beschriebenen Handlungen begehen, ohne die Uniform ihrer Konfliktpartei zu tragen.

Nur die zuletzt genannte Personengruppe ist zur Teilnahme an Feindseligkeiten berechtigt, wenn und so lange sie die Voraussetzungen für die Qualifikation als rechtmäßiger Kombattant erfüllt[780].

Den benannten Personen ist gleich, dass sie mit der Spionagehandlung unberechtigt an den Feindseligkeiten teilnehmen. Die Durchführung von Spionage wird auch als sogenannte „riskante" Handlung bezeichnet, die eine Völkerrechtsverletzung darstellt, für die der Spion nach Durchführung eines ordentli-

---

778 Ipsen, in: Fleck, Handbuch des humanitären Völkerrechts in bewaffneten Konflikten, S. 83.

779 Wieczorek, Unrechtmäßige Kombattanten, S. 61; Ipsen, in: Fleck, Handbuch des humanitären Völkerrechts in bewaffneten Konflikten, S. 83.

780 Wieczorek, Unrechtmäßige Kombattanten, S. 61.

chen Gerichtsverfahrens (Art. 30 HLKO, Art. 75 Abs. 4 ZP I) bestraft werden kann[781]. Die Bestrafung von Spionen wird auch durch die Rechtsprechung im Fall *Ex parte Quierin* bestätigt. Dort heißt es ausdrücklich:

> „*The spy who secretly and without uniform passes the military lines for a belligerent in time of war, seeking to gather military information and communicate it to the enemy, or an enemy combatant who without uniform comes secretly through the lines for the purpose of waging war by destruction of life or property, are familiar examples of belligerents who are generally deemed not to be entitled to the status of prisoners of war, but to be offenders against the law of war subject to trial and punishment by military tribunals.*“[782]

Aus Art. 46 Abs. 1 ZP I ergibt sich ausdrücklich, dass ein Spion auch dann, wenn er regulären Streitkräften angehört, Mitglied des zivilen Gefolges von Streitkräften oder Besatzungsmitglied eines Handelsschiffes oder Zivilfahrzeuges ist, keinen Anspruch auf den Sekundärstatus des Kriegsgefangenen geltend machen kann, wenngleich diese Personenkategorien ungeachtet der Spionagetätigkeit sämtlich nach Art. 43 Abs. 1 ZP I i.V.m. Art. 4 A Nr. 1 bis 5 GA III bei Gefangennahme durch die gegnerische Konfliktpartei als Kriegsgefangene gelten. Für die benannten Zivilisten mit Anspruch auf den Status eines Kriegsgefangenen folgt dies aus Art. 29 Abs. 1 i.V.m. dem Gegenschluss aus Art. 31 HLKO[783].

Mithin besteht also keine kriegsvölkerrechtliche Pflicht für den Gewahrsamstaat, einen gefangen genommenen Spion als Kriegsgefangenen zu behandeln. Freilich besteht aber auch keine völkerrechtliche Notwendigkeit, einem Spion die Behandlung als Kriegsgefangener zu verwehren[784]. Schließlich ist für die Gefangennahme vermeintlicher Spione insbesondere noch auf die Vorschriften des Art. 46 Abs. 4 ZP I sowie Art. 46 Abs. 2 ZP I hinzuweisen. Nach Art. 46 Abs. 4 ZP I ist ein Spion als Kriegsgefangener zu behandeln und kann für früher begangene Spionage nicht verantwortlich gemacht werden, wenn er nach Ausführung des Auftrages zu den eigenen oder verbündeten Streitkräften zurückgekehrt ist und erst später gefangen genommen worden ist. Diese Situation ist denkbar, wenn sich ein als Spion eingesetztes Streitkräftemitglied nach seinem Spionageeinsatz noch in besetztem Gebiet einem Fernspähtrupp oder Kommando seiner eigenen Konfliktpartei anschließt[785]. In diesem Fall besteht nach

---

781 Wieczorek, Unrechtmäßige Kombattanten, S. 61; Verdross/Simma, Universelles Völkerrecht, S. 773; Ipsen, in: Fleck, Handbuch des humanitären Völkerrechts in bewaffneten Konflikten, S. 84.

782 *Ex parte Quirin*, 317 U.S. 1, 63 S.Ct. 87 L.Ed 3 (1942), abgedruckt in: American International Law Cases, 1783-1968, Vol. 17, S. 457, 468.

783 Ipsen, in: Fleck, Handbuch des humanitären Völkerrechts in bewaffneten Konflikten, S. 83 ff.

784 Wieczorek, Unrechtmäßige Kombattanten, S. 64.

785 Ipsen, in: Fleck, Handbuch des humanitären Völkerrechts in bewaffneten Konflikten, S. 84.

Art. 46 Abs. 4 ZP I Anspruch auf den Sekundärstatus des Kriegsgefangenen. Nach Art. 46 Abs. 2 ZP I begehen Angehörige der Streitkräfte einer am Konflikt beteiligten Partei bei der Informationsbeschaffung oder dem Versuch der Informationsbeschaffung in einem von der gegnerischen Partei kontrollierten Gebiet keine Spionage, wenn sie dabei die Uniform ihrer Streitkräfte tragen. In diesem Fall ist schlicht von dem Kombattantenstatus der betreffenden Kräfte auszugehen.

In diesem Zusammenhang sei kurz auf den von der Spionage zu unterscheidenden Hochverrat im Fall eines bewaffneten Konflikts hingewiesen. Mit Hochverrat ist regelmäßig die Situation gemeint, in der ein Zivilist, der im besetzten Gebiet lebt, Informationen an den Feind der Besatzungsmacht weitergibt und damit das Recht des Besatzers verletzt. Voraussetzung dafür ist, dass sich der Besatzer an die für eine Besatzung geltenden Regelungen, insbesondere die Art. 47 bis 78 des GA IV, hält. Die Weitergabe von Informationen durch einen Kriegsverräter kann dahingehend als Teilnahmehandlung an den Feindseligkeiten angesehen werden[786].

(5) Status der Söldner gemäß Art. 47 ZP I

Art. 47 ZP I kodifiziert erstmalig die Rechtsstellung des Söldners in Bezug auf die Qualifikation als Kombattant oder Kriegsgefangener. In der Vergangenheit vor Unterzeichnung des ZP I waren Söldner stets als Kombattanten akzeptierte Kriegsteilnehmer gewesen. Art. 47 Abs. 1 ZP I versagt nun erstmals den Söldnern einen Anspruch auf den Status als Kombattant oder Kriegsgefangener und stellt damit einen Wendepunkt in der rechtlichen Behandlung einer Personengruppe dar, die schon vor den ersten Kodifikationen des Kriegsvölkerrechts regelmäßig eine Rolle in kriegerischen Auseinandersetzungen spielte[787]. Die Söldnervorschrift in Art. 47 ZP I lautet:

„(1) Ein Söldner hat keinen Anspruch auf den Status eines Kombattanten oder eines Kriegsgefangenen.

(2) Als Söldner gilt,

a) wer im Inland oder Ausland zu dem besonderen Zweck angeworben ist, in einem bewaffneten Konflikt zu kämpfen,

b) wer tatsächlich unmittelbar an Feindseligkeiten teilnimmt,

786 Wieczorek, Unrechtmäßige Kombattanten, S. 64 f.

787 Götze, Fragen der Anwendbarkeit des humanitären Völkerrechts, S. 480; Behnsen, in GYIL, Vol. 46 (2003), S. 494 ff.

c) wer an Feindseligkeiten vor allem aus Streben nach persönlichem Gewinn teilnimmt und wer von oder im Namen einer am Konflikt beteiligten Partei tatsächlich die Zusage einer materiellen Vergütung erhalten hat, die wesentlich höher ist, als die den Kombattanten der Streitkräfte dieser Partei in vergleichbarem Rang und mit ähnlichen Aufgaben zugesagte oder gezahlte Vergütung,

d) wer weder Staatsangehöriger einer am Konflikt beteiligten Partei ist noch in einem von einer am Konflikt beteiligten Partei kontrollierten Gebiet ansässig ist,

e) wer nicht Angehöriger der Streitkräfte einer am Konflikt beteiligten Partei ist und

f) wer nicht von einem nicht am Konflikt beteiligten Staat in amtlichem Auftrag als Angehöriger seiner Streitkräfte entsandt worden ist."

Die Vorschrift des Art. 47 ZP I findet ausschließlich Anwendung, wenn auch die Voraussetzungen für die Anwendbarkeit des ZP I vorliegen, also ein internationaler bewaffneter Konflikt gegeben ist. Hingegen kommt dementsprechend der Vorschrift des Art. 47 ZP I in bewaffneten nicht-internationalen Konflikten keine Bedeutung zu. Dann beurteilt sich die Rechtsstellung der Söldner in diesen Konflikten vor allem nach innerstaatlichem Recht. Das herkömmliche Humanitäre Völkerrecht einschließlich der Zusatzprotokolle von 1977 findet keine Anwendung auf interne Konflikte[788].

Zwar verneint Art. 47 Abs. 1 ZP I einen Anspruch der Söldner auf den Status von Kombattanten und Kriegsgefangenen, jedoch findet sich für Staaten, die das ZP I nicht unterzeichnet haben, im kodifizierten humanitären Völkerrecht keine Vorschrift, wonach Söldner beim Vorliegen der entsprechenden Voraussetzungen nicht als Kombattant qualifiziert werden dürfen und ihnen damit die berechtigte Teilnahme am Kampf verboten ist[789]. Danach gelten bei Unanwendbarkeit des ZP I auf Grund fehlender weiterer Regelungen über die Behandlung von Söldnern die gleichen Bestimmungen zur Erlangung des Kombattantenstatus, wie sie für alle anderen am bewaffneten Konflikt beteiligten Kräfte auch gelten[790].

Bei Anwendbarkeit des ZP I und damit der Nichtanwendbarkeit des Kriegsgefangenenrechts auf Söldner, die nach Art. 47 Abs. 1 ZP I eben keinen Kombattantenstatus haben, sind Söldner als Zivilpersonen zu behandeln. Entsprechend sind die Söldner als Zivilpersonen nicht berechtigt, an Kampfhandlungen teilzunehmen. Konsequenterweise sind Söldner dementsprechend nach einer Gefan-

788 Maaß, Der Söldner und seine kriegsvölkerrechtliche Rechtsstellung, S. 82.

789 Maaß, Der Söldner und seine kriegsvölkerrechtliche Rechtsstellung, S. 25; Wieczorek, Unrechtmäßige Kombattanten, S. 54 m.w.N.

790 Maaß, Der Söldner und seine kriegsvölkerrechtliche Rechtsstellung, S. 25; Wieczorek, Unrechtmäßige Kombattanten, S. 54; Cassese, in: ZaöRV, Bd. 40 (1980), S. 5 ff.; Behnsen, in: GYIL, Vol. 46 (2003), S. 500.

gennahme der Strafgewalt des Gewahrsamsstaates ausgesetzt und können für ihre Beteiligung an Kampfhandlungen strafrechtlich zur Verantwortung gezogen werden. Gleichsam sind Söldner nicht völlig rechtlos gestellt[791]. Sie sind in Anwendung der Art. 45 Abs. 3 und Art. 75 ZP I mit Menschlichkeit zu behandeln. Insbesondere Art. 75 ZP I gewährleistet mit dem Verbot einzelner Maßnahmen eine menschliche Behandlung.

bb) Zusatzprotokoll II

Im ZP II sind keine Vorschriften zum Kombattantenstatus oder der Behandlung als Kriegsgefangener enthalten, die mit den Vorschriften des ZP I, insbesondere Art. 43 und 44 ZP I, vergleichbar sind. Das ZP II vermeidet eine ausdrückliche Bezugnahme auf das Konzept der Kriegsgefangenen und verzichtet auch auf eine nähere Definition der Begriffe „Zivilpersonen" oder „Zivilbevölkerung"[792]. In Art. 13 ZP II ist der Schutz der Zivilbevölkerung festgelegt. Diese Vorschrift ist jedoch nur sinnvoll, wenn dazu zwischen Kombattanten und Zivilisten unterschieden werden kann[793]. Das ZP II über den Schutz der Opfer nicht-internationaler bewaffneter Konflikte vermeidet eine Auseinandersetzung bzw. weitere Definitionen des Primärstatus des Kombattanten und damit Begrifflichkeiten des „klassischen" Kriegsvölkerrechts und ist deshalb auch für eine Untersuchung des Anwendungsbereiches des Kriegsgefangenenrechts unergiebig.

e) Entwicklung des personellen Anwendungsbereichs bis heute

Mit Art. 43 und 44 ZP I sind einige Änderungen und Klarstellungen des bis dahin geltenden Kriegsvölkerrechts kodifiziert worden. Das betrifft insbesondere die auf die Guerillakriegsführung zugeschnittene Vorschrift des Art. 44 Abs. 3 Satz 2 ZP I, die für die Unterscheidung von Zivilpersonen und Kombattanten lediglich noch Minimalbedingungen vorsieht. Dem entgegen ist in Art. 44 Abs. 3 Satz 1 ZP I der völkergewohnheitsrechtlich anerkannte Grundsatz der allgemeinen Pflicht zur Unterscheidung zwischen Zivilisten und Kombattanten bestätigt worden[794]. Bemerkenswert ist in diesem Zusammenhang Art. 47 Abs. 1, wonach ein Söldner keinen Anspruch auf den Status eines Kombattanten oder eines Kriegsgefangenen hat, also aus dem Anwendungsbereich der Schutzvorschriften des 1. Zusatzprotokolls herausgenommen ist.

---

791 Behnsen, in: GYIL, Vol. 46 (2003), S. 500.

792 Götze, Fragen der Anwendbarkeit des humanitären Völkerrechts, S. 488.

793 Wyss, Der nicht internationale bewaffnete Konflikt in El Salvador, S. 127; Götze, Fragen der Anwendbarkeit des humanitären Völkerrechts, S. 488.

794 Götze, Fragen der Anwendbarkeit des humanitären Völkerrechts, S. 523.

Bereits auf Grund der Streitigkeiten bei Abfassung, insbesondere des 1. Zusatzprotokolls sowie der Tatsache, dass die Protokolle bisher kaum zur Anwendung gelangt sind, fehlt es für die im ZP I die bisherige Rechtslage ändernden Vorschriften an den Voraussetzungen für die Erstarkung zu Gewohnheitsrecht[795]. Insbesondere fehlt eine ausreichende Staatenpraxis in der Anwendung der Zusatzprotokolle, um die Entstehung von Gewohnheitsrecht begründen zu können[796]. Mithin bleiben die wesentlichen Vorschriften für die Beurteilung der persönlichen Anwendbarkeit des Kriegsgefangenenrechts die Vorschriften der HLKO sowie des III. Genfer Abkommens von 1949. Hieran ändern auch die gegenwärtigen Konfliktrealitäten nichts, in denen immer wieder andere und häufig neue Personengruppen wie Partisanen, Guerillas, Söldner, Militärunternehmen oder Terroristen als Teilnehmer am bewaffneten Kampf auftreten und die Frage nach ihrem kriegsvölkerrechtlichen Status einschließlich ihrer Behandlung als Kriegsgefangene aufwerfen.

III. Zeitlicher Anwendungsbereich

Neben dem sachlichen und persönlichen Anwendungsbereich des Kriegsgefangenenrechts ist auch dessen zeitlicher Anwendungsbereich zu klären. Also die Frage, ab welchem Zeitpunkt und bis wann ein Kriegsgefangener, Kombattant oder Zivilist mit dem Status eines Kriegsgefangenen unter den Schutz des Kriegsgefangenenrechts, insbesondere des III. Genfer Abkommens von 1949, fällt.

1. Allgemeines

Für die zeitliche Anwendung des Kriegsgefangenenrechts nach dem III. Genfer Abkommen von 1949 schreibt Art. 5 Abs. 1 GA III vor:

> *„Das vorliegende Abkommen findet auf die in Artikel 4 bezeichneten Personen Anwendung. Sobald sie in Feindeshand fallen, und zwar bis zu ihrer endgültigen Freilassung und Heimschaffung."*

Das Kriegsgefangenenabkommen von 1929 enthielt noch keine dem Art. 5 Abs. 1 GA III vergleichbare Vorschrift über Beginn und Ende der Kriegsgefangenschaft, also die zeitliche Eingrenzung des Sekundärstatus des Kriegsgefan-

795 Götze, Fragen der Anwendbarkeit des humanitären Völkerrechts, S. 523.
796 Götze, Fragen der Anwendbarkeit des humanitären Völkerrechts, S. 523.

genen. Hier konnte die zeitliche Eingrenzung des Kriegsgefangenenstatus aber zweifelsfrei aus dem Sinn und der Gesamtheit der Bestimmungen geschlossen werden, und zwar dahingehend, dass das Kriegsgefangenenabkommen von 1929 bis zur endgültigen Freilassung und Heimschaffung des Kriegsgefangenen anzuwenden war[797].

Die tatsächliche Behandlung von Kriegsgefangenen in der Vergangenheit zeigt die Notwendigkeit einer Regelung über den zeitlichen Anwendungsbereich der Kriegsgefangenenvorschriften, wie sie mit Art. 5 Abs. 1 GA III existiert.

Nach Ende des Zweiten Weltkrieges wurde teilweise von den Alliierten die Auffassung vertreten, dass wegen der bedingungslosen Kapitulation das Kriegsgefangenenabkommen von 1929 nicht mehr auf die deutschen Kriegsgefangenen angewendet werden müsse. Diese Auffassung hat sich jedoch nicht durchsetzen können[798]. Für eine endgültige Klarstellung hat insoweit Art. 5 Abs. 1 GA III gesorgt und eine Anwendbarkeit des GA III bis zur endgültigen Freilassung und Heimschaffung der Kriegsgefangenen festgelegt.

Die zeitliche Anwendung der Kriegsgefangenenvorschriften ist auch in Bezug auf die Durchführung eines Strafverfahrens oder einer strafrechtlichen Verurteilung von Kriegsgefangenen von erheblicher Bedeutung. Nach dem Zweiten Weltkrieg haben zahlreiche Gewahrsamsstaaten deutsche Kriegsgefangene nach ihrer Verurteilung als Kriegsverbrecher, als Beschuldigte oder als Zeugen für mögliche Kriegsverbrecherprozesse von der Heimschaffung ausgeschlossen und zu politisch internierten oder zivilen Häftlingen erklärt, mit der Folge der Nichtanwendung des Kriegsgefangenenabkommens bis zur Unterwerfung der Kriegsgefangenen unter besonderen nationalen Verfahrensvorschriften[799].

Bereits auf Grund der allgemeinen strafrechtlichen Unschuldsvermutung erscheint der Ausschluss von der Anwendung der Bestimmungen des Kriegsgefangenenrechts im Hinblick auf Beschuldigte und erst recht Zeugen als nicht gerechtfertigt[800]. Auch dahingehend stellt die Vorschrift des Art. 5 Abs. 1 GA III nun ausdrücklich klar, dass jede Überführung von Kriegsgefangenen in den Status von politischen Gefangenen oder zivilen Untersuchungs- und Strafgefangenen unter Entziehung des Status als Kriegsgefangene unrechtmäßig ist[801].

797 Groh, Das Recht der Kriegsgefangenen, S. 112.
798 Groh, Das Recht der Kriegsgefangenen, S. 112 ff.
799 Groh, Das Recht der Kriegsgefangenen, S. 113 ff.
800 Groh, Das Recht der Kriegsgefangenen, S. 114.
801 Groh, Das Recht der Kriegsgefangenen, S. 114.

2. Freilassungs- und Repatriierungspflicht

Die bedeutendste Beendigung der Kriegsgefangenenschaft ist die Freilassung und Heimschaffung. Die Pflicht zur Freilassung und Heimschaffung ergibt sich dabei aus Art. 118 GA III[802]. Die Absätze 1 bis 3 dieser Vorschrift lauten:

> *„Die Kriegsgefangenen werden nach Beendigung der aktiven Feindseligkeiten ohne Verzug freigelassen und heimgeschafft.*
>
> *Enthält das zwischen den am Konflikt beteiligten Parteien abgeschlossene Abkommen zur Beendigung der Feindseligkeiten keine diesbezüglichen Bestimmungen oder wird kein solches Abkommen abgeschlossen, so stellt jeder Gewahrsamsstaat gemäß dem im vorstehenden Absatz aufgestellten Grundsatz ohne Verzug einen Heimschaffungsplan auf und führt ihn aus.*
>
> *In beiden Fällen werden die geschlossenen Maßnahmen den Kriegsgefangenen zur Kenntnis gebracht."*

Art. 118 Abs. 4 GA III behandelt die Verteilung der Kosten für die Heimschaffung der Kriegsgefangenen, die grundsätzlich in billiger Weise zwischen dem Gewahrsamsstaat und der Macht, von der die Kriegsgefangenen abhängen, aufzuteilen sind.

Art. 118 Abs. 1 GA III schreibt die Freilassung und Heimschaffung nach Beendigung der aktiven Feindseligkeiten vor. Der zeitliche Rahmen für die Heimschaffung nach dieser Vorschrift wird aber nicht dadurch gesprengt, dass die am Konflikt beteiligten Parteien erst Vereinbarungen über den Ablauf der Heimschaffung schließen, um diese unter den humanen Bedingungen gemäß Art. 119, 46 bis 48 GA III zu gewährleisten, wobei insbesondere die Versorgung zur Gesunderhaltung der Kriegsgefangenen sicherzustellen ist[803]. Zur Gewährleistung einer ordnungsgemäßen Heimschaffung ist ein Heimschaffungsplan erforderlich. Darin sind festzulegen die Art der Heimschaffung, der zeitliche Ablauf, die beteiligten Personen sowie die Maßnahmen zur Berücksichtigung der in Art. 119 GA III niedergelegten Erfordernisse[804]. Art. 118 Abs. 1 GA III schreibt die Freilassung und Heimschaffung der Kriegsgefangenen „ohne Verzug" nach Beendigung der Feindseligkeiten vor. Verzögerungen sind dabei – wie bereits dargelegt – nur aus sachlichen Gründen der Organisation der Heimschaffung vertretbar. Hingegen führen Friedensverhandlungen zu keiner Relativierung der Repatriierungspflicht, die auch nicht von einem korrespondierenden Verhalten des Kriegsgegners abhängig ist[805].

---

802 Gesamtüberblick über die Freilassung und Heimschaffung von Kriegsgefangenen in: Shields Delessert, Release and Repatriation of Prisoners of War.

803 Fischer, in: Humanitäres Völkerrecht, Heft 1 (1990), S. 15.

804 Fischer, in: Fleck, Handbuch des humanitären Völkerrechts in bewaffneten Konflikten, S. 732.

805 Fischer, in: Fleck, Handbuch des humanitären Völkerrechts in bewaffneten Konflikten, S. 298 ff.

a) Beendigung der Feindseligkeiten

Voraussetzung für die Freilassungs- und Heimschaffungspflicht nach Art. 118 Abs. 1 GA III ist die Beendigung der aktiven Feindseligkeiten. Noch nach der HLKO sowie der Genfer Kriegsgefangenenkonvention von 1929 ist eine Pflicht zur Freilassung der Kriegsgefangenen nach Beendigung der Feindseligkeiten nicht vorgesehen. Diese Pflicht ergab sich regelmäßig in der Praxis aus einem Waffenstillstands- oder Friedensvertrag, weswegen den Gewahrsamsstaaten mit der Verknüpfung von Freilassungspflicht und völkerrechtlichem Vertrag ein Mittel zur Verfügung stand, die Kriegsgefangenen so lange wie möglich in Gewahrsam und damit ein Druckmittel für weitere Verhandlungen zu behalten[806]. Mit Art. 118 GA III ist diese Situation zu Gunsten einer zügigen Freilassung und Heimschaffung der Kriegsgefangenen bereinigt worden.

Zu klären ist deshalb, wann Feindseligkeiten beendigt sind. Dazu wird auf die Möglichkeit der Wiederaufnahme von Feindseligkeiten verwiesen, die deren Beendigung ausschließen. Stellt man auf die Möglichkeit der Wiederaufnahme von Feindseligkeiten als Ausschlusskriterium ihrer Beendigung ab, so läge es stets im Ermessen der jeweiligen Konfliktpartei, ob die Feindseligkeiten beendet sind[807]. Durch die Einschränkung auf die Beendigung „aktiver" Streitigkeiten gemäß Art. 118 Abs. 1 GA III hängt die Beurteilung, ob die Feindseligkeiten beendet sind, nicht allein von der subjektiven Einschätzung einer am Konflikt beteiligten Partei ab. Folglich kann mit der Erwartung von weitereren Kampfhandlungen ein Gewahrsamsstaat nicht das Zurückhalten von Kriegsgefangenen rechtfertigen[808].

Das Kriterium der Feindseligkeiten in Art. 118 Abs. 1 GA III setzt die Durchführung von aktiv fortgesetzten Kampfhandlungen voraus. Die Besetzung oder das bloße Aufrechterhalten eines Status quo genügt nicht, um das Kriterium von Feindseligkeiten im Sinne von Art. 118 Abs. 1 GA III zu erfüllen. Das beruht unter anderem auf der Überlegung, dass Feindseligkeiten nicht mit dem bloßen Besetzthalten von Gebieten gleichgesetzt werden können, weil dann eine Beendigung von Feindseligkeiten im Sinne des Art. 118 Abs. 1 GA III erst mit Räumung der entsprechenden Gebiete eintreten würde.

Die rechtliche Unterscheidung von Feindseligkeiten und der Besetzung von Gebieten wird daneben auch in Art. 49 Abs. 2 GA IV deutlich. Nach dieser Vorschrift sind die aus einem besetzten Gebiet verschickten Personen nach Beendigung der Feindseligkeiten in dem betreffenden Gebiet dorthin zurückzuführen. Folglich endet nach dieser Vorschrift die Feindseligkeit, während die Besetzung

806 Fischer, in: Fleck, Handbuch des humanitären Völkerrechts in bewaffneten Konflikten, S. 298 ff.
807 Fischer, in: Fleck, Handbuch des humanitären Völkerrechts in bewaffneten Konflikten, S. 298 ff.
808 Fischer, in: Fleck, Handbuch des humanitären Völkerrechts in bewaffneten Konflikten, S. 298 ff.

fortdauert. Die Abgrenzung von Feindseligkeit und Besetzung steht auch einer Weigerung des Gewahrsamstaates zur Rückführung von Kriegsgefangenen mit der Begründung entgegen, ein auch möglicherweise nur kleiner und unbedeutender Teil des feindlichen Gebiets sei besetzt und damit die Feindseligkeiten nicht beendet[809].

Für die Beurteilung, wann diese Feindseligkeiten beendet sind, kommt es auf die Umstände des Einzelfalles an. Für Fischer sind alle Versuche, den Begriff der Beendigung der Feindseligkeiten klarer zu fassen, abhängig von den geografischen und militärischen Rahmenbedingungen des Konflikts sowie seinen historisch-politischen Ursachen[810].

Allein ein Waffenstillstandsvertrag dürfte nicht ausreichen, um unter allen Umständen auf eine Beendigung der aktiven Feindseligkeiten im Sinne von Art. 118 Abs. 1 GA III schließen zu können[811]. Aus Art. 20 HLKO ergibt sich die Pflicht für den Gewahrsamsstaat, die Kriegsgefangenen nach dem Friedensschluss binnen kürzester Zeit in ihre Heimat zu entlassen. Nach dieser Vorschrift knüpft die Freilassungs- und Heimschaffungspflicht direkt an einen Friedensvertrag an. Damit ist jedoch keine Aussage darüber getroffen, ob der Friedensvertrag zwingend auch die Beendigung aktiver Feindseligkeiten bedeutet, obwohl dies nahe zu liegen scheint.

Auch nach Art. 75 der Genfer Kriegsgefangenenkonvention von 1929 hat die Rückführung der Kriegsgefangenen so schnell wie möglich nach Abschluss eines Waffenstillstands zu erfolgen. Dass Feindseligkeiten auch über den Zeitpunkt eines Waffenstillstandes andauern können, ist weder tatsächlich noch rechtlich ausgeschlossen. Insoweit schreibt Art. 38 Satz 2 HLKO vor, dass die Feindseligkeiten sofort nach Bekanntmachung des Waffenstillstands oder zu einem festgesetzten Zeitpunkt einzustellen sind. Damit sind auch die Verfasser dieser Vorschrift davon ausgegangen, dass Feindseligkeiten über den Zeitpunkt des Waffenstillstands hinaus fortdauern können.

Fischer nennt folgende Situationen, welche die Beendigung von aktiven Feindseligkeiten als wahrscheinlich erscheinen lassen[812]:

- Überwachung des Waffenstillstands durch Blauhelme der Vereinten Nationen,
- Demobilisierungen der Kriegsparteien,
- Zurückziehen der Truppen von der Frontlinie,

809 Schneider, in: Humanitäres Völkerrecht 1989, S. 14 ff.

810 Fischer, in: Fleck, Handbuch des humanitären Völkerrechts in bewaffneten Konflikten, S. 299.

811 Fischer, in: Fleck, Handbuch des humanitären Völkerrechts in bewaffneten Konflikten, S. 298 ff.; a.A. Schneider, in: Humanitäres Völkerrecht 1989, S. 15.

812 Fischer, in: Fleck, Handbuch des humanitären Völkerrechts in bewaffneten Konflikten, S. 299.

- Erfüllung von Forderungen,
- Lösung von Streitfragen.

Die benannten Kriterien bieten taugliche Anhaltspunkte für die Beendigung von aktiven Feindseligkeiten. Als abschließend ist diese Aufzählung aber nicht zu betrachten, in der Praxis wird es jeweils auf die Beurteilung des Einzelfalls und auf die Würdigung des konkreten Konfliktgeschehens ankommen. Von Bedeutung dürften auch die Auffassungen der beteiligten Konfliktparteien sein.

b) Heimschaffung während des Konflikts

Eine Beendigung der Kriegsgefangenschaft schon vor Beendigung aktiver Feindseligkeiten gemäß Art. 119 Abs. 1 GA III ist ausnahmsweise für schwerkranke und schwer verwundete Kriegsgefangene, ohne Rücksicht auf Anzahl und Dienstgrad und nach Herbeiführung ihrer Transportfähigkeit, in Art. 109 Abs. 1 GA III vorgesehen. Die Heimschaffung darf jedoch gemäß Art. 109 Abs. 3 GA III nicht gegen den Willen der für die Heimschaffung vorgesehenen kranken oder verwundeten Kriegsgefangenen durchgeführt werden. Die Voraussetzungen, wann ein Kriegsgefangener als schwerkrank oder schwer verwundet im Sinne des Art. 109 Abs. 1 GA III gilt und damit einen Anspruch auf Heimschaffung hat, sind neben den Voraussetzungen für die Hospitalisierung in neutralen Ländern in Art. 110 GA III genannt. Nach Art. 110 Abs. 1 GA III sind Kriegsgefangene bei schlechtem Gesundheitszustand auf direktem Wege heimzuschaffen. Ist der Gesundheitszustand der betroffenen Kriegsgefangenen weniger gefährdet und erfüllen diese die Voraussetzungen des Art. 110 Abs. 2 GA III, so kann der Gewahrsamsstaat veranlassen, dass diese Kriegsgefangenen in neutralen Ländern hospitalisiert werden.

Nach einer Heimschaffung gemäß Art. 109 Abs. 1 GA III darf die betreffende Person nicht mehr im aktiven Militärdienst verwendet werden. Etwas anderes liefe dem Ziel der Kriegsgefangenenschaft entgegen, nämlich eine erneute Beteiligung des Gefangenen an Kampfhandlungen zu verhindern. Gerade die Repatriierung von Kriegsgefangenen gemäß Art. 109 GA III birgt die Gefahr, dass genesene Kriegsgefangene wieder als Kombattanten für Kampfhandlungen eingesetzt werden[813]. Sollte sich ein ehemaliger Kriegsgefangener nach Heimschaffung gemäß Art. 109 Abs. 1 GA III nach Genesung wieder an Kampfhandlungen beteiligen, so dürfte ihm persönlich daraus nicht der Vorwurf eines Kriegsverbrechens gemacht werden, weil sich die Vorschrift des Art. 117 GA III ausschließlich an den Heimatstaat und nicht an den Kriegsgefangenen selbst richtet.

813 Fischer, in: Fleck, Handbuch des humanitären Völkerrechts in bewaffneten Konflikten, S. 297 ff.

Ein solcher Verstoß gegen Art. 117 GA III hat sich auch nicht gewohnheitsrechtlich als Kriegsverbrechen des einzelnen ehemaligen Kriegsgefangenen herausgebildet[814].

Daneben ist auch die Möglichkeit der Beendigung der Kriegsgefangenenschaft durch Austausch noch während der aktiven Feindseligkeiten möglich. Diese Möglichkeit findet in den Kodifikationen des Kriegsgefangenenrechts zwar keine ausdrückliche Erwähnung, weswegen bereits daher kein Grund besteht, einen Kriegsgefangenenaustausch für unzulässig zu halten[815]. Auch sind sonstige völkerrechtliche Normen, die einem Kriegsgefangenenaustausch entgegenstehen würden, nicht ersichtlich. Praktisch hat der Austausch von Kriegsgefangenen vor Beendigung der aktiven Feindseligkeiten in den bewaffneten internationalen Konflikten des 20. Jahrhunderts keine Rolle gespielt[816]. Hinzuweisen ist dennoch auf ein vom IKRK vermitteltes Freilassungsübereinkommen für 1.600 Gefangene aus dem Jahr 1991 zwischen Kroatien und Serbien[817].

c) Repatriierungspflicht gegen den Willen des Kriegsgefangenen

In den meisten bewaffneten Konflikten seit Mitte des 20. Jahrhunderts haben Kriegsgefangene immer wieder darum ersucht, nicht heimgeschafft zu werden und im Gewahrsamsstaat oder einem anderen nicht kriegführenden Staat verbleiben zu dürfen[818]. Die persönlichen Gründe gegen eine Heimschaffung können vielfältig sein. In Betracht kommen wirtschaftliche oder private Interessen oder die Angst vor Verfolgung oder Repressalien durch den Heimatstaat im Zusammenhang mit der Gefangennahme. Daraus ergibt sich die Frage, ob der Gewahrsamsstaat gemäß Art. 118 Abs. 1 GA III dazu verpflichtet ist, die Kriegsgefangenen auch gegen ihren Willen heimzuschaffen. Eine entsprechende Pflicht legt der Wortlaut der Vorschrift nahe, in der es heißt:

> *„Die Kriegsgefangenen werden (...) heimgeschafft."*

Für eine Pflicht zur Heimschaffung auch gegen den Willen der Kriegsgefangenen spricht auch, dass anderenfalls der Gewahrsamsstaat unter Berufung auf den Willen der Kriegsgefangenen die Heimschaffung verweigern und entsprechend Einfluss auf den „Willen" der Kriegsgefangenen nehmen könnte[819]. Fischer

---

814 Fischer, in: Fleck, Handbuch des humanitären Völkerrechts in bewaffneten Konflikten, S. 297 ff.

815 Levie, in: Naval War College International Law Studies, Vol. 59 (1978), S. 398.

816 Levie, in: Naval War College International Law Studies, Vol. 59 (1978), S. 398; Fischer, in: Fleck, Handbuch des humanitären Völkerrechts in bewaffneten Konflikten, S. 298 ff.

817 Jakovljevic, in: Humanitäres Völkerrecht 1992, S. 108.

818 Fischer, in: Fleck, Handbuch des humanitären Völkerrechts in bewaffneten Konflikten, S. 299.

819 Fischer, in: Fleck, Handbuch des humanitären Völkerrechts in bewaffneten Konflikten, S. 299.

schlägt dazu ausgehend von einer grundsätzlichen Repatriierungspflicht vor, davon im Einzelfall abzuweichen, wenn dies unter humanitären Gesichtspunkten zum Schutz des Lebens des Kriegsgefangenen geboten erscheint und unter Kontrolle des IKRK stattfindet[820].

3. Flucht gemäß Art. 91 GA III

Eine gelungene Flucht beendet die Kriegsgefangenenschaft[821]. Vergleichbar mit einer Flucht und gegen den Willen des Gewahrsamstaates ist die Beendigung der Kriegsgefangenenschaft durch die Befreiung durch die eigenen Kräfte[822].

Art. 91 GA III benennt drei Situationen, in denen die Flucht des Kriegsgefangenen als gelungen gilt und enthält darüber hinaus ein Verbot der Bestrafung des Kriegsgefangenen wegen einer früheren Flucht, wenn er erneut in Gefangenschaft gerät. Art. 91 GA III lautet:

„Die Flucht eines Kriegsgefangenen gilt als gelungen,

1. *wenn er die Streitkräfte der Macht, von der er abhängt, oder einer verbündeten Macht erreicht hat;*
2. *wenn er das in der Gewalt des Gewahrsamstaates oder einer mit diesem verbündeten Macht befindliche Gebiet verlassen hat;*
3. *wenn er ein die Flagge der Macht, von der er abhängt, oder einer verbündeten Macht führendes, in den Territorialgewässern des Gewahrsamstaates befindliches Schiff erreicht hat, vorausgesetzt, dass dieses Schiff nicht unter der Befehlsgewalt des Gewahrsamstaates steht.*

Kriegsgefangene, denen im Sinne dieses Artikels die Flucht gelungen ist, die aber neuerdings in Gefangenschaft geraten, dürfen wegen ihrer früheren Flucht nicht bestraft werden.“

Ist eine Flucht gelungen, so wird der Gewahrsamsstaat von den für die Aufrechterhaltung der Kriegsgefangenenschaft notwendigen Verpflichtungen des GA III befreit[823]. Die Flucht der Kriegsgefangenen an sich darf nicht bestraft werden. Das stellt Art. 91 Abs. 3 GA III für den Fall der erneuten Gefangennahme eines im Sinne von Art. 91 Abs. 1 GA III erfolgreich geflohenen Kriegsgefangenen fest. Die Straffreiheit bezieht sich aber lediglich auf die Flucht, nicht jedoch auf die möglicherweise in Verbindung damit begangenen Delikte[824].

820 Fischer, in: Fleck, Handbuch des humanitären Völkerrechts in bewaffneten Konflikten, S. 300.
821 Probst, Die Kriegsgefangenen nach modernem Völkerrecht, S. 88.
822 Probst, Die Kriegsgefangenen nach modernem Völkerrecht, S. 88.
823 Fischer, in: Fleck, Handbuch des humanitären Völkerrechts in bewaffneten Konflikten, S. 296.
824 Probst, Die Kriegsgefangenen nach modernem Völkerrecht, S. 89.

Der Grund für die Straflosigkeit der Flucht liegt darin, dass die einfache Flucht nicht mit Kriegsverbrechen gleichgestellt werden kann, für die Kriminalstrafen vorgesehen werden können[825]. Auch ist die Flucht von Kriegsgefangenen etwas, womit der Gewahrsamsstaat aus der Natur der Sache heraus rechnen muss. Denn der Wille zur Flucht und Rückkehr zu den eigenen Kräften dürfte der überwiegenden Zahl an Kriegsgefangenen innewohnen. So ist es nicht ungewöhnlich, dass sich ein Kombattant auf Grund eben dieser Eigenschaft zur Flucht gegenüber seiner eigenen Konfliktpartei verpflichtet sieht. Es ist auch nicht ungewöhnlich, dass Staaten für ihre Militärangehörigen für den Fall der Kriegsgefangenschaft eine Pflicht zur Flucht vorsehen[826].

Bleibt ein Fluchtversuch erfolglos, so darf der Kriegsgefangene dafür, selbst im Wiederholungsfalle, gemäß Art. 92 Abs. 1 GA III lediglich disziplinarisch bestraft werden. Eine darüber hinausgehende strafrechtliche Ahndung ist nach dieser Vorschrift verboten.

4. Todesfälle von Kriegsgefangenen

Auch durch den Tod des Kriegsgefangenen wird seine Kriegsgefangenschaft formell beendet[827]. Die Todesfälle von Kriegsgefangenen werden im Abschnitt III GA III geregelt.

Art. 120 GA III regelt die Testamente von Kriegsgefangenen, die Todesurkunden, die Pflicht zur ärztlichen Leichenschau vor Beerdigung oder Einäscherung des Kriegsgefangenen, die Beerdigung der verstorbenen Kriegsgefangenen sowie die Aufzeichnung und Dokumentation der Gräber zum späteren Wiederauffinden.

In Art. 121 GA III sind Untersuchungs- und Berichtspflichten bei dem Tod von Kriegsgefangenen festgeschrieben. Gemäß Art. 121 Abs. 1 GA III wird nach jedem Todesfall oder jeder schweren Verletzung eines Kriegsgefangenen, die durch einen Posten, einen anderen Kriegsgefangenen oder irgendeine andere Person verursacht wurde oder verursacht sein könnte, sowie nach jedem Todesfall, dessen Ursache unbekannt ist, vom Gewahrsamsstaat unverzüglich eine amtliche Untersuchung eingeleitet. Diese Vorschrift dient der Dokumentation und Transparenz von etwaigen Todesfällen von Kriegsgefangenen, um möglichen Misshandlungen durch Angehörige der Gewahrsamsmacht mit dem Mindestmaß einer Pflicht zur Rechtfertigung entgegen treten zu können.

---

825 Probst, Die Kriegsgefangenen nach modernem Völkerrecht, S. 89.

826 Levie, in: Naval War College International Law Studies, Vol. 59 (1978), S. 403.

827 Fischer, in: Fleck, Handbuch des humanitären Völkerrechts in bewaffneten Konflikten, S. 296.

Daran knüpft die Pflicht des Gewahrsamsstaates gemäß Art. 121 Abs. 3 GA III an, alle Maßnahmen zur gerichtlichen Verfolgung der verantwortlichen Person oder Personen zu ergreifen, wenn die Untersuchung die Schuld einer oder mehrerer Personen an dem Todesfall oder einer schweren Verletzung eines Kriegsgefangenen erweist.

5. Freilassung auf Ehrenwort gemäß Art. 21 Abs. 2 und 3 GA III

Darüber hinaus kann die Kriegsgefangenschaft auch auf Grund einer Entlassung auf Ehrenwort beendet werden. Dabei ist der Kriegsgefangene als Kombattant nach seiner Entlassung aus der Kriegsgefangenschaft für den weiteren Verlauf des Konflikts an sein Ehrenwort gebunden. Die Beendigung der Kriegsgefangenschaft durch Abgabe eines Ehrenwortes hat sich über viele Jahrhunderte entwikkelt und war bis ins 19. Jahrhundert zu einem anerkannten und wichtigen Instrument der Beendigung von Kriegsgefangenschaft geworden[828]. Während die Genfer Kriegsgefangenenkonvention von 1929 keine Regelungen mehr über die Entlassung aus der Kriegsgefangenschaft auf Ehrenwort enthält, sind entsprechende Regelungen noch in den Art. 10, 11 und 12 der HLKO aufgestellt worden. Auch im GA III finden sich in Art. 21 Abs. 2 und 3 GA III Vorschriften über die Freilassung auf Ehrenwort. Art. 21 Abs. 2 und 3 GA III lauten:

> *„Die Kriegsgefangenen können auf Ehrenwort oder Versprechen teilweise oder ganz freigelassen werden, sofern die Gesetze der Macht, von der sie abhängen, dies gestatten. Diese Maßnahme wird namentlich dann getroffen, wenn sie zur Besserung des Gesundheitszustandes der Gefangenen beizutragen vermag. Es darf kein Gefangener gezwungen werden, seine Freilassung auf Ehrenwort oder Versprechen anzunehmen.*
>
> *Bei Eröffnung der Feindseligkeiten notifiziert jede am Konflikt beteiligte Partei der Gegenpartei ihre Rechtsvorschriften, die den Angehörigen ihres eigenen Landes die Annahme der Freilassung auf Ehrenwort oder Versprechen gestatten oder verbieten. Die gemäß diesen Rechtsvorschriften auf Ehrenwort oder Versprechen in Freiheit gesetzten Gefangenen sind bei ihrer persönlichen Ehre verpflichtet, die eingegangenen Verpflichtungen sowohl gegenüber der Macht, von der sie abhängen, sowie auch gegenüber dem Gewahrsamsstaat gewissenhaft einzuhalten. In derartigen Fällen darf die Macht, von der die Kriegsgefangenen abhängen, keine Dienstleistung von ihnen verlangen oder annehmen, die gegen das eingegangene Ehrenwort oder Versprechen verstoßen würde."*

Bei der Freilassung auf Ehrenwort kommt es auf die Verbindung des einzelnen Kriegsgefangenen zu dem Gewahrsamsstaat an. Erforderlich ist ein Zusammenwirken beider Teile, indem die Gewahrsamsmacht und der Kriegsgefangene gegenseitig das Ehrenwort der anderen Seite annehmen. Werden auf diese Weise

828 Levie, in: Naval War College International Law Studies, Vol. 59 (1978), S. 398.

ganze Truppenteile aus der Kriegsgefangenschaft freigelassen, so ist mit jedem Einzelnen ein Freilassungsvertrag (Ehrenwort) abzuschließen[829]. Folgen der Zuwiderhandlung gegen die ehrenwörtliche Verpflichtung sind dem GA III nicht zu entnehmen. Auf eine Zuwiderhandlung gegenüber dem abgegebenen Ehrenwort folgt der Verlust der persönlichen Ehre[830]. Inwieweit diese Rechtsfolge nach der Abhandlung von Probst gegenwärtig für den einzelnen Kriegsgefangenen von Bedeutung ist, mag dahinstehen.

Die Rechtsfolge des nicht eingehaltenen Ehrenwortes ergibt sich aus Art. 12 HLKO, wonach jeder gegen Ehrenwort entlassene Kriegsgefangene, der gegen den Staat, dem gegenüber er die Ehrenverpflichtung eingegangen ist, oder gegen dessen Verbündete (erneut) die Waffen trägt und wieder ergriffen wird, das Recht der Behandlung als Kriegsgefangener verlieren und vor Gericht gestellt werden kann. Der Bruch des Ehrenwortes dürfte darüber hinaus auch als Verstoß gegen die Rechte und Gebräuche des Krieges angesehen werden, weswegen bereits der Verlust des Kombattanten- und Kriegsgefangenenstatus droht. Für den Fall, dass eine Konfliktpartei Dienste von einem freigelassenen Kriegsgefangenen fordert, die durch Ehrenwort verboten sind, würde sich die Partei eines Völkerrechtsverstoßes schuldig machen[831]. Hat ein Kriegsgefangener nach den Gesetzen seiner Konfliktpartei ein Ehrenwort in Verbindung mit einer rechtswidrigen Verpflichtung abgegeben, hat dies auf seine Stellung zu seiner Konfliktpartei keinen Einfluss. Dieses Rechtsverhältnis ist nach innerstaatlichem Recht zu beurteilen. An der Verpflichtung des Entlassenen, sein Ehrenwort, auch auf die Gefahr hin bestraft zu werden, einzuhalten, ändert dies nichts[832].

6. Sondervereinbarungen gemäß Art. 6 Abs. 2 GA III

Nach Art. 5 Abs. 1 GA III findet diese Konvention auf die in Art. 4 GA I bezeichneten Personen Anwendung, sobald sie in Feindeshand fallen, und zwar bis zu ihrer endgültigen Freilassung und Heimschaffung. Mit Art. 6 Abs. 2 GA III wird die zeitliche Geltungsdauer auch auf solche nach Art. 6 Abs. 1 GA III abgeschlossenen Sondervereinbarungen erweitert. Diese Regelung geht auf den inhaltlich entsprechenden Art. 83 Abs. 2 des Genfer Kriegsgefangenenabkommens von 1929 zurück, wonach die Kriegsgefangenen gemäß Art. 83 Abs. 1 des Abkommens bis zur Durchführung ihrer Heimschaffung im Genuss dieser Verein-

829 Probst, Die Kriegsgefangenen nach modernem Völkerrecht, S. 80 ff.
830 Probst, Die Kriegsgefangenen nach modernem Völkerrecht, S. 80 ff.
831 Probst, Die Kriegsgefangenen nach modernem Völkerrecht, S. 81.
832 Probst, Die Kriegsgefangenen nach modernem Völkerrecht, S. 81.

barungen blieben. Folglich sind auch die übrigen Bestimmungen des Kriegsgefangenenabkommens von 1929 bis zur endgültigen Freilassung und Heimschaffung anzuwenden, denn es ist nicht ersichtlich, warum dies nur für die Sondervereinbarungen gelten sollte[833].

7. Verurteilte Kriegsgefangene gemäß Art. 108 und 85 GA III

Eine Ausnahme von der Freilassung und Heimschaffungspflicht ist die Zurückbehaltung von Kriegsgefangenen auf Grund eines gemäß Art. 108 Abs. GA III ordnungsgemäß vollstreckbar gewordenen Strafurteils über den Kriegsgefangenen. Art. 108 GA III über die Behandlung von verurteilten Kriegsgefangenen lautet:

> *„Die auf Grund eines ordnungsgemäß vollstreckbar gewordenen Urteils über einen Kriegsgefangenen verhängten Strafen werden in den gleichen Anstalten und unter den gleichen Bedingungen verbüßt, wie dies bei Mitgliedern der Streitkräfte des Gewahrsamsstaates der Fall ist. Diese Bedingungen entsprechen auf alle Fälle den Erfordernissen der Hygiene und der Menschlichkeit.*
>
> *Weibliche Kriegsgefangene, über die eine derartige Strafe verhängt wird, werden in gesonderten Räumen untergebracht und unter die Überwachung von Frauen gestellt.*
>
> *Auf jeden Fall gelten die Bestimmungen der Art. 78 und 126 des vorliegenden Abkommens weiterhin für die zu einer Freiheitsstrafe verurteilten Kriegsgefangenen. Es wird ihnen außerdem gestattet, Briefschaften zu empfangen und zu versenden, monatlich mindestens ein Hilfspaket zu empfangen und sich regelmäßig im Freien zu bewegen; entsprechend ihrem Gesundheitszustand haben sie Anrecht auf die notwendige ärztliche Pflege und auf Wunsch auch auf geistlichen Beistand. Ihnen auferlegte Strafen haben den Bestimmungen von Art. 87 Absatz 3 zu entsprechen."*

Grundsätzlich ist zwischen der Verbüßung von Strafen zu unterscheiden, die auf Grund von Handlungen während der Kriegsgefangenschaft und solchen vor der Gefangennahme verhängt worden sind. In Abkehr zur Rechtslage vor Abschluss des GA III schreibt Art. 85 GA III vor, dass die Kriegsgefangenen, die auf Grund der Rechtsvorschriften des Gewahrsamsstaates für Handlungen, die sie vor ihrer Gefangennahme begangen haben, verfolgt werden, auch nach strafrechtlicher Verurteilung im Genuss der im vorliegenden Abkommen vorgesehenen Vergünstigungen bleiben[834].

Trotz seiner unbeschränkten Fassung geht die Schutzwirkung des Art. 85 GA III nicht weiter als der in Art. 108 GA III für die verurteilten Kriegsgefangenen

833 Groh, Das Recht der Kriegsgefangenen, S. 114.

834 Groh, Das Recht der Kriegsgefangenen, S. 114.

gewährte Schutz. Insbesondere sichert Art. 85 GA III den Kriegsgefangenen die Durchführung eines ordnungsgemäßen Gerichtsverfahrens nach den Art. 99 ff. GA III zu.

8. Zurückhaltung von Kriegsgefangenen bei Anhängigkeit eines Strafverfahrens gemäß Art. 119 Abs. 5 GA III

Schließlich besteht ein Recht zur Zurückbehaltung von Kriegsgefangenen gemäß Art. 119 Abs. 5 GA III bei Anhängigkeit eines (Straf-)Gerichtsverfahrens. Art. 119 Abs. 5 GA III schreibt vor:

> *„Die Kriegsgefangenen, gegen die wegen eines Verbrechens oder Vergehens eine Strafverfolgung anhängig ist, können bis zum Abschluss des Gerichtsverfahrens und gegebenenfalls bis zur Verbüßung der Strafe zurückgehalten werden. Das Gleiche gilt für Kriegsgefangene, die wegen eines strafrechtlichen Verbrechens oder Vergehens verurteilt sind.“*

Die Zurückbehaltung von Kriegsgefangenen setzt nach Art. 119 Abs. 5 Satz 1 GA III die Anhängigkeit eines Gerichtsverfahrens gegen den Kriegsgefangenen wegen eines Verbrechens oder Vergehens voraus. Ein bloßer Verdacht einer Straftat genügt zur Rechtfertigung der Zurückbehaltung durch die Gewahrsamsmacht nicht. Der Gewahrsamsmacht ist es damit auch nicht ermöglicht, die Heimschaffung von Kriegsgefangenen mit dem bloßen Hinweis auf den Verdacht einer Straftat so lange hinauszuzögern, bis sich Beweise für die Einleitung eines gerichtlichen Strafverfahrens haben finden lassen[835].

Die Unterbringung der gemäß Art. 119 Abs. 5 GA III zurückbehaltenen Kriegsgefangenen richtet sich nach Art. 88 Abs. 1 GA III, wonach kriegsgefangene Offiziere, Unteroffiziere und Soldaten, die eine disziplinarische oder gerichtliche Strafe verbüßen, keiner strengeren Behandlung unterworfen werden, als bei gleichem Dienstgrad und gleicher Strafe für die Mitglieder der Streitkräfte des Gewahrsamsstaates vorgesehen ist. Art. 88 Abs. 2 und 3 GA III regeln das Verbot einer strengeren Bestrafung und strengeren Behandlung weiblicher Kriegsgefangener während ihrer Strafverbüßung.

9. Freilassung unter ungewöhnlichen Kampfbedingungen gemäß Art. 41 Abs. 3 ZP I

Letztlich ist neben den Vorschriften im III. Genfer Abkommen von 1949 in Art. 41 Abs. 3 ZP I eine weitere Möglichkeit der Beendigung der Kriegsgefan-

835 Fischer, in: Fleck, Handbuch des humanitären Völkerrechts in bewaffneten Konflikten, S. 300.

genschaft festgelegt. Nach Art. 41 Abs. 3 ZP I sind Personen freizulassen, die Anspruch auf Schutz als Kriegsgefangene haben und unter ungewöhnlichen Kampfbedingungen in die Gewalt einer gegnerischen Partei geraten sind, wenn diese Kampfbedingungen ihre Wegschaffung nach Teil III Abschnitt I des III. Abkommens nicht zulassen. In diesem Zusammenhang sind alle praktisch möglichen Vorkehrungen für die Sicherheit dieser Gefangenen zu treffen.

Art. 41 Abs. 3 ZP I ergänzt damit die Freilassungs- und Heimschaffungspflichten des GA III, stellt aber nicht wie die Heimschaffungspflicht gemäß Art. 109 Abs. 1 GA III auf den Zustand der Kriegsgefangenen (schwer krank oder schwer verletzt) ab, sondern knüpft an eine militärische Lage (ungewöhnliche Kampfbedingungen) an. Aus Art. 41 Abs. 3 ZP I folgt die Freilassungspflicht, wenn das Leben der Kriegsgefangenen nicht gewährleistet werden kann, weil eine Wegschaffung unmöglich ist[836]. Als Beispiele für „ungewöhnliche Kampfbedingungen" im Sinne von Art. 41 Abs. 3 ZP I wird die Gefangennahme durch Kommandounternehmen hinter den gegnerischen Linien genannt, aber auch Gefahrenlagen, wenn aus klimatischen Gründen für einen längeren Zeitabschnitt weder eine Versorgung noch eine Wegschaffung der Kriegsgefangenen möglich ist[837].

Neben der Pflicht zur Freilassung gemäß Art. 41 Abs. 3 ZP I ist die Gewahrsamsmacht auch gehalten, für die Sicherheit des Kriegsgefangenen nach der Freilassung zu sorgen. Ungeklärt ist bislang, was dazu von der Gewahrsamsmacht verlangt werden kann. So ist etwa davon auszugehen, dass den Kriegsgefangenen eine ausreichende Menge an Nahrungsmitteln und Wasser zum Überleben zur Verfügung zu stellen ist. Etwas anderes kann wieder dann gelten, wenn beispielsweise bei der Gefangennahme durch eine Kommandoeinheit diese ihre Nahrungsmittelvorräte zur Durchführung einer länger dauernden Operation selbst benötigt[838]. Hier ist von der Gewahrsamsmacht nicht mehr zu verlangen, als sie zu leisten im Stande ist.

IV. Gerichtliche Feststellung des Status „Kriegsgefangener" gemäß Art. 5 Abs. 2 GA III

Nach Art. 5 Abs. 1 GA III findet dieses Abkommen auf die in Art. 4 GA III bezeichneten Personen Anwendung, sobald sie in Feindeshand fallen, und zwar bis zu ihrer endgültigen Freilassung und Heimschaffung. Art. 4 GA III definiert den

836 Fischer, in: Fleck, Handbuch des humanitären Völkerrechts in bewaffneten Konflikten, S. 280.
837 Fischer, in: Fleck, Handbuch des humanitären Völkerrechts in bewaffneten Konflikten, S. 281.
838 Fischer, in: Fleck, Handbuch des humanitären Völkerrechts in bewaffneten Konflikten, S. 281.

persönlichen Anwendungsbereich des GA III[839]. Art. 5 Abs. 2 GA III sieht bei Zweifeln über die persönliche Anwendbarkeit des III. Genfer Abkommens von 1949 einerseits den Schutz dieses Abkommens auch für die Zweifelsfälle und andererseits eine gerichtliche Klärung ihrer Rechtsstellung vor. Die Vorschrift lautet:

> *„Bestehen Zweifel, ob eine Person, die eine kriegerische Handlung begangen hat und in Feindeshand gefallen ist, einer der in Artikel 4 aufgezählten Kategorien angehört, so genießt diese Person den Schutz des vorliegenden Abkommens, bis ihre Rechtsstellung durch ein zuständiges Gericht festgestellt worden ist."*

Groh hält diese Bestimmung für außerordentlich wichtig, weil sie verhindert, dass Personen ohne eingehende Prüfung erschossen werden, bei denen man hinterher vielleicht feststellen würde, dass sie reguläre Kombattanten waren[840]. Auch hält Groh den Einwand für nicht stichhaltig, wonach Art. 5 Abs. 2 GA III überflüssig sei, weil Art. 4 GA III die Personen, die Kriegsgefangene werden können, genügend definiere. Häufig sei zweifelhaft, ob gefangene Personen von Art. 4 GA III erfasst sind oder nicht. Jedenfalls biete die Entscheidung eines zuständigen Gerichts darüber eine größere Gewähr für eine Beurteilung nach der objektiven Rechtslage[841].

Die Klärung seines Status ist grundlegende Voraussetzung für die Privilegien des Kriegsgefangenen, nämlich für rechtmäßige Schädigungshandlungen nicht angeklagt oder bestraft werden zu können, die sie als Kombattanten im Zuge aktiver Feindseligkeiten durchgeführt haben. In Gewahrsamsstaaten, welche für Tötungsdelikte auch die Todesstrafe vorsehen, ist die Frage des Status für den einzelnen Kriegsgefangenen nicht weniger als eine Frage von Leben und Tod[842].

Die Frage nach dem Status der durch die USA auf dem Militärstützpunkt Guantánamo Bay festgehaltenen Gefangenen verdeutlicht die Notwendigkeit einer verbindlichen gerichtlichen Klärung über den Status der Kriegsgefangenschaft gemäß Art. 5 Abs. 2 GA III. Dazu hat der District Court of Columbia im Rechtsstreit Hamdan vs. Rumsfeld am 31. Januar 2005 festgestellt, dass eine pauschale Differenzierung zwischen Al-Qaida und Taliban-Kämpfern unzulässig sei und ihnen der Schutz der III. Genfer Konvention zukomme, bis ein zuständiges Gericht im Sinne des Art. 5 GA III das Gegenteil festgestellt habe[843]. Nach Auffassung des District Court of Columbia genügt das vom Präsidenten der Vereinigten Staaten eingesetzte Combatant Review Tribunal nach Art. 5 GA III

839 Siehe oben: Kap. 3. II 3. c).

840 Groh, Das Recht der Kriegsgefangenen, S. 116 m.w.N.

841 Groh, Das Recht der Kriegsgefangenen, S. 116 ff.

842 Meiertöns, in: Humanitäres Völkerrecht 2008, S. 134.

843 Meiertöns, in: Humanitäres Völkerrecht 2008, S. 135.

nicht. Das zweitinstanzliche Gericht gelangte in diesem Fall zur gegenteiligen Auffassung und bejahte die Zuständigkeit und Völkerrechtskonformität des Combatant Review Tribunal. Diese Entscheidung ist durch den U.S.-Supreme Court mit Urteil vom 29. Juni 2006 aufgehoben und der Fall zurückverwiesen worden, wobei das Gericht das Combatant Review Tribunal ebenfalls nicht als zuständiges Gericht gemäß Art. 5 GA III anerkannt hat[844]. Die zweifelhafte Regelung ist danach erneut durch den U.S.-Präsidenten mit Erlass vom 17. Februar 2007 bestätigt worden[845].

Ein Gerichtsverfahren nach Art. 5 Abs. 2 GA III erscheint allerdings nur gerechtfertigt, wenn ernsthafte Zweifel am Status der betroffenen Person als Kombattant und Kriegsgefangener bestehen. Agiert eine terroristische Organisation völlig außerhalb anderer – regulärer – bewaffneter Streitkräfte und sind ernsthafte Zweifel kaum nachvollziehbar, dann dürfte auch in der Praxis der Status des Kriegsgefangenen mit guten Gründen und ohne ein Gerichtsverfahren nach Art. 5 Abs. 2 GA III zu verneinen sein. Für Al-Qaida-Angehörige, die nach dem 11. September 2001 im US-Lager Guantánamo Bay gefangen gehalten wurden, wird vertreten, dass sie nach Art. 4 und 5 GA III die Vermutung des Kriegsgefangenenstatus für sich geltend machen können[846]. Diese Vermutung auf Grundlage eines Zweifelsfalls im Sinne von Art. 5 Abs. 2 GA III darf aber nur gelten, solange keine aussagekräftigen und rechtlich relevanten Informationen über ihre Zugehörigkeit zu der Terrororganisation vorliegen oder ein gerichtliches Verfahren nach Art. 5 Abs. 2 GA II abgeschlossen ist.

Die Zweifelsregelung und der Anspruch auf gerichtliche Feststellung des Status des Kriegsgefangenen gemäß Art. 5 Abs. 2 GA III werden in Art. 45 Abs. 1 und 2 ZP I ergänzt. Nach Art. 45 Abs. 1 Satz 1 ZP I wird vermutet, dass derjenige, der an Feindseligkeiten teilnimmt und in die Gewalt einer gegnerischen Partei gerät, Kriegsgefangener und daher durch das III. Abkommen geschützt ist, wenn er den Kriegsgefangenenstatus beansprucht, wenn er Anspruch darauf zu haben scheint oder wenn die Partei, der er angehört, in einer Mitteilung an die Gewahrsamsmacht oder die Schutzmacht diesen Status für ihn beansprucht. Bestehen Zweifel, ob eine solche Person Anspruch auf den Kriegsgefangenenstatus hat, so genießt sie gemäß Art. 45 Abs. 1 Satz 2 ZP I weiterhin so lange diesen Status und damit den Schutz des III. Abkommens und dieses Protokolls, bis ein zuständiges Gericht über ihren Status entschieden hat. Mit der Regelung in Art. 45 Abs. 1 ZP I wird die Zweifelsregelung zu Gunsten des Kriegsgefangenen

844 U.S.-Supreme Court, Hamdan vs. Rumsfeld, 126 S.Ct. S. 2749, 2786 – 2797; Meiertöns, in: Humanitäres Völkerrecht 2008, S. 135.

845 Meiertöns, in: Humanitäres Völkerrecht 2008, S. 135.

846 Frowein, Der Terrorismus als Herausforderung für das Völkerrecht, S. 896.

sowie die Entscheidung über den Kriegsgefangenenstatus durch ein zuständiges Gericht bestätigt.

Art. 45 Abs. 2 Satz 1 ZP I lässt die Berufung auf den Kriegsgefangenenstatus auch dann zu, wenn die Gefangennahme nicht im Zusammenhang mit Feindseligkeiten erfolgt ist. In Art. 45 Abs. 2 Satz 1 ZP I heißt es:

> *„Wer in die Gewalt einer gegnerischen Partei geraten ist, nicht als Kriegsgefangener in Gewahrsam gehalten wird und von dieser Partei wegen einer im Zusammenhang mit den Feindseligkeiten begangenen Straftat gerichtlich verfolgt werden soll, ist berechtigt, sich vor einem Gericht auf seinen Status als Kriegsgefangener zu berufen und eine diesbezügliche Entscheidung des Gerichts herbeizuführen."*

Weder in Art. 5 Abs. 2 GA III noch in Art. 45 ZP I ist die Ausgestaltung des für die Feststellung des Kriegsgefangenenstatus zuständigen Gerichts festgelegt. Insoweit wird davon ausgegangen, dass die Ausgestaltung des zuständigen Gerichts im Sinne des Art. 5 GA III durch den Gewahrsamsstaat bestimmt wird[847]. Einigkeit besteht darüber, dass durch die Verwendung des Wortes „Tribunal" in der englischsprachigen Fassung die Entscheidung über den Status eines Gefangenen nicht einer einzelnen Person übertragen werden soll[848].

Auf Grund der offenen Formulierung in Art. 5 Abs. 2 GA III kommen verschiedene Ausgestaltungen des Gerichts in Frage. Dazu gehören jedoch weder eine Statusbestimmung durch einen Verwaltungsausschuss oder eine (Militär-)Kommission noch ein Militärtribunal[849]. Als eine Voraussetzung für das Gericht im Sinne von Art. 5 Abs. 2 GA III hat die interamerikanische Menschenrechtskommission eingefordert, dass dieses Gericht der politischen Gewalt gegenübergestellt ist, also eine Abtrennung des Gerichts als Teil der Judikative von exekutiver und legislativer Gewalt gefordert[850]. Hingegen verlangt Art. 5 GA III weder ein langwieriges Verfahren noch die Möglichkeit, Rechtsmittel gegen die Entscheidung über den Kriegsgefangenenstatus einlegen zu können[851].

847 Wieczorek, Unrechtmäßige Kombattanten, S. 119; Meiertöns, in: Humanitäres Völkerrecht 2008, S. 138.

848 Wieczorek, Unrechtmäßige Kombattanten, S. 119; Meiertöns, in: Humanitäres Völkerrecht 2008, S. 138; Naqvi, in: Revue Internationale de Croix Rouge 2002, S. 593.

849 Wieczorek, Unrechtmäßige Kombattanten, S. 119; Meiertöns, in: Humanitäres Völkerrecht 2008, S. 138; Naqvi, in: Revue Internationale de Croix Rouge 2002, S. 593.

850 Wieczorek, Unrechtmäßige Kombattanten, S. 119.

851 Meiertöns, in: Humanitäres Völkerrecht 2008, S. 138.

Kapitel 4
Irreguläre oder unrechtmäßige Kombattanten

Nach den obenstehenden Untersuchungen ist das gegenwärtige Kriegsgefangenenrecht anwendbar in internationalen bewaffneten Konflikten (sachlicher Anwendungsbereich) für Personen, die als Kombattanten (Primärstatus) zu qualifizieren sind oder für die ein besonderer Rechtsanwendungsbefehl für das Kriegsgefangenenrecht besteht (persönlicher Anwendungsbereich). Die zeitliche Geltung des Kriegsgefangenenrechts besteht von dem Zeitpunkt der Gefangennahme an bis zur Freilassung und Heimschaffung. Trotz der umfangreichen völkerrechtlichen Regelungen der Anwendungsvoraussetzungen des Kriegsgefangenenrechts treten immer wieder Personengruppen im bewaffneten Konflikt in Erscheinung, deren Zuordnung als Kombattant entweder unklar oder ausgeschlossen ist.

Vor diesem Hintergrund hat sich in der Literatur der Begriff des unrechtmäßigen bzw. irregulären Kombattanten herausgebildet. Das kodifizierte Völkerrecht kennt hingegen keine begriffliche Unterscheidung zwischen „unrechtmäßigen" und „rechtmäßigen" Kombattanten[852]. Nur den Kombattanten, welche die genannten Voraussetzungen[853] erfüllen, kommt eine privilegierte Stellung gegenüber denjenigen Personen zu, die diesen Anforderungen nicht genügen. Wie bereits erörtert, knüpft an den Primärstatus des Kombattanten der Sekundärstatus des Kriegsgefangenen an.

Soweit in der Literatur von unrechtmäßigen oder irregulären Kombattanten gesprochen wird, kann dieser Begriff missverständlich sein, denn ausschließlich diejenigen Personen, die die Voraussetzungen für den Kombattantenstatus erfüllen, gelten als Kombattant. Die als irreguläre oder unrechtmäßige Kombattanten in Rede stehenden Personen genügen den Voraussetzungen für den Kombattantenstatus gerade nicht[854] und sind im Fall ihrer Gefangennahme folglich nicht als Kriegsgefangene i.S.d. GA III zu qualifizieren.

Der Begriff „irreguläre" oder „unrechtmäßige" Kombattanten bezieht sich danach auf Personen und Personengruppen, die trotz fehlender Berechtigung zur Teilnahme am Kampf an den Feindseligkeiten teilnehmen[855]. Die Bezeichnung

852 Wieczorek, Unrechtmäßige Kombattanten, S. 38.
853 Siehe oben: 3. Kap. II.
854 Wieczorek, Unrechtmäßige Kombattanten, S. 38.
855 Wieczorek, Unrechtmäßige Kombattanten, S. 39.

irreguläre Kombattanten ist potenziell geeignet für Spione, Söldner, Partisanen, Guerilleros, Terroristen oder private Militärunternehmen. Dabei handelt es sich um in der Literatur regelmäßig genannte Beispiele irregulärer Kombattanten[856], wenngleich diese Aufzählung keinen Anspruch auf Vollständigkeit erhebt.

Die Personengruppen der Spione und Söldner sind bereits im I. Zusatzprotokoll von 1977 zu den Genfer Konventionen berücksichtigt. Die Rechtsstellung der Spione ist in Art. 46 ZP I und die der Söldner in Art. 47 ZP I geregelt[857].

„Unrechtmäßige" Kombattanten sind nicht zu verwechseln mit sogenannten „irregulars", sprich irreguläre Kämpfer. Als irreguläre Kämpfer bzw. Kombattanten gelten solche, die nicht den regulären Streitkräften angehören, aber nach Art. 4 A Nr. 2 GA III sowie Art. 44 ZP I unter bestimmten Voraussetzungen zur Teilnahme am Kampf berechtigt sind[858]. Auch den „Irregulären" kommt damit der Primärstatus des Kombattanten und bei Gefangennahme der Sekundärstatus des Kriegsgefangenen zu.

I. Guerilleros/Partisanen

Der Begriff „Guerilla" ist die Verkleinerungsform des spanischen Wortes für Krieg „guerra" und bezeichnet eigentlich die Kampfform des Kleinkrieges. Das Wort „Guerilla" geht auf die Bezeichnung für den Kampf zurück, den die Spanier gegen die napoleonischen Invasionstruppen geführt haben[859].

Als Guerilleros werden heute Gruppen bezeichnet, die sich der Kampfmethoden des Guerillakampfes bzw. des Kleinkrieges bedienen[860]. Die Bezeichnung „Guerilla" gewann später im Englischen die Bedeutung von Partisanen, weswegen der Partisanenkrieg in der englischen Sprache als „guerilla warfare" bezeichnet wird und sich allgemein in der englischsprachigen Völkerrechtsliteratur eingebürgert hat[861]. Unter den Begriff Guerilleros fallen auch Widerstandsgruppen, Freiheitskämpfer oder Aufständische, wobei die einzelnen Personen, die am Guerillakampf teilnehmen, auch als Irreguläre, Befreiungskämpfer oder Terroristen bezeichnet werden[862].

---

856 Wieczorek, Unrechtmäßige Kombattanten, S. 54 ff.

857 Für die Rechtsstellung und den Status wird auf Kap. 3 II. 3. d) aa) (4) und (5) verwiesen.

858 Wieczorek, Unrechtmäßige Kombattanten, S. 53.

859 Schlosser, Das völkerrechtliche Problem des Partisanenkrieges, S. 29.

860 Schlosser, Das völkerrechtliche Problem des Partisanenkrieges, S. 29; Wieczorek, Unrechtmäßige Kombattanten, S. 65.

861 Schlosser, Das völkerrechtliche Problem des Partisanenkrieges, S. 29.

862 Schlosser, Das völkerrechtliche Problem des Partisanenkrieges, S. 29 ff.; Wieczorek, Unrechtmäßige Kombattanten, S. 66.

1. Guerilla-/Partisanenkriegsführung

Die Guerilla- und Partisanenkriegsführung zeichnet sich dadurch aus, dass kleine und dislozierte, hochmobile Einheiten Kampfhandlungen oder Anschläge durchführen. Die Art und Weise des Kampfes ist regelmäßig heimlich und richtet sich gegen einen zahlenmäßig und technisch überlegenen Gegner, was durch den Überraschungseffekt der Angriffe ausgeglichen wird[863]. Guerillataktiken werden im bewaffneten Konflikt nicht nur von kleineren Gruppen gegen einen stärkeren Gegner angewandt, sondern durchaus auch im Kampf zwischen gleichstarken Konfliktparteien durch ihre regulären Truppen[864].

Der Guerillakampf muss in seiner Intensität eine gewisse Schwelle des bewaffneten Konflikts erreicht haben, um in den Anwendungsbereich des humanitären Völkerrechts zu fallen. Dann sind die Guerilleros verpflichtet, die Vorschriften des humanitären Völkerrechts zu beachten[865]. Als Guerillataktik wird das Vorgehen kleinerer Einheiten regulärer Streitkräfte in Uniform im feindlichen Hinterland beschrieben, was insbesondere sogenannte Sabotageakte, Sprengung von Brücken, Zerstörung von Eisenbahnlinien, Überfälle auf Transporte sowie das Beschädigen von Leitungskabeln einschließt[866]. Daneben führen auch Zivilpersonen den bewaffneten Kampf unter Anwendung der Guerillataktik, weswegen sie bei Gefangennahme grundsätzlich als „Kriminelle" behandelt und bestraft werden können.

Erfüllen die am Kampf teilnehmenden Personen aber die Voraussetzungen des Art. 1 HLKO, d.h. sie bilden eine Miliz oder einen Freiwilligenkorps, an dessen Spitze jemand steht, der für seine Untergebenen verantwortlich ist, sie tragen ein bestimmtes, aus der Ferne erkennbares Abzeichen, führen die Waffen offen und beachten bei ihren Unternehmungen die Gesetze und Gebräuche des Krieges, dann sind sie nach dem Kriegsvölkerrecht den regulären Kombattanten gleichgestellt und müssen im Fall der Gefangennahme als Kriegsgefangene behandelt werden[867]. Besteht eine Guerilla-Einheit aus uniformierten Soldaten der Streitkräfte einer Konfliktpartei und kämpft sie nach Maßgabe der Guerillataktik, so steht sie unter dem Schutz des Kriegsvölkerrechts, weswegen ihre Angehörigen als Kombattanten bei Gefangennahme durch die gegnerische Konfliktpartei stets zu Kriegsgefangenen werden. Betreffend der alliierten Kommandotrupps im

863 Wieczorek, Unrechtmäßige Kombattanten, S. 66.
864 Wieczorek, Unrechtmäßige Kombattanten, S. 66 f.
865 Wieczorek, Unrechtmäßige Kombattanten, S. 67.
866 Brandweiner, in: Juristische Blätter, Heft 11 (1950), S. 262 ff.
867 Brandweiner, in: Juristische Blätter, Heft 11 (1950), S. 262 ff.; vgl. dazu auch oben: 3. Kap., II. 3. a).

Zweiten Weltkrieg ist dies von deutscher Seite nicht beachtet worden und im Nürnberger Urteil[868] als Kriegsverbrechen bezeichnet worden[869].

Mit Art. 4 des III. Genfer Abkommens von 1940 wird der Kreis der Personen, welche bei Gefangennahme durch den Gegner Kriegsgefangene werden, gegenüber dem Kriegsgefangenenabkommen von 1929 auch zu Gunsten von Guerilleros bedeutend erweitert[870]. Damit ist der Kreis der legitimen Kombattanten um neue Kategorien von Kämpfern erweitert worden, mit der Folge, dass sich gleichzeitig der (Straf-)Tatbestand der Freischärlerei, also der unberechtigten Teilnahme von Guerilleros am bewaffneten Kampf, verengt hat[871]. Danach dürfen organisierte Einheiten von Widerstandsbewegungen, die einer Kriegspartei angehören, innerhalb ihres „Vaterlandes" Kampfhandlungen durchführen, wenn sie die Voraussetzungen des Art. 1 HLKO erfüllen. Das gilt gleichfalls für die kriegerische Besetzung des „Vaterlandes" (occupatio bellica) sowie für Kampfhandlungen außerhalb des eigenen Territoriums[872].

Im Ergebnis ist dennoch mit dem GA III an den vier Voraussetzungen des Art. 1 HLKO festgehalten worden, mit der Erweiterung, dass nun auch diejenigen Kämpfer, die auf besetztem Gebiet kämpfen, den Kombattantenstatus bei Vorliegen der erforderlichen Voraussetzungen erhalten[873].

2. Status von Guerilleros und Partisanen

Nach dem Rechtsregime des III. Genfer Abkommens von 1949 ist für die Zuerkennung des Kriegsgefangenenstatus für die Guerillakämpfer Art. 4 A Nr. 2 GA III maßgeblich. Für Vertragsstaaten der Genfer Zusatzprotokolle von 1977 sind ferner deren Art. 43 und 44 für die Anerkennung als Kriegsgefangener bei Gefangennahme durch die gegnerische Konfliktpartei zu beachten[874]. Bei Vorliegen dieser Voraussetzungen sind die Guerilleros/Partisanen im Primärstatus als Kombattanten zu qualifizieren und infolge dessen zur Teilnahme am Kampf berechtigt. Liegen diese Voraussetzungen nicht vor, so wären diese Personen nach Wieczorek als „unrechtmäßige Kombattanten" zu bezeichnen[875].

---

868 AJIL 1947, S. 225.
869 Brandweiner, in: Juristische Blätter, Heft 11 (1950), S. 262 ff.
870 Siehe oben: Kap. 3, II. 3. c).
871 Brandweiner, in: Juristische Blätter, Heft 11 (1950), S. 263 ff.
872 Brandweiner, in: Juristische Blätter, Heft 11 (1950), S. 263 ff.; vgl. dazu oben: Kap. 3, II. 3. c).
873 Wieczorek, Unrechtmäßige Kombattanten, S. 71; Kimminich, in: EPIL, Vol. 2 (1995), S. 640.
874 Wieczorek, Unrechtmäßige Kombattanten, S. 74.
875 Wieczorek, Unrechtmäßige Kombattanten, S. 75.

Vor dem Hintergrund der Guerillakriegsführung stellt sich die Frage, ob die Guerilleros im Einzelfall die Voraussetzungen des Art. 4 A Nr. 2 GA III erfüllen. In Art. 4 A Nr. 2 GA III sind folgende Voraussetzungen verlangt[876]:

- Zugehörigkeit zu einer der in Art. 4 A Nr. 1 GA III genannten Gruppe
- Verantwortliche Person an der Spitze
- Erkennbares Unterscheidungszeichen
- Offentragen der Waffen
- Einhaltung der Gesetze und Gebräuche des Krieges

Problematisch kann die Zuordnung von Guerillakämpfern zu einer der in Art. 4 A Nr. 1 GA III genannten Gruppen sein, weil der Guerillakampf auch von privaten bzw. kleineren Gruppen zur Erreichung politischer Ziele geführt wird. Unproblematisch ist dieses Merkmal, wenn die Guerillakämpfer die Streitkräfte einer am Konflikt beteiligten Partei unterstützen oder mit ihnen zusammen kämpfen[877].

a) Organisation von Guerilla-/Partisanengruppen

Die Voraussetzung einer verantwortlichen Person an der Spitze gemäß Art. 4 A Nr. 2 a) GA III gewährleistet die Zuordnung der Gruppe zu einem Staat bzw. zu einer Konfliktpartei. Gleichfalls ist sie die rechtliche Verbindung des betreffenden – verantwortlichen – Völkerrechtssubjekts zu den einzelnen Befehlshabern der den Guerillakampf führenden Einheiten[878]. Die Verantwortlichkeit einer den Guerillakämpfern vorstehenden Person soll auch die Einhaltung des humanitären Völkerrechts durch die einzelnen Kämpfer, die unter dem Befehl dieser Person stehen, gewährleisten. Guerilla-Unternehmungen, die nicht unter der Verantwortung einer regulären oder anerkannten irregulären Konfliktpartei stehen, werden deshalb nicht von Art. 4 A Nr. 2 GA III erfasst[879].

b) Kennzeichnung von Guerilla-/Partisanengruppen

Darüber hinaus gebietet Art. 4 A Nr. 2 b) GA III auch für den Guerillakämpfer die Pflicht zur Unterscheidung von der Zivilbevölkerung[880]. Die Unterscheidung von der Zivilbevölkerung ist konstitutives Merkmal für den Kombattantenstatus.

876 Siehe oben: Kap. 3, II. 3. c) (cc).
877 Wieczorek, Unrechtmäßige Kombattanten, S. 76.
878 Wieczorek, Unrechtmäßige Kombattanten, S. 76.
879 Wieczorek, Unrechtmäßige Kombattanten, S. 76.
880 Siehe oben: Kap. 3 , II. 3. c) cc), (4).

Die damit zusammenhängende Privilegierung entfällt, sofern die Unterscheidung von der Zivilbevölkerung nicht gegeben ist.

Problematisch erscheint dies freilich im Zusammenhang mit der Anwendung der Guerillataktik im bewaffneten Konflikt. Wie bereits dargelegt, operieren die Guerillaeinheiten üblicherweise heimlich und verdeckt, weswegen Guerillakämpfer wohl häufig nicht dem Erfordernis der Unterscheidung von der Zivilbevölkerung entsprechen werden[881]. Problematische Folge der fehlenden Unterscheidbarkeit der Guerilleros von der Zivilbevölkerung sind regelmäßig Angriffe und Repressalien, unter denen die Zivilbevölkerung zu leiden hat.

Wegen Fehlens der Voraussetzung gemäß Art. 4 A Nr. 2 b) GA III sind diese Kämpfer folglich nicht als Kombattanten zu qualifizieren, weswegen ihnen bei Gefangennahme auch nicht der Sekundärstatus des Kriegsgefangenen einzuräumen ist[882].

c) Offentragen der Waffen durch Guerilla-/Partisanengruppen

Dem Grunde nach steht der Guerillataktik auch das für den Kombattantenstatus konstitutive Merkmal des „Offentragens der Waffen"[883] entgegen, weil diese – wie dargelegt – auf einer heimlichen und überraschenden Kampfführung beruht. Dem gegenüber steht, dass gerade das Offentragen der Waffen die absolute Grundlage für die Unterscheidung der Guerilla-Einheiten von der Zivilbevölkerung ist[884].

Auch hier ist in der Praxis belegt, dass dem Merkmal des Offentragens der Waffen immense Bedeutung zukommt. Das gilt schon auf Grund möglicher Repressalien gegenüber der Zivilbevölkerung, denn im Zweifel werden reguläre Kräfte schon aus Gründen der Eigensicherung davon ausgehen, dass sie es stets mit feindlichen Kämpfern zu tun haben und nicht mit der Zivilbevölkerung. Diese Gefahr wird verstärkt, wenn verhäuft Anschläge auf die Truppen von Kämpfern, die von der Zivilbevölkerung nicht zu unterscheiden sind, verübt werden.

Sofern es sich bei Anschlägen auf reguläre Streitkräfte um Einzeltäter aus der Zivilbevölkerung handelt, die keiner Guerilla-Organisation angehören, so handelt es sich ohnehin nicht um Personen, die von Art. 4 A Nr. 2 GA III erfasst sind und damit unter den Schutz des humanitären Völkerrechts fallen.

881 Baxter, in BYIL, Vol. 28 (1951), S. 323 ff.

882 Wieczorek, Unrechtmäßige Kombattanten, S. 77.

883 Siehe oben: Kap. 3, II. 3. c) cc).

884 Wieczorek, Unrechtmäßige Kombattanten, S. 77.

d) Einhaltung der Gesetze und Gebräuche des Krieges durch Guerilla / Partisanengruppen

Auch die Einhaltung der Gesetze und Gebräuche des Krieges gemäß Art. 4 A Nr. 2 GA III als konstitutive Voraussetzung für den Kombattantenstatus[885] erscheint vor dem Hintergrund der Guerillakampfführung als problematisch. Einerseits birgt schon die häufige Verwendung einer nur einfachen Waffentechnik durch Guerillaeinheiten ein erhöhtes Potenzial grausamer Kriegsführung. Andererseits wird der Guerillakriegsführung ohnehin häufig die Verwendung von perfiden Kampfmethoden vorgeworfen[886]. Im Ergebnis müssen sogenannte Guerillakämpfer oder Partisanen die Voraussetzungen nach Art. 1 HLKO erfüllen, um den Status als rechtmäßige Kombattanten für sich reklamieren zu können[887].

Auch nach alledem bleibt es schwierig, die Guerillakampfführung und die Einordnung von Guerillakämpfern als Kombattanten im Sinne von Art. 4 A Nr. 2 GA III zu qualifizieren. Regelmäßig wird die Einordnung von Guerilleros im Einzelfall zu entscheiden sein.

3. Guerilla- und Partisanengruppen nach dem I. Zusatzprotokoll

Mit dem I. Genfer Zusatzprotokoll von 1977 beabsichtigten die Verfasser eine Ausdehnung des Schutzes des humanitären Völkerrechts auf solche bewaffneten Konflikte, die regelmäßig von einer Guerillakampfführung gekennzeichnet sind[888]. Das schließt gerade auch das Kriegsgefangenenrecht ein, um Mindeststandards des Humanitären Völkerrechts auch bei der Behandlung von gefangen genommenen Guerillakämpfern sicherzustellen. Art. 43 ZP I bestätigt und präzisiert das bereits geltende Recht der HLKO sowie der Genfer Konventionen von 1949.

In Bezug auf die Befreiungskriege, unter deren Eindruck die Zusatzprotokolle verfasst worden sind, hat der Begriff der Konfliktpartei in Art. 43 ZP I eine Erweiterung erfahren. Damit sind auch nationale Befreiungsbewegungen nach Art. 1 Abs. 4 ZP I berücksichtigt worden. Die Befreiungsbewegungen, auf die im ZP I abgezielt wird, setzen sich in der Regel aus Guerillaeinheiten zusammen. Durch diese Begriffserweiterung hat zugleich ein größerer Personenkreis Anspruch auf den Kombattanten- und Kriegsgefangenenstatus[889].

885 Siehe oben: Kap. 3, II. 3. c) cc) (4).

886 Wieczorek, Unrechtmäßige Kombattanten, S. 78.

887 Kurth, in: Zeitschrift für Rechtspolitik mit rechtspolitischer Umschau, Bd. 35 (2002), S. 405.

888 Siehe oben: Kap. 3, II 3. d) aa).

889 Born, in: NZWehrR, Bd. 21 (1979), S. 67 ff.

Aus Art. 43 Abs. 1 und 44 ZP I ergeben sich folgende Voraussetzungen für die Qualifikation eines Guerilleros oder Partisanen als Kombattant und damit die Berechtigung zur Teilnahme an den Feindseligkeiten sowie der Anspruch auf Behandlung als Kriegsgefangener bei Gefangennahme durch die andere Konfliktpartei[890]:

- Zugehörigkeit zu einer Konfliktpartei
- Verantwortliche Führung
- Internes Disziplinarsystem
- Unterscheidung von der Zivilbevölkerung

Während Art. 4 i.V.m. Art. 2 GA III die Zugehörigkeit zu einer anerkannten Konfliktpartei verlangt, erleichtert Art. 43 ZP I die Bedingung der Zugehörigkeit zu einer Konfliktpartei dadurch, dass diese auch durch eine Regierung oder Autorität vertreten sein kann, die von der gegnerischen Partei nicht anerkannt wird. Die Zugehörigkeit zu einer Konfliktpartei ist nach Art. 4 A Abs. 3 GA III nur für Mitglieder regulärer Streitkräfte vorgesehen, aber üblicherweise nicht für Partisanen, die keinem Völkerrechtssubjekt zuzuordnen sind. Eine Regierung oder Autorität im Sinne von Art. 43 Abs. 1 ZP I muss einem anerkannten Völkerrechtssubjekt zuzuordnen sein oder ihre Völkerrechtssubjektivität zumindest beanspruchen und dazu von der gegnerischen Partei wenigstens de-facto anerkannt sein[891].

Wiederum begründet die Erforderlichkeit der Zugehörigkeit zu einer Konfliktpartei deren internationale Verantwortlichkeit für ihre Streitkräfte bzw. die jeweilige Guerillagruppe. Auch eine nationale Befreiungsbewegung kann Konfliktpartei im Sinne des Art. 1 Abs. 4 ZP I sein[892].

Anders als in Art. 4 Abs. 1 lit. a) GA III sowie Art. 1 Nr. 1 HLKO, wo noch eine für ihre Untergebenen verantwortliche Person verlangt ist, verlangt Art. 43 ZP I eine der Konfliktpartei verantwortliche Führung. Damit wird der Entwicklung Rechnung getragen, dass einerseits in modernen bewaffneten Konflikten Streitkräfte und Guerillaeinheiten teilweise unter einer kollektiven Führung stehen und andererseits eine Verantwortlichkeit der Führung für die Untergebenen gegenüber der Konfliktpartei gegeben ist, welche ihrerseits auf internationaler Ebene zur Verantwortung gezogen werden kann[893]. Voraussetzung für die Qualifikation des einzelnen Guerillakämpfers als Kombattant ist damit die Angehörig-

890 Siehe oben: Kap. 3, II 3. d) aa).

891 Born, in: NZWehrR, Bd. 21 (1979), S. 57 ff.

892 Wieczorek, Unrechtmäßige Kombattanten, S. 79.

893 Wieczorek, Unrechtmäßige Kombattanten, S. 80; Born, in: NZWehrR, Bd. 21 (1979), S. 58 ff.

keit zu Streitkräften, Gruppen oder Einheiten, welche mittels einer „verantwortlichen Führung“ mit der Konfliktpartei verbunden sind[894].

Als Voraussetzung für den Kombattantenstatus verlangt Art. 43 Abs. 1 Satz 2 ZP I auch von den Guerillaeinheiten ein internes Disziplinarsystem, das unter anderem die Einhaltung der Regeln des in bewaffneten Konflikten anwendbaren Völkerrechts gewährleistet[895]. In Art. 4 A Abs. 2 GA III wird von den Widerstandsbewegungen lediglich verlangt, dass sie organisiert sein müssen. Art. 1 HLKO setzt bei den übrigen Streitkräften, Milizen und Freiwilligenkorps stillschweigend ein Disziplinarsystem voraus[896]. Art. 43 ZP I fordert ausdrücklich eine Organisation für alle Streitkräfte, Gruppen und Einheiten mit klarer Zuständigkeitsabgrenzung und Organisationsstruktur[897].

Für die Anerkennung von Guerillaeinheiten als Kombattanten verlangt Art. 44 Abs. 3 ZP I ebenfalls die Pflicht zur Unterscheidung von der Zivilbevölkerung[898]. Danach haben auch die Guerillakämpfer die bereits dargelegte Unterscheidung nach Art. 44 Abs. 3 ZP I zu gewährleisten, um als Kombattant rechtmäßig an Kampfhandlungen teilnehmen und bei Gefangennahme Anspruch auf den Kriegsgefangenenstatus geltend machen zu können. Dazu wird insbesondere auf die Mindestbedingungen für den Kombattantenstatus gemäß Art. 44 Abs. 3 Satz 2 ZP I verwiesen[899].

4. Zwischenergebnis

Nach alledem zeigt sich deutlich, dass die Einhaltung der Voraussetzungen für den Kombattantenstatus für Guerillaeinheiten nach Art. 4 A Nr. 2 GA III sowie Art. 43, 44 ZP I auf Grund der sogenannten Guerillataktik in der Kampfführung problematisch ist. Trotz der Regelungen des I. Zusatzprotokolls von 1977, die insbesondere mit Blick auf die damaligen Befreiungskriege, regelmäßig mit Beteiligung sogenannter Guerillaeinheiten, den Anwendungsbereich des Humanitären Völkerrechts erweitert haben, bleibt die Einordnung von Guerilleros vom Einzelfall abhängig. Bei Nichteinhaltung der völkerrechtlichen Voraussetzungen für den Kombattantenstatus gelten Guerillakämpfer als sogenannte unrechtmäßi-

894 Born, in: NZWehrR, Bd. 21 (1979), S. 58 ff.
895 Wieczorek, Unrechtmäßige Kombattanten, S. 80.
896 Born, in: NZWehrR, Bd. 21 (1979), S. 58 ff.
897 Born, in: NZWehrR, Bd. 21 (1979), S. 58 ff.
898 Siehe oben: Kap. 3, II. 3. d) aa) (3) (b).
899 Siehe oben: Kap. 3, II. 3. d) aa) (3) (c).

ge Kombattanten[900] und sind entsprechend nicht als Kriegsgefangene i.S.d. GA III zu qualifizieren.

Bei der Erweiterung des Anwendungsbereiches des Humanitären Völkerrechts durch die Vorschriften des ZP I handelt es sich jedoch nicht um verbindliches Völkergewohnheitsrecht, weil es dazu an einer entsprechenden anerkannten Staatenpraxis fehlt. Deswegen besteht für gefangengenommene Guerilla-Kämpfer grundsätzlich auch keine Möglichkeit, sich auf Rechte aus Art. 75 ZP I zu berufen, der die Funktion eines Auffangtatbestandes zu den Genfer Konventionen übernehmen soll[901]. Etwas anderes gilt nur, wenn der Gewahrsamsstaat die Bestimmungen der Zusatzprotokolle gegen sich gelten lassen muss. Es gilt insoweit § 34 WVK, wonach ein Vertrag für einen nicht unterzeichnenden Staat weder Rechte noch Pflichten begründet.

II. Terroristen

„Im Völkerrecht gibt es keine rechtlosen Personen – dies gilt auch für mutmaßliche und erwiesene Terroristen.“[902]

Spätestens mit den Angriffen auf das World Trade Center vom 11. September 2001 ist klar geworden, dass der heute existierende internationale Terrorismus eine Gefahr darstellt, die mit dem Angriff militärischer Streitkräfte in ihrer Wirkung vergleichbar ist[903]. Der im Anschluss daran geführte „war on terrorism“ hat mit der Gefangennahme und Inhaftierung – vermeintlicher – Terroristen auf dem Militärstützpunkt Guantánamo Bay durch die USA die Frage nach deren völkerrechtlich zulässiger Behandlung aufgeworfen.

1. Krieg gegen den Terrorismus

Schon der Ausdruck „Krieg gegen den Terrorismus“ (war on terrorism) scheint nahe zu legen, dass Terroristen eine nach den Regeln des Völkerrechts anerkannte Kategorie von Teilnehmern an einem – nicht-internationalen – bewaffneten Konflikt seien und für sie ein anwendbares Rechtsregime existiere. Das ist aber gerade nicht der Fall. Unklar ist bereits die Eingrenzung einer als Terroris-

900 Wieczorek, Unrechtmäßige Kombattanten, S. 86.

901 Kurth, in: Zeitschrift für Rechtspolitik mit rechtspolitischer Umschau, Bd. 35 (2002), S. 405.

902 Stuckenberg, in: JZ 2006, S. 1144.

903 Frowein, Der Terrorismus als Herausforderung für das Völkerrecht, S. 889.

ten in Frage kommenden Personenmehrheit[904]. Gleichwohl gibt es dafür einige Anknüpfungspunkte:

Zur Beschreibung terroristischer Handlungen lautet beispielsweise § 129a des Deutschen Strafgesetzbuches „Bildung terroristischer Vereinigungen" (auszugsweise)

> *„(1) Wer eine Vereinigung gründet, deren Zwecke oder deren Tätigkeit darauf gerichtet sind,*
>
> *1. Mord (§ 211) oder Totschlag (§ 212) oder Völkermord (§ 6 des Völkerstrafgesetzbuches) oder Verbrechen gegen die Menschlichkeit (§ 7 des Völkerstrafgesetzbuches) oder Kriegsverbrechen (§§ 8, 9, 10, 11 oder § 12 des Völkerstrafgesetzbuches) oder*
>
> *2. Straftaten gegen die persönliche Freiheit in den Fällen des § 239a oder des § 239b*
>
> *(...)*
>
> *zu begehen, oder wer sich an einer solchen Vereinigung als Mitglied beteiligt, wird mit Freiheitsstrafe von einem Jahr bis zu 10 Jahren bestraft."*

Nach US-amerikanischem Recht werden terroristische Handlungen wie folgt definiert:

> *„The term „terrorist activity" means the organising, abetting or participating in a wanton or indiscriminate act of violence with extreme indifference to the risk of causing death or serious bodily harm to individuals not taking part in armed hostilities."*[905]

Nach Art. 2 des – bisher nicht Kraft getretenen – internationalen Vertrages für die Unterdrückung bestimmter terroristischer Maßnahmen vom 12. Januar 1998 begeht eine Person eine Straftat im Sinne dieser Konvention, wenn sie eine Explosion verursacht auf einem für die Öffentlichkeit zugänglichen Platz, in einer staatlichen oder öffentlichen Einrichtung, im öffentlichen Transportsystem, mit der Absicht, den Tod oder schwere Verletzungen zu verursachen oder mit der Absicht, erhebliche Zerstörungen anzurichten. Dabei wird von der Konvention eine gewisse grenzüberschreitende Aktivität vorausgesetzt[906].

Zur Beschreibung terroristischer Aktivitäten kann ferner Art. 2 Abs. 1 b der Konvention für die Unterdrückung der Finanzierung des Terrorismus vom 9. Dezember 1999 herangezogen werden. Diese Vorschrift lautet:

> *„Any other act intended to cause death or serious bodily injury to a civilian, or to any other person not taking an active part in the hostilities in a situation of armed conflict, when the*

---

904 Diener, Terrorismusdefinition im Völkerrecht, S. 10 ff.

905 Public Law 100 – 204 vom 22.12.1987, Section 901, zitiert nach: Frowein, Der Terrorismus als Herausforderung für das Völkerrecht, S. 881.

906 Witten, in: AJIL, Vol. 92 (1998), S. 777; Frowein, Der Terrorismus als Herausforderung für das Völkerrecht, S. 881 f.

purpose of such act, by its nature or context, is to intimidate a population, or to compel a government or an international organisation to do or to abstain from doing any act."[907]

Zu Recht weist Frowein darauf hin, dass üblicherweise eine politische Zielsetzung Grundlage der terroristischen Aktivität ist, wenngleich das in den Definitionen nicht ausdrücklich berücksichtigt worden ist[908]. Gerade unter diesem Gesichtspunkt erscheint es sinnvoll, auch Terroristen ein Mindestmaß an humanitären Schutzrechten zu gewähren, um dem Vorwurf entgegenzutreten, dass eine bestimmte politische oder religiöse Gruppe von der Staatengemeinschaft rechtlos gestellt wird. Vermeintlich bestätigt die Verweigerung grundlegender Rechte gegenüber (islamistischen) Terroristen am Ende nur ein Bild der westlichen Kultur, das von islamischen Fundamentalisten gepredigt und zur Rekrutierung neuer Anhänger des Terrors missbraucht wird[909]. Insoweit gilt auch der Ausspruch:

„*One man's terrorist is another man's freedom fighter.*"[910]

Terroristische Gewalt wird häufig zur Verfolgung eines vermeintlich legitimen Ziels, z.B. der Befreiung eines Landes, Volkes oder einer bestimmten Minderheit eingesetzt. Dabei richtet sich die meist extreme Gewalt häufig gegen viele Menschen, die im kriegsrechtlichen Sinne keine Kombattanten, sondern Zivilisten sind, und auch nach kriegsrechtlichen Maßstäben nicht angegriffen werden dürfen[911]. Die Staaten trifft die Pflicht, terroristische Handlungen zu verhindern, die von ihrem Staatsgebiet ausgehen[912]. Nach der „Friendly Relations Declaration"[913] hat jeder Staat die Pflicht, die Organisierung, Anstiftung oder Unterstützung von Bürgerkriegs- oder Terrorakten in einem anderen Staat oder die Teilnahme daran oder die Duldung organisierter Aktivitäten, die auf die Begehung solcher Akte gerichtet sind, in seinem Hoheitsgebiet zu unterlassen, wenn die in diesem Absatz erwähnten Akte die Androhung oder Anwendung von Gewalt einschließen[914].

---

907 Zitiert nach: Lavalle, in: ZaöRV, Bd. 60 (2000), S. 496; Frowein, Der Terrorismus als Herausforderung für das Völkerrecht, S. 882.

908 Frowein, Der Terrorismus als Herausforderung für das Völkerrecht, S. 882.

909 Kurth, in: Zeitschrift für Rechtspolitik mit rechtspolitischer Umschau, Bd. 35 (2002), S. 407.

910 Kurth, in: Zeitschrift für Rechtspolitik mit rechtspolitischer Umschau, Bd. 35 (2002), S. 406; Frowein, Der Terrorismus als Herausforderung für das Völkerrecht, S. 881.

911 Frowein, Der Terrorismus als Herausforderung für das Völkerrecht, S. 881.

912 Frowein, Der Terrorismus als Herausforderung für das Völkerrecht, S. 883.

913 Erklärung über völkerrechtliche Grundsätze für freundschaftliche Beziehungen und Zusammenarbeit zwischen den Staaten im Sinne der Charta der Vereinten Nationen, Anhang der Resolution der VN-Generalversammlung Nr. 2625 (XXV) vom 24.10.1970.

914 Tietje/Nowrot, in: NZWehrR, Bd. 44 (2002), S. 8.

2. Status von Terroristen

Nach allgemeiner Ansicht haben Terroristen keinen Kombattantenstatus im Sinne des humanitären Völkerrechts. Sie sind deshalb bei einer Gefangennahme im Zusammenhang mit einem internationalen bewaffneten Konflikt nicht als Kriegsgefangene im Sinne des GA III zu behandeln. Es wird vertreten, dass der Status von Terroristen im Völkerrecht dem von Piraten auf hoher See entspricht, die im Sinne einer universellen Jurisdiktion unter die Strafgewalt der einzelnen Staaten fallen[915]. Danach wird als zulässig erachtet, dass Staaten Terroristen vor ihre Gerichte stellen, auch wenn der terroristische Akt weder in ihrem Staatsgebiet stattgefunden noch sich gegen eigene Staatsangehörige gerichtet hat[916].

Nach den Anschlägen vom 11. September 2001 sind im Zuge des „Krieges gegen den Terrorismus" und den Kampfhandlungen in Afghanistan vermeintliche Al Qaida-Terroristen gefangengenommen worden. Die US-Administration hat zum Status dieser im Lager Guantánamo Bay internierten Personen den Standpunkt vertreten, es handele sich bei ihnen um sogenannte „illegal combatants" bzw. „enemy combatants" oder „unlawful combatants", die nicht unter das humanitäre Völkerrecht, insbesondere des GA III über die Behandlung von Kriegsgefangenen fallen[917].

Zu Recht sind Terroristen nicht als Kriegsgefangene im Sinne des GA III zu qualifizieren, weil sie üblicherweise keine Kombattanten im Sinne von Art. 4 A GA III sind[918]. Im Einzelfall ist aber jeweils zu prüfen, ob die gefangengenommene Person die Voraussetzungen für den Kombattantenstatus und entsprechend des Kriegsgefangenen nach dem GA III innehat.

Terroristische Handlungen widersprechen regelmäßig den Gesetzen und Gebräuchen des Krieges, deren Einhaltung für die Qualifikation als Kombattant bzw. Kriegsgefangener Voraussetzung ist[919]. Anderenfalls könnten sich Terroristen auf den Schutz durch die Bestimmungen des Humanitären Völkerrechts –

915 Tietje/Nowrot, in: NZWehrR, Bd. 44 (2002), S. 2; Frowein, Der Terrorismus als Herausforderung für das Völkerrecht, S. 893.

916 Frowein, Der Terrorismus als Herausforderung für das Völkerrecht, S. 893.

917 Wieczorek, Humanitäres Völkerrecht – Informationsschriften 2002, S. 88; Thürer, in: SZIER, Bd. 14 (2004), S. 2.

918 Der Kombattanten-Status ist auch für den Fall gezielter Tötungsaktionen gegen vermeintliche Terroristen von Bedeutung. Eine entsprechende bewaffnete Aktion darf sich nur gegen Personen richten, die den Kombattanten-Status haben oder ihn haben könnten, wenn sie sich völkerrechtsmäßig verhalten würden. Grundsätzlich ist ein Waffeneinsatz aber nicht gegen Personen zulässig, die nicht selbst an einer bewaffneten Aktion teilnehmen oder diese konkret vorbereiten. Siehe dazu: Frowein, Der Terrorismus als Herausforderung für das Völkerrecht, S. 892.

919 Kurth, in: Zeitschrift für Rechtspolitik mit rechtspolitischer Umschau, Bd. 35 (2002), S. 405; Frowein, Der Terrorismus als Herausforderung für das Völkerrecht, S. 885.

insbesondere der Kriegsgefangenenkonvention – berufen, während sie durch ihre Handlungen gerade dem Ziel jeglichen humanitären Rechts widersprechen. Dies dürfte auch für die im Zuge der Kampfhandlungen nach den Terroranschlägen vom 11. September 2001 in Afghanistan gefangengenommenen Al Qaida-Kämpfer gelten, wenngleich die übrigen Voraussetzungen für den Kombattantenstatus durchaus fraglich erscheinen. Insoweit ist bei sehr weiter Auslegung der Tatbestandsvoraussetzungen gemäß Art. 4 A Nr. 2 a) bis c) GA III durchaus vertretbar, dass diese erfüllt sein könnten[920].

Soweit Art. 4 A Nr. 2 GA III die Zugehörigkeit zu einer am Konflikt beteiligten Partei vorschreibt, kann – theoretisch – grundsätzlich im Sinne einer Verrechtlichung internationaler Beziehungen über eine partielle Völkerrechtssubjektivität von terroristischen Organisationen nachgedacht werden. Zwar wäre die Anerkennung einer partiellen Völkerrechtssubjektivität terroristischer Organisationen einschließlich ihrer „Bindung an das Gewaltverbot" dogmatisch zulässig, jedoch wenig praktikabel[921]. Die Anerkennung terroristischer Organisationen als Völkerrechtssubjekte würde jedoch keinen erweiterten Spielraum für militärische Gegenmaßnahmen oder sonstiges Vorgehen gegen die Terroristen bieten und bleibt deshalb ohne praktische Relevanz.

Im Zusammenhang mit den Krisen der 70er Jahre in Afrika ist bereits damals die Anerkennung eines Kombattantenstatus für Terroristen diskutiert worden[922]. Nach der Resolution der UN-Generalversammlung vom 20. Dezember 1971 (Resolution Nr. 2852 (XXVI)) waren Widerstands- und Freiheitskämpfer im südlichen Afrika und in Gebieten unter Kolonial-Fremdherrschaft und in besetzten Gebieten, die für ihre Befreiung und Selbstbestimmung kämpften, im Falle ihrer Gefangennahme als Kriegsgefangene zu behandeln[923]. In der Diskussion der 70er Jahre war der Begriff des Terrorismus jedoch eng mit der völkerrechtlichen Beurteilung von nationalen Freiheitsbewegungen und Maßnahmen zur Verwirklichung des Selbstbestimmungsrechts verbunden[924]. Die Dinge liegen heute anders. Soweit ersichtlich, wird heute in der völkerrechtlichen Literatur nicht mehr ernsthaft erwogen, Terroristen entgegen den anerkannten Maßstäben für die Anerkennung des Kombattantenstatus den Sekundärstatus als Kriegsgefangene zukommen zu lassen.

Terroristen sind damit nicht als Kombattanten im Sinne des Humanitären Völkerrechts anzusehen, weswegen sie bei ihrer Gefangennahme nicht den Se-

---

920 Wieczorek, Humanitäres Völkerrecht – Informationsschriften 2002, S. 91 ff.

921 Tietje/Nowrot, in: NZWehrR, Bd. 44 (2002), S. 13.

922 Seidl-Hohenveldern, Kombattantenstatus für Terroristen?, S. 84 ff.; Kurth, in: Zeitschrift für Rechtspolitik mit rechtspolitischer Umschau, Bd. 35 (2002), S. 405.

923 Kurth, in: Zeitschrift für Rechtspolitik mit rechtspolitischer Umschau, Bd. 35 (2002), S. 405 ff.

924 Kurth, in: Zeitschrift für Rechtspolitik mit rechtspolitischer Umschau, Bd. 35 (2002), S. 406.

kundärstatus des Kriegsgefangenen nach dem GA III beanspruchen können. Um dem Problem des Terrorismus international entgegenzutreten, sind besondere Schutzvorschriften und damit eine Besserstellung gefangengenommener Terroristen nicht angezeigt. Eine Privilegierung von Terroristen gegenüber gemeinen Mördern, Amokläufern und sonstig motivierten Attentätern ist gerade vor dem Hintergrund der Terrorismusprävention kaum zu rechtfertigen. Das bedeutet aber nicht, dass Terroristen nach dem Völkerrecht rechtlos bzw. schlechter gestellt wären als gemeine Verbrecher:

Zunächst ist darauf hinzuweisen, dass in Zweifelsfällen – auch in Bezug auf Terroristen – gemäß Art. 5 GA III die betroffene Person nach Maßgabe des GA III zu behandeln ist. Ihre Rechtsstellung ist nach Art. 5 GA III dann durch ein zuständiges Gericht festzustellen[925].

Ist eine Person, die terroristische Handlungen begangen hat oder deren verdächtig ist, nach alledem nicht als Kriegsgefangener im Sinne des GA III zu beurteilen, kommt die Anwendung des Genfer Abkommens zum Schutze von Zivilpersonen in Kriegszeiten (GA IV) in Betracht. Der Anwendungsbereich des GA IV richtet sich nach Art. 4 des Abkommens:

> *„Durch das Abkommen werden die Personen geschützt, die sich im Falle eines Konflikts oder einer Besetzung zu irgendeinem Zeitpunkt und gleichgültig auf welche Weise im Machtbereich einer am Konflikt beteiligten Partei oder einer Besatzungsmacht befinden, deren Angehörige sie nicht sind.*
>
> *Die Angehörigen eines Staates, der durch das Abkommen nicht gebunden ist, werden durch das Abkommen nicht geschützt. Die Angehörigen eines neutralen Staates, die sich auf dem Gebiete eines kriegführenden Staates befinden, und die Angehörigen eines mit kriegführenden Staates werden nicht als geschützte Personen betrachtet, solange der Staat, dem sie angehören, eine normale diplomatische Vertretung bei dem Staat unterhält, in dessen Machtbereich sie sich befinden (...).“*

Auch nach dem GA IV ist die Internierung von geschützten Personen zulässig. Nach Art. 42 Abs. 1 GA IV darf die Internierung oder Zuweisung eines Zwangsaufenthaltes bei geschützten Personen angeordnet werden, wenn es die Sicherheit der Macht, in deren Machtbereich sie sich befinden, unbedingt erfordert. Das dürfte bei Terroristen, die Kriegsverbrechen oder Terroranschläge begangen haben oder deswegen verdächtigt sind, regelmäßig der Fall sein[926]. In Anlehnung an das Kriegsgefangenenabkommen (GA III) enthält das GA IV in Art. 79 ff. Bestimmungen über die Behandlung von Internierten. Eine Strafverfolgung wegen etwaiger terroristischer Handlungen ist nach dem GA IV nicht ausgeschlossen (vgl. Art. 66 und 76 GA IV).

---

925 Siehe oben: Kap. 3. IV.

926 Kurth, in: Zeitschrift für Rechtspolitik mit rechtspolitischer Umschau, Bd. 35 (2002), S. 406.

Für den Fall der in Guantánamo Bay internierten und zuvor im Rahmen der Kampfhandlungen im Krieg gegen den Terrorismus nach dem 11. September 2001 gefangengenommenen Al Qaida-Kämpfer hält Frowein die Anwendbarkeit des GA IV für problematisch, da die Al Qaida-Kämpfer nicht in einem „besetzten Gebiet“ festgenommen worden sind[927].

Unabhängig von der rechtlichen Einordnung der Gefangenen und Internierten als Kombattanten bzw. Kriegsgefangene hat der Gewahrsamsstaat den Mindeststandard des gemeinsamen Art. 3 der Genfer Konventionen[928] einzuhalten[929]. Darüber hinaus haben auch Terroristen, die im Laufe eines bewaffneten Konflikts gefangengenommen worden sind, einen Anspruch auf die Anwendung der „Auffangregel“ von Art. 75 ZP I[930]. Art. 75 ZP I kodifiziert grundlegende (Mindest-)Garantien, auf die jeder Mensch unter allen Umständen Anspruch hat[931].

Ihre jeweilige Anwendbarkeit vorausgesetzt, sind die Vorschriften aller übrigen völkerrechtlichen Kodifikationen zum Schutz der Menschenrechte auch für Terroristen zu beachten[932]. Für die Behandlung der von den USA in Guantánamo Bay internierten vermeintlichen Terroristen wird die Anwendbarkeit des Internationalen Paktes über bürgerliche und politische Rechte[933] allgemein bejaht[934].

3. Exkurs: Taliban-Streitkräfte

Für die im „Krieg gegen den Terrorismus“ nach dem 11. September 2001 in Afghanistan festgenommenen Angehörigen der Taliban-Streitkräfte ist die Qualifikation als Kombattanten bzw. Kriegsgefangene ebenfalls problematisch. Auf Grund der gefestigten Herrschaft der Taliban in Afghanistan zum Zeitpunkt nach dem 11. September 2001 lässt sich mit guten Argumenten vertreten, dass deren Streitkräfte als solche im Sinne des Humanitären Völkerrechts anzusehen sind[935]. So hält Frowein es für völkerrechtlich eindeutig, dass die Dritte Genfer Rot-Kreuz-Konvention über den Schutz der Kriegsgefangenen für die Angehörigen der afghanischen Taliban-Streitkräfte anwendbar ist, die von den US-amerikani-

927 Frowein, Der Terrorismus als Herausforderung für das Völkerrecht, S. 896 ff.

928 Siehe oben: Kap. 3 I. 3. a).

929 Wieczorek, Humanitäres Völkerrecht – Informationsschriften 2002, S. 96.

930 Thürer, in: SZIER, Bd. 14 (2004), S. 3.

931 Gasser, Humanitäres Völkerrecht, S. 80.

932 Siehe oben: Kap. 2 I. 6.

933 Siehe oben: Kap. 2 I. 6. a).

934 Paust, in: MJIL, Vol. 23 (2001), S. 12; Thürer, in: SZIER, Bd. 14 (2004), S. 3; Frowein, Der Terrorismus als Herausforderung für das Völkerrecht, S. 903.

935 Tietje/Nowrot, in: NZWehrR, Bd. 44 (2002), S. 11.

schen Truppen festgenommen worden sind[936]. Bei einer weiten Auslegung der Voraussetzungen nach § 4 A GA III wird diese Auffassung auch von Wieczorek vertreten, die von einer faktischen statt klassischen militärischen Organisation ausgeht und nur geringe Anforderungen an die Erkennungszeichen der Streitkräfte stellt[937].

Demgegenüber ist ebenso mit guten Argumenten zu vertreten, dass eine äußerliche Erkennbarkeit der Taliban-Streitkräfte nicht gegeben war, weil die Taliban-Kämpfer entsprechend den Gesetzen der Taliban islamische Kleidung, eine Kopfbedeckung und einen Bart getragen haben, und deshalb nicht von der Zivilbevölkerung – bis auf das Tragen einer Kalaschnikow – zu unterscheiden gewesen sind[938]. Darüber hinaus haben die Taliban schon zu Beginn der Kampfhandlungen in Afghanistan nach dem 11. September 2001 deutlich zu erkennen gegeben, dass sie nicht gewillt waren, die Gesetze und Gebräuche des Krieges zu beachten, indem sie beispielsweise militärisches Gerät bei der Zivilbevölkerung versteckt haben. Auch deswegen sind die für den Kriegsgefangenenstatus erforderlichen Voraussetzungen gemäß Art. 4 A Ziffer 2. GA III nicht erfüllt und gefangengenommene Taliban nicht als Kriegsgefangene zu behandeln[939].

Im Zweifel wären auch diese Fragen durch ein zuständiges Gericht gemäß Art. 5 Abs. 2 GA III zu klären. Bis zu einer entsprechenden Feststellung sind die Gefangenen entsprechend Art. 5 Abs. 2 GA III als Kriegsgefangene nach dem GA III zu behandeln. Ein entsprechendes Gerichtsverfahren ist jedoch nie eingeleitet worden.

III. Private Militärunternehmen

Die Anwendbarkeit des Kriegsgefangenenrechts ist darüber hinaus auch für die Mitglieder privater Militärunternehmen von großer Bedeutung. Auf Grund der zunehmenden Präsenz privater Sicherheits- und Militärunternehmen in gegenwärtigen internationalen und nicht-internationalen bewaffneten Konflikten findet die Frage der Anwendung des humanitären Völkerrechts auf und durch die Angehörigen dieser Unternehmen aktuell eine erhöhte Beachtung[940]. Dabei werden private Militärunternehmen wie folgt beschrieben:

---

936 Frowein, Der Terrorismus als Herausforderung für das Völkerrecht, S. 894.
937 Wieczorek, Humanitäres Völkerrecht – Informationsschriften 2002, S. 91.
938 Kurth, in: Zeitschrift für Rechtspolitik mit rechtspolitischer Umschau, Bd. 35 (2002), S. 406.
939 Kurth, in: Zeitschrift für Rechtspolitik mit rechtspolitischer Umschau, Bd. 35 (2002), S. 406.
940 Niewerth, Private Militärunternehmen, S. 5; Krieger, in: AVR, Bd. 44 (2006), S. 159; Schaller, in: Humanitäres Völkerrecht 2006, S. 51.

„Private Militärunternehmen sind Unternehmen, die auf dem freien Markt für Geld Dienstleistungen anbieten, die traditionell als Aufgaben des staatlichen Militärs angesehen wurden.“[941]

1. Einsatz privater Militärunternehmen

Wegen der hohen Beteiligung privater Militärunternehmen wird der „zweite“ Irak-Krieg als „erster privatisierter Krieg der Neuzeit“ bezeichnet[942]. Im Zuge dieser Auseinandersetzung haben die Vereinigten Staaten von Amerika etwa 60 private Unternehmen mit einer Personalstärke von insgesamt etwa 20.000 Mitarbeitern für Aufgaben im militärischen Bereich angeheuert[943]. Private Militärunternehmen sind weltweit in Konflikten und Krisenregionen tätig. Ansässig sind die privaten Militärunternehmen vornehmlich in den USA, Großbritannien und Südafrika[944]. Aber auch in Deutschland gibt es private Sicherheitsunternehmen, die Leistungen im Bereich militärischer Einsatzaufgaben anbieten[945]. Mit Blick auf die steigenden Ausgaben im Haushalt des US-Verteidigungsministeriums für die Beauftragung privater Militärunternehmen erkennt Niewerth eine deutliche Tendenz zum verstärkten Einsatz privater Militärunternehmen mit der Folge, dass zukünftig in bewaffneten Konflikten mehr Angestellte von Militärunternehmen als Soldaten des staatlichen Militärs herangezogen werden[946]. Neben finanziellen Motiven sind auch politische Erwägungen für den Einsatz privater Militärunternehmen von Bedeutung[947], z.B. wenn auf den ausdrücklichen Einsatz eigener regulärer Streitkräfte verzichtet oder dieser reduziert werden soll.

Unterschiedlich ist die staatliche Kontrolle über private Militärunternehmen. Während in der Bundesrepublik Deutschland zur Senkung von Ausgaben der öffentlichen Hand die Gesellschaft für Entwicklung, Beschaffung und Betrieb (g.e.b.b.) als Dienstleister für die deutschen Streitkräfte unter völliger Kontrolle des Staates gegründet worden ist, sind andere Militärunternehmen vor allem mit Sitz in den USA rechtlich unabhängig. Regelmäßig sind diese Unternehmen aber wirtschaftlich auf Aufträge der Regierung angewiesen und müssen deswegen als

941 Niewerth, Private Militärunternehmen, S. 5.

942 Krieger, in: AVR, Bd. 44 (2006), S. 159.

943 Krieger, in: AVR, Bd. 44 (2006), S. 159. Diese Firmen sind u.a. Halliburton, Global Risk Strategies, Blackwater, MRPI und DynCorp.

944 Niewerth, Private Militärunternehmen, S. 5.

945 Krieger, in: AVR, Bd. 44 (2006), S. 160; z.B. vermittelt das Unternehmen Delphos mit Sitz in Hamburg Personenschutzfachkräfte in den Irak und nach Afghanistan.

946 Niewerth, Private Militärunternehmen, S. 6.

947 Köhler, Private Sicherheits- und Militärunternehmen, S. 17, 25.

staatlich kontrolliert angesehen werden[948]. Daneben erweisen sich auch in manchen Staaten gesetzliche Regulierungsmechanismen noch als wirkungsvoll, so dass private Militärunternehmen ohne Weiteres verstaatlicht werden können, wenn dies dem Staat unter außen- oder sicherheitspolitischen Erwägungen notwendig erscheint[949].

Stehen private Militärunternehmen nicht unter der Kontrolle des Staates, in denen sie ihren Sitz haben, und werden weltweit in bewaffneten Konflikten tätig, ist ihr Einsatz geeignet, den Interessen und dem Ansehen ihres „Heimatstaates" erheblichen Schaden zuzufügen[950]. Dazu sei auf den beabsichtigten Einsatz des britischen Militärunternehmens „Sandline" im Jahr 1997 in Papua Neu-Guinea hinzuweisen, der für eine außen- und innenpolitische Krise in dem südostasiatischen Land und Großbritannien sorgte[951]. Gegen ein Entgelt in Höhe von USD 36 Mio. hat sich Sandline gegenüber Papua Neu-Guinea verpflichtet, mit militärischen Mitteln zur Beendigung des Konflikts mit Separatisten auf der Insel Bougainville beizutragen, wobei auch Kampfeinsätze durch Angestellte des Unternehmens vorgesehen waren. Durch den Vertrag fühlten sich die regulären Streitkräfte Papua Neu-Guineas benachteiligt, so dass es schließlich zu Unruhen kam und ein Putsch drohte. In der Folge wurde die vertragliche Vereinbarung mit Sandline nach Bezahlung des vertraglichen Entgeltes und ohne Erbringung der vereinbarten militärischen Leistungen aufgelöst. Für die Krise wurde auch Großbritannien, wo Sandline seinen Sitz hat, verantwortlich gemacht[952].

Einen anderen Ausgang nahm der Einsatz des südafrikanischen Unternehmens „Executive Outcomes" in Sierra Leone im Jahr 1995. Nach Beauftragung durch die Regierung von Sierra Leone führte Executive Outcomes mehrere militärische Operationen des regulären Militärs gegen Rebellengruppen an und vertrieb diese aus der Umgebung der Hauptstadt Freetown und brachte wichtige Rohstoffminen wieder zurück unter die Kontrolle der Regierung. In der Folge konnte Ende des Jahres 1996 zwischen der Regierung und den Aufständischen ein Friedensabkommen geschlossen werden[953]. Anzumerken ist, dass mit dieser Darstellung keine rechtliche oder ethische Wertung verbunden ist.

---

948 Niewerth, Private Militärunternehmen, S. 6.

949 Niewerth, Private Militärunternehmen, S. 7, mit Verweis auf die Entwicklungen in der russischen Ölindustrie, die zeigen, dass auch mächtige und einflussreiche Unternehmen nicht vor Verstaatlichung geschützt sind.

950 Niewerth, Private Militärunternehmen, S. 7.

951 Niewerth, Private Militärunternehmen, S. 8; McCormack, in: YIHL, Vol. 1 (1998), S. 292 ff.

952 Niewerth, Private Militärunternehmen, S. 8; McCormack, in: YIHL, Vol. 1 (1998), S. 296 ff.

953 Köhler, Private Sicherheits- und Militärunternehmen, S. 21; Krieger, in: AVR, Bd. 44 (2006), S. 160.

Neben staatlichen Auftraggebern sind es häufig auch andere privatwirtschaftliche Unternehmen, insbesondere multinationale Konzerne, die sich der Leistungen privater Militärunternehmen bedienen[954]. Für eine rechtliche Bewertung von privaten Militärunternehmen teilt Schaller deren Leistungen in folgende Kategorien ein[955]:

- Logistische Unterstützung (Kommunikation, Transport, Instandhaltung, Verpflegung und Unterbringung) und Beratung von Streitkräften
- Vollzugsdienste (Errichtung von Straßensperren, Durchsuchen und Festnahme von Personen, zivile Aufsicht und Durchführung von Verhören in militärischen Haftanstalten)
- Bewaffneter Objekt- und Personenschutz
- Beteiligung an Kampfeinsätzen.

Dementgegen nimmt Niewerth eine Kategorisierung nach dem Grad der Wahrscheinlichkeit einer unmittelbaren Beteiligung der Angestellten privater Militärunternehmen an den Feindseligkeiten in sogenannte „high-risk"- und „low-risk"-Einsätze vor. Eine strengere Einteilung erscheint bei der Subsumtion etwaiger Einsätze privater Militärunternehmen wegen der fließenden Übergänge der einzelnen Dienstleistungen als nicht praktikabel[956].

- „high-risk"-Einsätze

Als „high-risk"-Einsätze werden Logistik sowie Aufklärungs- und Kampfaufträge privater Militärunternehmen in Gebieten bezeichnet, in denen bewaffnete Konflikte ausgetragen werden. Auch bei der Bewachung und Schutz von Personen, Gebäuden und Konvois ist grundsätzlich die Möglichkeit der unmittelbaren Beteiligung an den Feindseligkeiten gegeben, weswegen eine Einstufung als „high-risk"-Einsatz naheliegt[957]. Als Beispiele dafür können der Personenschutz des afghanischen Präsidenten Hamid Karsai sowie die Überwachung von US-Konvois im Irak benannt werden. Insbesondere bei Einsätzen dieser Art kann die Gefangennahme von Mitarbeitern privater Militärunternehmen nicht ausgeschlossen werden, weswegen sich infolgedessen die Frage der Anwendbarkeit des Kriegsgefangenenrechts stellt.

---

954 Niewerth, Private Militärunternehmen, S. 9; Köhler, Private Sicherheits- und Militärunternehmen, S. 22.

955 Schaller, in: Humanitäres Völkerrecht 2006, S. 55 ff.

956 Niewerth, Private Militärunternehmen, S. 14 ff.

957 Niewerth, Private Militärunternehmen, S. 15 ff.

• „low-risk"-Einsätze

Dementgegen werden als „low-risk"-Einsätze solche in Gebieten bezeichnet, die abseits bewaffneter Konflikte liegen. Auch diese „low-risk"-Einsätze umfassen Leistungen der privaten Militärunternehmen im Personen- und Gebäudeschutz, logistische Aufträge im Allgemeinen, die Bewachung von Kriegsgefangenen sowie Schulung und Ausbildung von Streitkräften. Darüber hinaus nehmen private Militärunternehmen im Rahmen des sogenannten „Outsourcing" übliche Aufgaben und Dienstleistungen zur Aufrechterhaltung des alltäglichen Standortbetriebs wahr. Dazu zählen z.B. der Barackenbau, der Betrieb von Feldküchen und Wäschereien sowie das Bereithalten von Einrichtungen für die private Kommunikation der Armeeangehörigen. In den Rahmen der sogenannten „low-risk"-Einsätze gehört auch die Wartung und Reparatur komplexer Waffensysteme, sofern diese nicht im Konfliktgebiet stationiert sind[958]. Bei „low-risk"-Einsätzen abseits des Kampfgebietes erscheint es als unwahrscheinlich, dass Angehörige von privatmilitärischen Unternehmen in die Gefangenschaft einer gegnerischen Konfliktpartei fallen. Ausgeschlossen ist es freilich nicht. Jedoch wird es hier praktisch kaum zu Fragen der Anwendung des Kriegsgefangenenrechts kommen.

2. Historische Entwicklung privater Militärunternehmen

Die Beauftragung privater Militärunternehmen ist kein Phänomen der Konflikte des 20. und 21. Jahrhunderts. Im geschichtlichen Zusammenhang sind die privaten Militärunternehmen als Fortentwicklung eines organisierten, unternehmerischen Söldnertums im klassischen Sinne anzusehen[959]. Zum Verständnis der gegenwärtigen privaten Militärunternehmen ist zu deren Entwicklungsgeschichte Folgendes anzumerken:

Aufzeichnungen über die Leistung von Kriegsdienst gegen Entgelt finden sich bereits in der Antike. Bereits während des Peloponnesischen Krieges im 5. Jahrhundert v. Chr. und dem nachfolgenden Jahrhundert während makedonischer Zeit wurden im antiken Griechenland regelmäßig Söldner zur Kriegsführung eingesetzt, die sich durch ihre Disziplin und hohe Professionalität im Kampf auszeichneten[960]. Auch in der Schlacht von Kadesh im Jahr 1294 v. Chr. wurden numidische Söldner im Dienste Ägyptens eingesetzt. Ebenso wurden im antiken

958 Niewerth, Private Militärunternehmen, S. 16.

959 Niewerth, Private Militärunternehmen, S. 9 ff.

960 Niewerth, Private Militärunternehmen, S. 10 ff.; Botha, in: SAYIL, Vol 24 (1999), S. 136 ff.

Rom und im byzantinischen Reich Söldner angeworben, um die regulären Streitkräfte zu verstärken und teilweise weiterzuentwickeln[961]. Bei den verpflichteten Söldnern handelte es sich jedoch nicht um Unternehmen im heutigen Sinne. Anders als heute sind die antiken Söldner üblicherweise einzeln angeheuert worden.

Seit dem Mittelalter haben gewinnorientierte Söldnerunternehmen ihre Dienstleistungen angeboten, weil für die kriegführenden Parteien die Unterhaltung einer stehenden Armee teils nicht möglich gewesen ist. Einen herausragenden Ruf erarbeiteten sich gerade die schweizerischen Söldner in vielen Konflikten des 15. und 16. Jahrhunderts[962]. Noch im Dreißigjährigen Krieg von 1618 bis 1648 standen sich in der Regel Söldnerheere gegenüber, wenngleich die schwedische Streitkraft unter Gustav Adolf als nationales stehendes Heer konstituiert und als solches erfolgreich war. Beginnend mit der Französischen Revolution 1789 bis zum deutsch-französischen Krieg 1870/71 haben die nationalen Armeen die Söldnerheere weitestgehend abgelöst[963].

Nach Ende des Zweiten Weltkrieges wurden häufig Gruppen von Weltkriegsveteranen als Söldner für militärische Einsätze in Afrika und im nahen Osten angeheuert. Das Auftreten der überwiegend europäischen Söldner ist dabei als Ausdruck eines Spätkolonialismus und Rassismus abgelehnt worden. Vor diesem Hintergrund ist auch die Kodifikation der OAU-Söldnerkonvention von 1977 sowie die einschlägigen Bestimmungen des ersten Zusatzprotokolls zu den Genfer Konventionen von 1977 anzusehen[964].

Auch das Ende des Kalten Krieges begünstigte erneut das Angebot und die Nachfrage von Militärdienstleistungen. Einerseits kam es durch politische Destabilisierung vor allem in Afrika und den Staaten des ehemaligen Ostblocks zu neuen militärischen Konflikten. Andererseits wurden viele Soldaten aus den Streitkräften der großen Mächte entlassen, verfügten aber gleichzeitig über eine gute militärische Ausbildung. Private Militärunternehmen konnten diese Marktlage ausnutzen und ehemalige Soldaten für eine feste Anstellung gewinnen[965]. Dass nach Ende des Ost-West-Konfliktes bis zum Ende der 90-er Jahre die personelle Stärke der Streitkräfte weltweit um mehr als 6 Mio. gesunken ist, spiegelt die Marktlage für qualifizierte Mitarbeiter sowie die personellen Ressourcen privater Militärunternehmen wider[966].

---

961 Niewerth, Private Militärunternehmen, S. 10 ff.

962 Niewerth, Private Militärunternehmen, S. 11 ff.; Botha, : SAYIL, Vol 24 (1999), S. 136 ff.

963 Niewerth, Private Militärunternehmen, S. 11 ff.; Botha, : SAYIL, Vol 24 (1999), S. 136 ff.

964 Siehe Oben: Kap. 2 I. 5.; Niewerth, Private Militärunternehmen, S. 12.

965 Niewerth, Private Militärunternehmen, S. 12 ff.

966 Köhler, Private Sicherheits- und Militärunternehmen, S. 25; Krieger, in: AVR, Bd. 44 (2006), S. 164.

Auch der libysche Machthaber Gaddafi hat für den – gescheiterten – Versuch seiner Machterhaltung im ersten Halbjahr 2011 auf den Einsatz ausländischer Söldner gesetzt[967].

Ebenso ist die Nachfrage nach privaten Sicherheitsdienstleistungen durch humanitäre Organisationen, NGOs und Wirtschaftsunternehmen, die regelmäßig in krisenanfälligen Regionen ohne eine staatliche Gewähr für die öffentliche Sicherheit tätig werden, seit den 90er Jahren deutlich angestiegen[968]. Als supranationale Organisation greift auch die Europäische Union bei dem Transport von humanitären Hilfslieferungen in Krisen- und Konfliktregionen auf den Einsatz privater bewaffneter Sicherheitsunternehmen zurück[969].

Gegenwärtig sind insbesondere die wirtschaftlichen Einsparungspotenziale vor dem Hintergrund knapper Verteidigungshaushalte und staatlicher militärischer Ressourcen Anlass für die vertragliche Verpflichtung privater Militärunternehmen zu weltweiten Einsätzen. Mittlerweile ist es gängige Praxis, dass auch von NATO-Staaten militärische (Kern-) Aufgaben an private Militärunternehmen vergeben werden. Beispielsweise ist die Stellung des US-amerikanischen Kontingents der OSZE-Beobachtermission von 1998 im Kosovo an das US-Unternehmen DynCorp. vergeben worden[970].

Mit der Zunahme einer Beteiligung privater Militärunternehmen im bewaffneten Konflikt geht seit dem Ende der 90er Jahre nach Ende des Ost-West-Konfliktes der Rückgang der personellen Stärke der regulären Streitkräfte um weltweit mehr als 6 Mio. einher[971].

3. Kein Söldner-Status für Angehörige privater Militärunternehmen

Nach Maßgabe von Art. 47 Abs. 2 ZP I sind private Militärunternehmen gegenwärtiger Prägung regelmäßig nicht als Söldner im Sinne dieser Vorschrift zu qualifizieren[972]. Hinzu kommt, dass die Teilnahme an Kampfhandlungen als Dienstleistung nur von einem geringen Teil von militärischen Dienstleistungsunternehmen überhaupt angeboten wird[973]. Daneben bereitet die Einordnung privater Militärunternehmen unter die Voraussetzungen des Art. 47 Abs. 2 ZP I

967 Scheen, Gaddafi rekrutiert Söldner unter den Tuareg, S. 1.

968 Krieger, in: AVR, Bd. 44 (2006), S. 163.

969 Krieger, in: AVR, Bd. 44 (2006), S. 163.

970 Krieger, in: AVR, Bd. 44 (2006), S. 163 m.w.N.

971 Krieger, in: AVR, Bd. 44 (2006), S. 164.

972 Niewerth, Private Militärunternehmen, S. 127; Krieger, in: AVR, Bd. 44 (2006), S. 170 ff.; Schaller, in: Humanitäres Völkerrecht 2006, S. 54.

973 Schaller, in: Humanitäres Völkerrecht 2006, S 54.

immense praktische Schwierigkeiten, weil diese Norm im Wesentlichen auf nur schwer zu belegende subjektive Kriterien abstellt[974].

a) Anwerbung zu einem besonderen Konflikt

Nach Art. 47 Abs. 2a) ZP I gilt als Söldner, wer im Inland oder Ausland zu dem besonderen Zweck angeworben ist, in einem bewaffneten Konflikt zu kämpfen. Entscheidend ist nach dieser Vorschrift also der konkrete Zweck der Anwerbung, nämlich der Kampfeinsatz in einem ganz bestimmten Konflikt. Dieser Voraussetzung für die Einordnung als Söldner liegt zu Grunde, dass sich herkömmliche Söldnergruppen nur ad hoc zur Erledigung eines bestimmten Auftrages bilden[975].

Bereits an dieser Stelle unterscheiden sich international tätige private Militärunternehmen von den Vorstellungen, die Art. 47 Abs. 2a) ZP I zu Grunde liegen. Mitarbeiter, die mittels längerfristiger Vertragsverhältnisse an internationale Militärunternehmen gebunden sind, erfüllen diese Voraussetzung bereits nicht[976]. Daneben ist entscheidend, dass sich das Beschäftigungsverhältnis von Mitarbeitern privater Militärunternehmen ausdrücklich auf die Teilnahme an einem Kampfeinsatz richtet, also der unmittelbaren Teilnahme an Feindseligkeiten in einem bewaffneten Konflikt. Nicht ausreichend soll dazu ein Arbeitsverhältnis sein, das lediglich auf logistische Leistungen, Bewachung und ähnliche Maßnahmen bezogen ist[977].

b) Unmittelbare Teilnahme an Kampfhandlungen

Nach Art. 47 Abs. 2b) ZP I ist die tatsächliche unmittelbare Teilnahme an Feindseligkeiten Voraussetzung, um nach dieser Vorschrift als Söldner zu gelten. Erforderlich ist es also, dass eine Person selbst konkret an Feindseligkeiten teilnimmt. Dies ist dann nicht der Fall, wenn private Militärunternehmen bzw. Söldner zwar für einen Kampfeinsatz angeworben worden sind, sie sich dafür im Einsatzgebiet bereithalten, dieser jedoch nicht stattfindet. Auch liegt eine tatsächliche unmittelbare Teilnahme an Feindseligkeiten durch einen Mitarbeiter eines Militärunternehmens dann nicht vor, wenn dieser nicht auch konkret dazu eingesetzt worden ist[978]. Von der Teilnahme an Feindseligkeiten ist aber auszugehen, wenn der Mitarbeiter im Rahmen sonstiger Aufgaben für reguläre Streit-

974 Krieger, in: AVR, Bd. 44 (2006), S. 171.
975 Krieger, in: AVR, Bd. 44 (2006), S. 171.
976 Niewerth, Private Militärunternehmen, S. 119 ff.; Krieger, in: AVR, Bd. 44 (2006), S. 171.
977 Niewerth, Private Militärunternehmen, S. 119 ff.; Cassese, in: ZaöRV, Bd. 40 (1980), S. 24 ff.
978 Niewerth, Private Militärunternehmen, S. 120.

kräfte, etwa durch Maßnahmen zur Selbstverteidigung, in Kampfhandlungen verwickelt wird.

c) Materielle Vergütung

Für die Einordnung als Söldner nach Art. 47 Abs. 2 ZP I kommt es auch auf die Motivation der Angestellten privater Militärunternehmen an. Nach Art. 47 Abs. 2 lit. c) ZP I gilt als Söldner, wer an Feindseligkeiten vor allem aus Streben nach persönlichem Gewinn teilnimmt und wer von oder im Namen einer am Konflikt beteiligten Partei tatsächlich die Zusage einer materiellen Vergütung erhalten hat, die wesentlich höher ist, als die den Kombattanten der Streitkräfte dieser Partei in vergleichbarem Rang und mit ähnlichen Aufgaben zugesagte oder gezahlte Vergütung. Das objektive Element einer hohen Vergütung nach Art. 47 Abs. 2 lit. c) ZP I dürfte sich im Einzelfall bei entsprechender Sachverhaltskenntnis regelmäßig unproblematisch belegen lassen.

Problematischer ist das subjektive Kriterium dieser Vorschrift, nämlich das Streben nach persönlichem Gewinn, das danach gegenüber anderen möglicherweise vorhandenen Motivationen für die Teilnahme an Feindseligkeiten ausschlaggebend gewesen sein muss. Insoweit ist die Überprüfbarkeit dieses Kriteriums schon dann problematisch, wenn sich ein vermeintlicher Söldner wegen seiner Teilnahme an Feindseligkeiten auf ideelle Werte (Weltanschauung, Religion) beruft[979].

d) Keine Zugehörigkeit zu einer Konfliktpartei

Darüber gilt als Söldner gemäß Art. 47 Abs. 2 lit. d) ZP I nur, wer weder Staatsangehöriger einer am Konflikt beteiligten Partei ist noch in einem von einer am Konflikt beteiligten Partei kontrollierten Gebiet ansässig ist. Für die Angehörigen privater Militärunternehmen bedeutet dies auch bei Vorliegen der übrigen Voraussetzungen gemäß Art. 47 Abs. 2 lit. a) – f) ZP I, dass sie nicht als Söldner zu klassifizieren sind und damit der Status als Kombattant oder Kriegsgefangener gemäß Art. 47 Abs. 1 ZP I ausgeschlossen ist, wenn sie Staatsangehöriger eines an dem Konflikt beteiligten Staates sind oder in einem von einer Konfliktpartei kontrolliertem Gebiet ansässig sind.

Daraus folgt für die privaten Militärunternehmen die Möglichkeit, die Voraussetzungen für den Söldnerstatus nach Art. 47 Abs. 2 ZP I zu umgehen, indem nur solche Mitarbeiter eingesetzt werden, die die Staatsangehörigkeit einer am Konflikt beteiligten Partei besitzen oder in einem von einer Konfliktpartei kon-

979 Niewerth, Private Militärunternehmen, S. 121.

trolliertem Gebiet ansässig sind[980]. Dabei bestimmt sich die Staatsangehörigkeit nach dem jeweiligen nationalen Recht[981]. Andererseits hat das Völkerrecht zur Vermeidung von Willkür sowie der Verleihung der Staatsangehörigkeit aus subjektiven regelmäßig ideologischen Gründen Kriterien aufgestellt, die vorliegen müssen, damit ein Staat physischen Personen seine Staatsangehörigkeit verleihen darf[982]. Zu den Anknüpfungspunkten für die Verleihung der Staatsangehörigkeit zählen Geburt, Verehelichung, Staatennachfolge oder auch der freie Willensentscheid des Einzubürgernden[983].

Vor dem Hintergrund des Risikos der Umgehung der Voraussetzungen für die Qualifikation als Söldner gemäß Art. 47 Abs. 2a) – f) ZP I durch die Verleihung der Staatsangehörigkeit durch eine Konfliktpartei scheint eine einschränkende Auslegung des Art. 47 Abs. 2 lit. d) 1. Alt. ZP I dahingehend geboten, dass eine Staatsangehörigkeit im Konfliktfall von einem daran beteiligten Staat nicht nur vorübergehend und zweckgebunden verliehen wird. Allerdings deutet der insoweit eindeutige Wortlaut der Vorschrift nicht auf eine entsprechende Ausnahme hin. Das Gleiche gilt auch für den Fall einer doppelten Staatsangehörigkeit, da kurzfristig eingebürgerte Angehörige von privaten Militärunternehmen in der Regel ihre ursprüngliche Staatsangehörigkeit behalten. Insoweit ist bei der Berücksichtigung der Staatsangehörigkeit im Sinne von Art. 47 Abs. 2 lit. d) ZP I auch nicht wie in der „Nottebohm“-Entscheidung des IGH[984] auf einen sogenannten „Genuine Link“ abzustellen, da es in Bezug auf Art. 47 Abs. 2 lit. d) ZP I nicht um die Auflösung einer Kollision zweier Staatangehörigkeiten geht. Dies widerspricht auch nicht dem Schutzzweck von Art. 47 Abs. 2 lit. d) ZP I, wonach Personen dann nicht als Söldner gelten, wenn sie auf Grund ihrer Staatsangehörigkeit eine Bindung an einen am Konflikt beteiligten Staat innehaben[985]. Dieses Ergebnis widerspricht nicht dem insoweit eindeutigen Wortlaut von Art. 47 Abs. 2 lit. d) ZP I und auch nicht der Systematik dieser Vorschrift im Kontext des ZP I und ist deswegen hinzunehmen, wenngleich die Beteiligung und der Einsatz in einem bewaffneten Konflikt aus rein ökonomischen Gründen sowie die Verleihung der Staatsangehörigkeit lediglich zweckgebunden zur Vermeidung der Rechtsfolgen aus Art. 47 Abs. 1 ZP I erfolgt[986].

Die zweite Voraussetzung nach Art. 47 Abs. 2 lit. d) ZP I verlangt, dass die am Konflikt beteiligte Person in einem von einer am Konflikt beteiligten Partei

---

980 Schaller, in: Humanitäres Völkerrecht 2006, S. 54.

981 Niewerth, Private Militärunternehmen, S. 121.

982 Seidl-Hohenveldern/Stein, Völkerrecht, S. 237 ff.

983 Seidl-Hohenveldern/Stein, Völkerrecht, S. 238 ff.

984 I.C.J. Rep. 1955, S. 4.

985 Niewerth, Private Militärunternehmen, S. 122.

986 Niewerth, Private Militärunternehmen, S. 121 ff.

kontrollierten Gebiet ansässig ist. Hier wird also auf ein zunächst rein tatsächliches Kriterium abgestellt. Vor dem Hintergrund der Rechtsfolge einer Verneinung der Qualifikation als Söldner im Sinne von Art. 47 Abs. 1 ZP I sowie des systematischen Zusammenhangs der Ansässigkeit zur Staatsangehörigkeit in Art. 47 Abs. 2 lit. d) ZP I scheint eine enge Auslegung des Begriffs der Ansässigkeit angezeigt. Insoweit kann als Wesensmerkmal der Gebietsansässigkeit eine auf eine gewisse Dauer angelegte Beziehung zu einem Staat, die sich in dem Aufenthalt in dem betreffenden Staatsgebiet äußert, angesehen werden, wobei diese Beziehung durch das Verlassen des Staatsgebietes auch wieder verlorengehen kann. Dieses Wesensmerkmal trägt insbesondere den Gesichtspunkten des Wohnsitzes und damit des Lebensmittelpunktes Rechnung[987]. In Bezug auf die Angehörigen privater Militärunternehmen dürfte das Merkmal der Ansässigkeit in einem bestimmten Gebiet von nachrangiger Bedeutung sein, weil es nur solche Personen betrifft, die vor ihrem Einsatz zufällig in dem von einer Konfliktpartei kontrollierten Gebiet „ansässig" gewesen sind.

e) Keine Angehörigkeit zu Streitkräften einer Konfliktpartei

Darüber hinaus gelten Angehörige von internationalen Militärunternehmen nach Art. 47 Abs. 2 lit. e) ZP I nur als Söldner, wenn sie nicht Angehörige von Streitkräften einer am Konflikt beteiligten Partei sind. Diese Vorschrift korrespondiert systematisch mit Art. 4 A. Nr. 1 GA III, wonach als Kriegsgefangene im Sinne des GA III solche in Feindeshand gefallene Personen gelten, die Mitglieder von Streitkräften einer am Konflikt beteiligten Partei sowie Mitglieder von in diese Streitkräfte eingegliederter Milizen und Freiwilligenkorps sind[988].

Im Einzelfall wird zu prüfen sein, ob die Angehörigen privater Militärunternehmen nach den jeweils geltenden Vorschriften der Konfliktpartei in deren Streitkräfte integriert worden sind. Eine Eingliederung in die Streitkräfte einer Konfliktpartei folgt regelmäßig durch die Unterstellung der jeweils betroffenen Personen, hier der Angehörigen privater Militärunternehmen, unter das jeweilige Militärstrafrecht dieser Konfliktpartei[989]. Gerade diese Rechtsfolge ist seitens der privaten Militärunternehmen regelmäßig nicht gewünscht, weswegen eine Eingliederung in die Streitkräfte dann nicht erfolgt.

Insoweit dürfte die Qualifikation von Angehörigen privater Militärunternehmen als Söldner im Sinne von Art. 47 Abs. 2 ZP I nicht an der Negativvoraussetzung von Art. 47 Abs. 2 lit. d) ZP I scheitern.

---

987 Maas, Der Söldner und seine kriegsvölkerrechtliche Rechtsstellung, S. 115.

988 Für die Voraussetzungen siehe oben: Kap. 3 II 3. c), bb)

989 Niewerth, Private Militärunternehmen, S. 124 ff.

f) Keine Entsendung in amtlichem Auftrag einer Konfliktpartei

Schließlich enthält Art. 47 Abs. 2 lit. f) ZP I eine weitere Negativvoraussetzung für die Qualifikation als Söldner, wonach als Söldner gilt, wer nicht von einem nicht am Konflikt beteiligten Staat im amtlichen Auftrag als Angehöriger seiner Streitkräfte entsandt worden ist.

Mit dieser Vorschrift soll einerseits auf bestehende Bündnis- und ähnliche Verpflichtungen Rücksicht genommen werden und andererseits sollen diejenigen Personen geschützt werden, die von einem nicht am Konflikt beteiligten Staat in einen bewaffneten Konflikt entsandt worden sind[990]. Diese Negativvoraussetzung dürfte von den Angehörigen privater Militärunternehmen kaum erfüllt werden, da sie regelmäßig auf Grund einer vertraglichen Vereinbarung und im Auftrag ihrer „privaten" Arbeitgeber in einem bewaffneten Konflikt eingesetzt werden. Keine Entsendung im amtlichen Auftrag, sondern ausschließlich auf vertraglicher Grundlage soll auch dann vorliegen, wenn ein Drittstaat ein privates Militärunternehmen vertraglich verpflichtet, für eine Konfliktpartei zu kämpfen[991].

Im Ergebnis dürften nach der strengen Definition des Art. 47 Abs. 2 ZP I in der Praxis gegenwärtiger bewaffneter Konflikte dort eingesetzte private Militärunternehmen nur unter großen rechtlichen Schwierigkeiten als Söldner qualifiziert werden können. Den Angehörigen privater Militärunternehmen wird – entsprechend Söldnern gem. ZP I[992] – gleichwohl ein Anspruch auf den Status eines Kombattanten oder eines Kriegsgefangenen nach Art. 47 Abs. 1 ZP I regelmäßig versagt werden müssen.

4. Status der Angehörigen privater Militärunternehmen

Eine neue Kategorie für Söldner bzw. Angehörige von Militärunternehmen im humanitären Völkerrecht wird in der Literatur überwiegend abgelehnt[993]. Dem ist zuzustimmen: Zwar erscheint einerseits eine Einordnung von Angehörigen privater Militärunternehmen als Zivilisten unter tatsächlichen und rechtlichen Gesichtspunkten als widersinnig und deren Qualifikation als Kombattanten von

990 Niewerth, Private Militärunternehmen, S. 125.

991 Bold, Private Military Companies and international humanitarian law, S. 516; Niewerth, Private Militärunternehmen, S. 125.

992 Vgl. zum Status der Söldner oben: Kap 3II. 3. d) aa) (5).

993 Köhler, Private Sicherheits- und Militärunternehmen, S. 105; Dinstein, in: IYHR, Vol. 33 (2003), S. 270; Behnsen, in: GYIL, Vol. 46 (2003), S. 500; Niewerth, Private Militärunternehmen, S. 135; Roberts, in: IYHR, Vol. 32 (2002), S. 193, 228.

Rechts wegen als unstatthaft, andererseits stellt das humanitäre Völkerrecht für ihre Behandlung jedoch keine verbindlichen Maßstäbe zur Verfügung.

Zunächst ist zu konstatieren, dass in der Praxis für das Vorhandensein einer anerkannten „dritten Kategorie" von Personen in bewaffneten Konflikten kein Beleg existiert. Soweit das humanitäre Völkerrecht keine ausdrückliche Lösung für die Behandlung von Angehörigen privater Militärunternehmen zur Verfügung stellt, ist deren Einordnung in die Kategorien Kombattant oder Zivilist jeweils im Einzelfall zu prüfen[994]. Schon aus praktischen Erwägungen ist eine „dritte Kategorie" für Angehörige privater Militärunternehmen ohne konkrete rechtliche Maßstäbe abzulehnen, weil eine rechtssichere Handhabung von keiner Konfliktpartei, möglicherweise in einem konkreten Kampfgeschehen, zu erwarten ist. Zur Beurteilung wären völkerrechtlich nicht abschließend geklärte Maßstäbe einer „dritten Kategorie" von Konfliktteilnehmern anzuwenden, zu dem wären Rechtsfolgen zu beachten, die ebenso wenig verbindlich feststehen. Solange Angehörige privater Militärunternehmen aber nicht nach den zur Verfügung stehenden verbindlichen Maßstäben als Kombattanten zu qualifizieren sind, sind sie mit den sich daraus ergebenden Rechtsfolgen – gegebenenfalls für ihre aktive Beteiligung am Kampfgeschehen – als Zivilisten anzusehen[995].

Die Qualifikation Angehöriger von privaten Militärunternehmen als Kombattanten kommt nur in Frage, wenn diese in die Streitkräfte einer Konfliktpartei aufgenommen oder ihr angegliedert worden sind[996]. Der Angehörige eines privaten Militärunternehmens ist als Kombattant im Sinne des Humanitären Völkerrechts einzuordnen, wenn er in die Streitkräfte einer Konfliktpartei integriert ist und die Angehörigen von privaten Militärunternehmen ihre Aufträge regelmäßig in engem Zusammenwirken mit den übrigen Streitkräften eines Staates bzw. der Konfliktpartei ausführen und in eine militärische Befehlskette eingebunden sind. So war auch im Zweiten Irakkrieg eine äußerst enge Zusammenarbeit von Angehörigen des Unternehmens Blackwater und den US-Streitkräften zu beobachten[997].

Bei einer Einordnung von Angehörigen von privaten Militärunternehmen als Angehörige von Streitkräften einer Konfliktpartei wäre zu berücksichtigen, dass die Zuordnung zu Streitkräften einer Konfliktpartei regelmäßig an das nationale bzw. interne Recht des betreffenden Staates bzw. der Konfliktpartei anknüpft[998]. Insoweit entscheidet jeder Staat bzw. jede Konfliktpartei selbst über die Organi-

994 Niewerth, Private Militärunternehmen, S. 135; Behnsen, in: GYIL, Vol. 46 (2003), S. 506.
995 Niewerth, Private Militärunternehmen, S. 136.
996 Boldt, in: GYIL, Vol. 48 (2005), S. 514 ff.
997 Boldt, in: GYIL, Vol. 48 (2005), S. 514 ff.
998 Boldt, in: GYIL, Vol. 48 (2005), S. 515 ff.

sation ihrer Streitkräfte und die Voraussetzungen für die Zugehörigkeit[999]. Erforderlich ist regelmäßig ein formaler Akt der Anwerbung bzw. Einstellung in den Dienst der Streitkräfte sowie eine daraus folgende rechtliche Gebundenheit an den jeweiligen Staat[1000]. Allerdings erscheint es unwahrscheinlich, dass Staaten, die für die Erfüllung – auch militärischer – Aufgaben auf private Dienstleister zurückgreifen, diese auch in ihre Streitkräfte integrieren wollen. Insbesondere westliche Streitkräfte setzen die Beauftragung privater Militärunternehmen dazu ein, Engpässe zu überbrücken oder besondere neue Technologien anzuwenden. Eine rechtswirksame Eingliederung von Angehörigen privater Militärunternehmen in reguläre Streitkräfte dürfte damit der Ausnahmefall sein[1001]. Gleichwohl wurde die Eingliederung von Angehörigen privater Militärunternehmen in reguläre Streitkräfte bereits beschrieben So wurden Angehörige des Unternehmens Sandline als Teil der Streitkräfte angesehen, als diese 1997 für den Kampf gegen eine lokale Rebellenbewegung in Papua Neu-Guinea engagiert wurden[1002]. Ebenfalls wurde eine Eingliederung von Angehörigen des Unternehmens Executive Outcomes in die Streitkräfte von Sierra Leone beschrieben[1003].

Den Angehörigen privater Militärunternehmen kann auch dann der Kombattantenstatus zugesprochen werden, wenn das Unternehmen, für das sie arbeiten, selbst den Streitkräften eines Staates bzw. einer anerkannten Konfliktpartei zugeordnet werden kann[1004]. Dann müssen die Unternehmen, denen sie angehören, die Voraussetzungen von Art. 4 A Nr. 1 GA III i.V.m. Art. 1 HLKO erfüllen[1005]. Hinzu kommen müssen persönliche Voraussetzungen des einzelnen Angehörigen des privaten Militärunternehmens, nämlich das Tragen eines bleibenden und von weitem erkennbaren Unterscheidungszeichens[1006] sowie das offene Waffentragen[1007].

Das Gleiche gilt, wenn die Angehörigen privater Militärunternehmen die Voraussetzungen gemäß Art. 4 A Abs. 2 lit. a) – d) GA III erfüllen. Diese Bestimmung kann eine über Art. 43 ZP I und über entsprechendes Gewohnheitsrecht hinausgehende Bedeutung haben[1008]. Nach Art. 4 A Nr. 2 GA III sind Kriegsgefangene Mitglieder anderer Milizen und Freiwilligenkorps, einschließlich solcher

---

999 Buß, Der Kombattantenstatus, S. 200 ff.; Boldt, in: GYIL, Vol. 48 (2005), S. 515 ff.
1000 Boldt, in: GYIL, Vol. 48 (2005), S. 515 ff.
1001 Boldt, in: GYIL, Vol. 48 (2005), S. 515 ff.
1002 Singer, in: CJTL, Vol. 42 (2004), S. 522; Boldt, in: GYIL, Vol. 48 (2005), S. 515 ff.
1003 Zarate, in: SJIL, Vol. 34 (1998), S. 145; Boldt, in: GYIL, Vol. 48 (2005), S. 515 ff.
1004 Boldt, in: GYIL, Vol. 48 (2005), S. 515 ff.
1005 Siehe oben: Kap. 3. II. 3. c).
1006 Siehe oben: Kap. 3. II. 3. c) bb) (3) (e).
1007 Boldt, in: GYIL, Vol. 48 (2005), S. 529 ff.
1008 Niewerth, Private Militärunternehmen, S. 111.

von organisierten Widerstandsbewegungen, die zu einer der am Konflikt beteiligten Partei gehören und außerhalb oder innerhalb ihres eigenen Gebietes, auch wenn das selbe besetzt ist, tätig sind, sofern diese Milizen oder Freiwilligenkorps einschließlich der organisierten Widerstandsbewegungen

- einen für ihre Untergebenen verantwortliche Person an ihrer Spitze haben,
- ein bleibendes und von weitem erkennbares Unterscheidungszeichen führen,
- die Waffen offen tragen und
- bei ihren Kampfhandlungen die Gesetze und Gebräuche des Krieges einhalten[1009].

Nach der Feststellung, ob es sich bei dem betreffenden Militärunternehmen um eine bewaffnete Gruppe bzw. Einheit[1010] handelt, ist die Zugehörigkeit zu einer Konfliktpartei Voraussetzung für die Qualifikation der Angehörigen des Militärunternehmens als Kriegsgefangene gemäß Art. 4 A Abs. 2 GA III. Die Maßstäbe für die Zugehörigkeit des einzelnen Angehörigen von Militärunternehmen zu einer Konfliktpartei sind dabei dieselben wie für andere Milizen und Freiwilligenkorps[1011].

Für Militärunternehmen, Milizen und Freiwilligenkorps, die nicht nach dem Recht des betreffenden Staates in dessen Streitkräfte eingegliedert sind, ist für deren Zugehörigkeit zu diesem Staat/Konfliktpartei eine Verbindung im Sinne des Rechts der Staatenverantwortlichkeit zu fordern[1012].

Die auch für die privaten Militärunternehmen gemäß Art. 4 A Abs. 2 a) GA III geforderte verantwortliche Person an der Spitze fordert auch für das Militärunternehmen ein Minimum an Organisationsstruktur und interner Disziplin, wobei unerheblich ist, ob die Führung von Militärpersonal der betreffenden Konfliktpartei oder des privaten Militärunternehmens ausgeübt wird[1013]. Bei der Führung durch Personal des Militärunternehmens ist das Auftragsverhältnis und die Verantwortlichkeit der betreffenden Konfliktpartei durch den zu Grunde liegenden Vertrag bestimmt. Mittels der Vertragsstruktur bzw. des individuellen Kommandeurs übt die betreffende Konfliktpartei dann die Kontrolle über die Auftragserfüllung durch das private Militärunternehmen aus.

1009 Siehe oben: Kap. 3. II. 3. c) cc).

1010 Boldt, in: GYIL, Vol. 48 (2005), S. 516 ff.

1011 Siehe oben: Kap. 3. II. 3. c) cc) (2).

1012 Boldt, in: GYIL, Vol. 48 (2005), S. 524 ff. m.w.N.

1013 Boldt, in: GYIL, Vol. 48 (2005), S. 527 ff.

5. Zwischenergebnis

Nach alledem ist festzuhalten, dass an einem Konflikt beteiligte Angehörige privater Militärunternehmen nicht notwendigerweise als Söldner im Sinne von Art. 47 Abs. 2 ZP I zu qualifizieren sind. Regelmäßig werden für die Angehörigen privater Militärunternehmen die Vorschriften über die Behandlung von Zivilisten in bewaffneten Konflikten einschlägig sein.

Nur ausnahmsweise wird man den Angehörigen von Militärunternehmen den Kombattantenstatus, und damit für den Fall der Gefangennahme, den Kriegsgefangenenstatus zuerkennen können. Das dürfte der Fall sein, wenn diese in die regulären Streitkräfte einer Konfliktpartei eingegliedert worden sind oder das private Militärunternehmen im Sinne von Art. 4 A Abs. 2 GA III einer am Konflikt beteiligten Partei zugehörig ist.

Ergebnisse

Der gegenwärtige Bestand des Kriegsgefangenenrechts beruht auf einer mehr als 3000-jährigen Geschichte. Das Dritte Genfer Abkommen über die Behandlung der Kriegsgefangenen, die „Charta der Kriegsgefangenen", ist dabei die umfassendste Kodifikation über die Rechte und die Behandlung von Kriegsgefangenen. Grundsätzliche Maßstäbe über die Behandlung von Kriegsgefangenen haben sich jedoch seit dem Altertum im Kriegsgefangenenrecht entwickelt. Dazu zählen insbesondere die Behandlung der Gefangenen mit Menschlichkeit sowie die Behandlung nach dem Maßstab der Versorgung der eigenen Streitkräfte. Diese grundlegenden Maßstäbe haben heute gewohnheitsrechtliche Geltung.

Der Bestand des gegenwärtig anwendbaren Rechts für Gefangene in bewaffneten Konflikten wird für den Bereich des internationalen bewaffneten Konflikts durch das dritte Genfer Abkommen von 1949 geprägt, das für die Rechtsstellung als Kriegsgefangener zuvor den Kombattantenstatus der betreffenden Person voraussetzt. Daneben enthalten die Zusatzprotokolle zu den Genfer Konventionen weitere Bestimmungen über die Behandlung von Kriegsgefangenen bzw. Internierten. Soweit die Anwendungsvoraussetzungen des klassischen Kriegsgefangenenrechts nach dem Dritten Genfer Abkommen nicht erfüllt sind, greifen für die Behandlung Gefangener in nicht-internationalen und internationalen bewaffneten Konflikten, je nach ihren Anwendungsvoraussetzungen die vorhandenen Abkommen zum Schutz der Menschenrechte. Dazu zählen etwa der Internationale Pakt über bürgerliche und politische Rechte, die Europäischen Menschenrechtskonventionen, die Amerikanische Menschenrechtskonvention oder die Afrikanische Charta der Menschenrechte und Rechte der Völker. Schließlich gelten grundlegende Bestimmungen zum Schutz von Kriegsgefangenen als Völkergewohnheitsrecht.

Die Anwendung des klassischen Kriegsgefangenenrechts nach dem Dritten Genfer Abkommen setzt zunächst einen internationalen bewaffneten Konflikt oder eine kriegerische Besetzung voraus. Der (Sekundär-)Status des Kriegsgefangenen knüpft an den Primärstatus als Kombattant an, der sich im Wesentlichen nach Art. 1 der Haager Landkriegsordnung (HLKO) sowie Art. 4 A des Dritten Genfer Abkommens richtet. Das klassische Kriegsgefangenenrecht gilt dann von der Gefangennahme eines Kombattanten bis zu seiner Freilassung, wobei eine Pflicht der Gewahrsamsmacht zur Rückführung des Kriegsgefangenen zu beachten ist.

Guerilleros oder Partisanen sind im internationalen bewaffneten Konflikt bei ihrer Gefangennahme grundsätzlich nach dem Dritten Genfer Abkommen zu behandeln, soweit sie einer am Konflikt beteiligten Partei angehören und die übrigen Voraussetzungen nach Art. 4 A GA III erfüllen.

Terroristen sind im Falle ihrer Gefangennahme grundsätzlich nicht nach den Regeln des Kriegsgefangenenrechts zu behandeln. Denn bereits ihre „Kampfführung“ verstößt gegen die Gesetze und Gebräuche des Krieges, was eine Anerkennung des (Primär-)Status als Kombattant ausschließt. Gefangene Terroristen sind deshalb aber nicht rechtlos gestellt. Sie sind nach Maßgabe des gemeinsamen Art. 3 der Genfer Konventionen von 1949 zu behandeln, der völkergewohnheitsrechtliche Geltung beansprucht. Das Gleiche gilt für Art. 75 des Ersten Zusatzprotokolls zu den Genfer Konventionen. Im Übrigen sind auch für gefangengenommene Terroristen die einschlägigen Menschenrechtskonventionen, je nach ihren Anwendungsvoraussetzungen, zu beachten.

Angehörige privater Militärunternehmen sind nur dann im Falle ihrer Gefangennahme in einem internationalen bewaffneten Konflikt nach dem Kriegsgefangenenrecht des Dritten Genfer Abkommens zu behandeln, wenn sie die Voraussetzungen gemäß Art. 4 A GA III erfüllen. Die Anwendungsvoraussetzungen werden jedoch üblicherweise auf Grund der Art und Weise der Verpflichtung von privaten Militärunternehmen nicht erfüllt sein, so dass sie als Zivilisten zu behandeln sind. Regelmäßig sind Angehörige privater Militärunternehmen nicht als Söldner im Sinne des I. Zusatzprotokolls zu den Genfer Konventionen zu behandeln, da sie die Voraussetzungen dafür nicht erfüllen.

Anhang

Instructions for the Government of Armies of the United States in the field[1014]
"Lieber-Code" (auszugsweise)

Section III.

Deserters – prisoners of War – Hostages – Booty on the battle-field

49.

A prisoner of war is a public enemy armed or attached to the hostile army for active aid, who has fallen into the hands of the captor, either fighting or wounded, on the field or in the hospital, by individual surrender or by capitulation.

All soldiers, of whatever species of arms; all men who belong to the rising en masse of the hostile country; all those who are attached to the army for its efficiency and promote directly the object of the war, except such as are hereinafter provided for; all disabled men or officers on the field or elsewhere, if captured; all enemies who have thrown away their arms and ask for quarter, are prisoners of war, and as such exposed to the inconveniences as well as entitled to the privileges of a prisoner of war.

50.

Moreover, citizens who accompany an army for whatever purpose, such as sutlers, editors, or reporters of journals, or contractors, if captured, may be made prisoners of war, and be detained as such.

The monarch and members of the hostile reigning family, male or female, the chief, and chief officers of the hostile government, its diplomatic agents, and all persons who are of particular and singular use and benefit to the hostile army or its government, are, if captured on belligerent ground, and if unprovided with a safeconduct granted by the captor´s government, prisoners of war.

1014 Abgedruckt bei: Bluntschli, Das moderne Völkerrecht der civilisirten Staaten, S. 483 ff.

51.

If the people of that portion of an invaded country which is not yet occupied by the enemy, or of the whole country, at the approach of a hostile army, rise, under a duly authorized levy, en masse to resist the invader, they are now treated as public enemies, and if captured, are prisoners of war.

52.

No belligerent has the right to declare that he will treat every captured man in arms of a levy en masse as a brigand or bandit.

If, however, the people of a country, or any portion of the same, already occupied by an army, rise against it, they are violaters of the laws of war, and are not entitled to their protection.

53.

The enemy's chaplains, officers of the medical staff, apothecaries, hospital nurses and servants, if they fall into the hands of the American army, are not prisoners of war, unless the commander has reasons to retain them. In this latter case, or if, at their own desire, they are allowed to remain with their captured companions, they are treated as prisoners of war, and may be exchanged if the commander sees fit.

54.

A hostage is a person accepted as a pledge for the fulfilment of an agreement concluded between belligerents during the war, or in consequence of a war. Hostages are rare in the present age.

55.

If a hostage is accepted, he is treated like a prisoner of war, according to rank and condition, as circumstances may admit.

56.

A prisoner of war is subject to no punishment for being a public enemy, nor is any revenge wreaked upon him by the intentional infliction of any suffering, or disgrace, by cruel imprisonment, want of food, by mutilation death, or any other barbarity.

57.

So soon as a man is armed by a sovereign government, and takes the soldiers oath of fidelity, he is a belligerent; his killing, wounding, or other warlike acts, are no individual crimes or offences. No belligerent has a right to declare that enemies of a certain class, color, or condition, when properly organized as soldiers, will not be treated by him as public enemies

58.

The law of nations knows of no distinction of color, and if an enemy of the United States should enslave and sell any captured persons of their army, it would be a case for the severest retaliation, if not redressed upon complaint.

The United States cannot retaliate by enslavement; therefore death must be the retaliation for this crime against the law of nations.

59.

A prisoner of war remains answerable for his crimes committed against the captor´s army or people, committed before he was captured, and for which he has not been punished by his own authorities.

All prisoners of war are liable to the infliction of retaliatory measures.

(...)

72.

Money and other valuables on the person of a prisoner, such as watches or jewelry, as well as extra clothing, are regarded by the American army as the private property of the prisoner, and the appropriation of such valuables or money is considered dishonourable, and is prohibited.

Nevertheless, if large sums are found upon the persons of prisoners, or in their possession, they shall be taken from them, and the surplus, after providing for their own support, appropriated for the use of the army, under the direction of the commander, unless otherwise ordered by the government. Nor can prisoners claim, as private property, large sums found and captured in their train, although they had been placed in the private luggage of the prisoners.

73.

All officers, when captured, must surrender their side-arms to the captor. They may be restored to the prisoner in marked cases, by the commander, to signalize admiration of his distinguished bravery, or approbations of his humane treatment of prisoners before his capture. The captured officer to whom they may be restored cannot wear them during captivity.

74.

A prisoner of war, being a public enemy, is the prisoner of the government, and not of the captor. No ransom can be paid by a prisoner of war to his individual captor, or to any officer in command. The government alone releases captives, according to rules prescribed by itself.

75.

Prisoners of war are subject to confinement or imprisonment such as may be deemed necessary on account of safety, but they are to be subjected to no other intentional suffering or indignity. The confinement and mode of treating a prisoner may be varied during his captivity according to the demands of safety.

76.

Prisoners of war shall be fed upon plain and wholesome food, whenever practicable, and treated with humanity.

They may be required to work for the benefit of the captor´s government, according to their rank and condition.

77.

A prisoner of war who escapes may be shot, or otherwise killed in his flight; but neither death nor any other punishment shall be inflicted upon him simply for his attempt to escape, which the law of war does not consider a crime. Stricter means of security shall be used after an unsuccessful attempt at escape.

If, however, a conspiracy is discovered, the purpose of which is a united or general escape, the conspirators may be rigorously punished, even with death; and capital punishment may also be inflicted upon prisoners of war discovered to have plotted rebellion against the authorities of the captors, whether in union with fellow-prisoners or other persons.

78.

If prisoners of war, having given no pledge nor made any promise on their honor, forcibly or otherwise escape, and are captured again in battle, after having rejoined their own army, they shall not be punished for their escape, but shall be treated as simple prisoners of war, although they will be subjected to stricter confinement.

79.

Every captured wounded enemy shall be medically treated, according to the ability of the medical staff.

80.

Honorable men, when captured, will abstain from giving to the enemy information concerning their own army, and the modern law of war permits no longer the use of any violence against prisoners, in order to extort the desired information, or to punish them for having given false information.

* * *

Schriften zum internationalen und zum öffentlichen Recht

Herausgegeben von Gilbert Gornig

Band 1 Michael Waldstein: Das Asylgrundrecht im europäischen Kontext. Wege einer europäischen Harmonisierung des Asyl- und Flüchtlingsrechts. 1993.

Band 2 Axel Linneweber: Einführung in das US-amerikanische Verwaltungsrecht. Kompetenzen, Funktionen und Strukturen der „Agencies" im US-amerikanischen Verwaltungsrecht. 1994.

Band 3 Tai-Nam Chi: Das Herrschaftssystem Nordkoreas unter besonderer Berücksichtigung der Wiedervereinigungsproblematik. 1994.

Band 4 Jörg Rösing: Beamtenstatut und Europäische Gemeinschaften. Eine Untersuchung zu den gemeinschaftsrechtlichen Anforderungen an die Freizügigkeit der Arbeitnehmer im Bereich des öffentlichen Dienstes. 1994.

Band 5 Wolfgang Wegel: Presse und Rundfunk im Datenschutzrecht. Zur Regelung des journalistischen Umgangs mit personenbezogenen Daten. 1994.

Band 6 Sven Brandt: Eigentumsschutz in europäischen Völkerrechtsvereinbarungen. EMRK, Europäisches Gemeinschaftsrecht, KSZE – unter Berücksichtigung der historischen Entwicklung. 1995.

Band 7 Alejandro Alvarez: Die verfassunggebende Gewalt des Volkes unter besonderer Berücksichtigung des deutschen und chilenischen Grundgesetzes. 1995.

Band 8 Martin Thies: Zur Situation der gemeindlichen Selbstverwaltung im europäischen Einigungsprozeß. Unter besonderer Berücksichtigung der Vorschriften des EG-Vertrages über staatliche Beihilfen und der EG-Umweltpolitik. 1995.

Band 9 Rolf-Oliver Schwemer: Die Bindung des Gemeinschaftsgesetzgebers an die Grundfreiheiten. 1995.

Band 10 Holger Kremser: „Soft Law" der UNESCO und Grundgesetz. Dargestellt am Beispiel der Mediendeklaration. 1996.

Band 11 Michael Silagi: Staatsuntergang und Staatennachfolge: mit besonderer Berücksichtigung des Endes der DDR. 1996.

Band 12 Reinhard Franke: Der gerichtliche Vergleich im Verwaltungsprozeß. Auch ein Beitrag zum verwaltungsrechtlichen Vertrag. 1996.

Band 13 Christoph Eichhorn: Altlasten im Konkurs. 1996.

Band 14 Dietrich Ostertun: Gewohnheitsrecht in der Europäischen Union. Eine Untersuchung der normativen Geltung und der Funktion von Gewohnheitsrecht im Recht der Europäischen Union. 1996.

Band 15 Ulrike Pieper: Neutralität von Staaten. 1997.

Band 16 Harald Endemann: Kollektive Zwangsmaßnahmen zur Durchsetzung humanitärer Normen. Ein Beitrag zum Recht der humanitären Intervention. 1997.

Band 17 Jochen Anweiler: Die Auslegungsmethoden des Gerichtshofs der Europäischen Gemeinschaften. 1997.

Band 18 Henrik Ahlers: Grenzbereich zwischen Gefahrenabwehr und Strafverfolgung. 1998.

Band 19 Heinrich Hahn: Der italienische Verwaltungsakt im Lichte des Verwaltungsverfahrensgesetzes vom 7. August 1990 (Nr. 241/90). Eine rechtsvergleichende Darstellung. 1998.

Band 20 Christoph Deutsch: Elektromagnetische Strahlung und Öffentliches Recht. 1998.

Band 21 Cordula Fitzpatrick: Künstliche Inseln und Anlagen auf See. Der völkerrechtliche Rahmen für die Errichtung und den Betrieb künstlicher Inseln und Anlagen. 1998.

Band 22 Hans-Tjabert Conring: Korporative Religionsfreiheit in Europa. Eine rechtsvergleichende Betrachtung. Zugleich ein Beitrag zu Art. 9 EMRK. 1998.

Band 23 Jörg Karenfort: Die Hilfsorganisation im bewaffneten Konflikt. Rolle und Status unparteiischer humanitärer Organisationen im humanitären Völkerrecht. 1999.

Band 24 Matthias Schote: Die Rundfunkkompetenz des Bundes als Beispiel bundesstaatlicher Kulturkompetenz in der Bundesrepublik Deutschland. Eine Untersuchung unter besonderer Berücksichtigung natürlicher Kompetenzen und der neueren Entwicklung im Recht der Europäischen Union. 1999.

Band 25 Hermann Rothfuchs: Die traditionellen Personenverkehrsfreiheiten des EG-Vertrages und das Aufenthaltsrecht der Unionsbürger. Eine Gegenüberstellung der vertraglichen Gewährleistungen. 1999.

Band 26 Frank Alpert: Zur Beteiligung am Verwaltungsverfahren nach dem Verwaltungsverfahrensgesetz des Bundes. Die Beteiligtenstellung des § 13 Abs. 1 VwVfG. 1999.

Band 27 Matthias Reichart: Umweltschutz durch völkerrechtliches Strafrecht. 1999.

Band 28 Nikolas von Wrangell: Globalisierungstendenzen im internationalen Luftverkehr. Entwicklung der Regulierung und Liberalisierung unter Berücksichtigung strategischer Allianzen und des Code-Sharing. 1999.

Band 29 Marietta Hovehne: Ein demokratisches Verfahren für die Wahlen zum Europäischen Parlament. Legitimation gemeinschaftlicher Entscheidungsstrukturen im europäischen Integrationsprozeß. 1999.

Band 30 Nina Kaden: Der amerikanische Clean Air Act und das deutsche Luftreinhalterecht. Eine rechtsvergleichende Untersuchung. 1999.

Band 31 Brigitte Daum: Grenzverletzungen und Völkerrecht. Eine Untersuchung der Rechtsfolgen von Grenzverletzungen in der Staatenpraxis und Folgerungen für das Projekt der International Law Commission zur Kodifizierung des Rechts der Staatenverantwortlichkeit. 1999.

Band 32 Andreas Fürst: Die bildungspolitischen Kompetenzen der Europäischen Gemeinschaft. Umfang und Entwicklungsmöglichkeiten. 1999.

Band 33 Gilles Despeux: Die Anwendung des völkerrechtlichen Minderheitenrechts in Frankreich. 1999.

Band 34 Michael Reckhard: Die rechtlichen Rahmenbedingungen der Sanktionierung von Beitragsverweigerung im System der Vereinten Nationen. 1999.

Band 35 Carsten Pagels: Schutz- und förderpflichtrechtliche Aspekte der Religionsfreiheit. Zugleich ein Beitrag zur Auslegung eines speziellen Freiheitsrechts. 1999.

Band 36 Bernhard Mehner: Die grenzüberschreitende Wirkung direktempfangbaren Satellitenfernsehens aus völkerrechtlicher Sicht. 2000.

Band 37 Karl-Josef Ulmen: Pharmakologische Manipulationen (Doping) im Leistungssport der DDR. Eine juristische Untersuchung. 2000.

Band 38 Jochen Starke: Die verfassungsgerichtliche Normenkontrolle durch den Conseil constitutionnel. Zum Kompetenztitel des Art. 61 der französischen Verfassung. 2000.

Band 39 Marco Herzog: Rechtliche Probleme einer Inhaltsbeschränkung im Internet. 2000.

Band 40 Gilles Despeux: Droit de la délimitation maritime. Commentaire de quelques décisions plutoniennes. 2000.

Band 41 Christina Hackel: Der Untergang des Landes Braunschweig und der Anspruch auf Restitution nach der Wiedervereinigung Deutschlands. 2000.

Band 42 Peter Aertker: Europäisches Zulassungsrecht für Industrieanlagen. Die Richtlinie über die integrierte Vermeidung und Verminderung der Umweltverschmutzung und ihre Auswirkungen auf das Anlagenzulassungsrecht der Bundesrepublik Deutschland. 2000.

Band 43 Karsten Bertram: Die Gesetzgebung zur Neuregelung des Grundeigentums in der ersten Phase der Französischen Revolution (bis 1793) und deren Bedeutung für die deutsche Eigentumsdogmatik der Gegenwart. 2000.

Band 44 Ulrike Hartmann: Die Entwicklung im internationalen Umwelthaftungsrecht unter besonderer Berücksichtigung von *erga omnes*-Normen. 2000.

Band 45 Thomas Jesch: Die Wirtschaftsverfassung der Sonderverwaltungsregion Hongkong. Eine Darstellung vor dem Hintergrund der Wiedereingliederung in die Souveränität der Volksrepublik China. 2001.

Band 46 Sven Gottschalkson: Der Ausschluß des Zivilrechtsweges bei Eigentumsverlusten an Immobilien in der ehemaligen DDR. 2002.

Band 47 Gilbert Hanno Gornig / Gilles Despeux: Seeabgrenzungsrecht in der Ostsee. Eine Darstellung des völkerrechtlichen Seeabgrenzungsrechts unter besonderer Berücksichtigung der Praxis der Ostseestaaten. 2002.

Band 48 Andreas Zühlsdorff: Rechtsverordnungsersetzende Verträge unter besonderer Berücksichtigung des Umweltrechts. 2003.

Band 49 Katja Schmitz: Durchgriffswirkung von Maßnahmen der UN und ihrer Sonderorganisationen unter besonderer Berücksichtigung von Resolutionen des UN-Sicherheitsrates – Die Entwicklung supranationaler Strukturen. 2003.

Band 50 Stefanie Rothenberger: Die angemessene Nutzung gemeinschaftlicher Ressourcen am Beispiel von Flüssen und speziellen Ökosystemen. Eine vergleichende Betrachtung zum modernen Verständnis eines klassischen völkerrechtlichen Nutzungsprinzips. 2003.

Band 51 Christoph von Burgsdorff: Die Umsetzung der EG-Datenschutzrichtlinie im nicht-öffentlichen Bereich. Möglichkeit einer zukunftsorientierten Konzeption des Datenschutzes in der Privatwirtschaft unter besonderer Berücksichtigung des BDSG. 2003.

Band 52 Frank Reinhardt: Powerline. Verfassungs-, verwaltungs- und telekommunikationsrechtliche Probleme. 2003.

Band 53 Chie Sato: Immunität Internationaler Organisationen. 2004.

Band 54 Johannes Thoma: EU-Recht und Schranken hoheitlicher Staatstätigkeit. 2004.

Band 55 Wolf Peterhoff: Rechtsansprüche enteigneter Volksgruppen und ihre Durchsetzbarkeit. 2004.

Band 56 Do-Hyub Kim: Das deutsche parlamentarische Regierungssystem als mögliches Modell für Korea. 2004.

Band 57 Alexander Koberg: Die Exilregierung im Völkerrecht. Eine Untersuchung ihrer rechtlichen Klassifikation. 2005.

Band 58 Nils Christian Carstensen: Das Verhältnis des Seerechtsübereinkommens der Vereinten Nationen von 1982 zu fischereirechtlichen Übereinkommen und deren Streitbeilegungsvorschriften. 2005.

Band 59 Oliver Franz: Osttimor und das Recht auf Selbstbestimmung. Eine Untersuchung zur Anwendung des Selbstbestimmungsrechts der Völker am Beispiel Osttimors. 2005.

Band 60 Michael Kadgien: Das Habsburgergesetz. 2005.

Band 61 Felix Wolf: Terrorversicherungen und europäisches Wettbewerbsrecht. Verschiedene Modelle staatlicher Beteiligung an einer Terrorversicherung für Wirtschaftsbetriebe und ihre Vereinbarkeit mit dem europäischen Wettbewerbsrecht. 2005.

Band 62 Heiko Bertelmann: Die Europäisierung des Staatshaftungsrechts. Eine Untersuchung zum Einfluss des Europäischen Gemeinschaftsrechts auf das deutsche Staatshaftungsrecht unter besonderer Berücksichtigung der Haftung für judikatives Unrecht. 2005.

Band 63 Cedric Christian Meyer: Konkretisierung unbestimmter Rechtsbegriffe im deutschen und französischen Anlagenzulassungsrecht. 2005.

Band 64 Philippe Gréciano: Die Gerichtsbarkeit der Europäischen Gemeinschaften. Rechtsprechung und Rechtssprache Europas aus französischer Perspektive. Mit einem Vorwort von Theodor Öhlinger. 2007.

Band 65 Anne-Louise Schümer: Die Stellung des Ministerpräsidenten in den Bundesländern im Vergleich. 2006.

Band 66 Helen Ghebrewebet: Identifying Units of Statehood and Determining International Boundaries. A Revised Look at the Doctrine of *Uti Possidetis* and the Principle of Self-Determination. 2006.

Band 67 Arne Hertel: Beihilfen an kleine und mittlere Unternehmen. 2006.

Band 68 Markus Günther: Europol. Rechtsschutzmöglichkeiten und deren Vereinbarkeit mit nationalen und internationalen Anforderungen. 2006.

Band 69 Christian Wicker: The Concepts of Proportionality and State Crimes in International Law. An Analysis of the Scope of Proportionality in the Right of Self-Defence and in the Regime of International Countermeasures and an Evaluation of the Concept of State Crimes. 2006.

Band 70 Hauke Stöwsand: Zyperns Beitritt zur Europäischen Union. Vom Antrag auf Mitgliedschaft bis zum Protokoll der Beitrittsakte. 2007.

Band 71 Natalie Rowohl: Weltbank und Internationaler Währungsfonds: Ihre Mandate und deren Abgrenzung. Stand und Reformvorschläge. 2007.

Band 72 Ru-Huei Liu: Europäisierung des deutschen Umweltrechts. 2008.

Band 73 Katja Lange: Der Status der Aufständischen im modernen humanitären Völkerrecht. 2007.

Band 74 Tarik El-Shabassy: Die Durchsetzung finanzieller Sanktionen der Europäischen Gemeinschaften gegen ihre Mitgliedstaaten. 2008.

Band 75 Karsten Seifert: Das interamerikanische System zum Schutz der Menschenrechte und seine Reformierung. 2008.

Band 76 Nora Graaff: Staatenverantwortlichkeit. Vom „völkerrechtlichen Verbrechen" zur „schwerwiegenden Verletzung einer zwingenden Völkerrechtsnorm" anhand der ILC-Kodifikationsarbeit. 2008.

Band 77 Aldona Szczeponek: Die Umsetzung des Völkerrechts und des europäischen Gemeinschaftsrechts in Polen. Unter Berücksichtigung verfassungsrechtlicher Lösungen anderer europäischer Staaten. 2008.

Band 78 Christian Friedrich Fonk: Europäische Luftqualitätsziele und nationale Erfüllungsverantwortung. 2009.

Band 79 Christina Prinzhorn: Der Grundsatz des öffentlichen Zugangs zu amtlichen Dokumenten aus der Perspektive des internationalen Rechts. Materiell-rechtliche Vorgaben durch das internationale Recht für Informationszugangsrechte in den nationalen Rechtsordnungen Europas. 2009.

Band 80 Steffen Eicker: Der Deutsch-Herero-Krieg und das Völkerrecht. Die völkerrechtliche Haftung der Bundesrepublik Deutschland für das Vorgehen des Deutschen Reiches gegen die Herero in Deutsch-Südwestafrika im Jahre 1904 und ihre Durchsetzung vor einem nationalen Gericht. 2009.

Band 81 Niels Beisinghoff: Corporations and Human Rights. An Analysis of ATCA Litigation against Corporations. 2009.

Band 82 Gesine Wolf-Zimper: Zielgerichtete Sanktionen des Sicherheitsrates der Vereinten Nationen und effektiver Rechtsschutz. 2009.

Band 83 David Bergius: Die offene Frage des Privateigentums der Vertriebenen im deutsch-polnischen Verhältnis. 2009.

Band 84 Axel Rolf Schneider: Petitionen zum Europäischen Parlament mit Berücksichtigung des Bürgerbeauftragten. 2009.

Band 85 Tobias Nord: Rechtsnachfolge bei zwischenstaatlichen Organisationen. 2010.

Band 86 Marcel Bongard: Emissionshandel und effektiver Rechtsschutz: Ein unvereinbarer Gegensatz? Eine Untersuchung zu den Auswirkungen marktwirtschaftlicher Umweltschutzinstrumente auf den Individualrechtsschutz am Beispiel des Emissionshandelssystems. 2010.

Band 87 Armin Huhn: Amtshaftung im bewaffneten Auslandseinsatz. Anwendbarkeit und Leistungsfähigkeit des Amtshaftungsrechts bei Verletzung des *ius in bello*. 2010.

Band 88 Johannes Mosters: Ethische Beschaffung. Sekundärzwecke im Zeitalter der Globalisierung. 2010.

Band 89 Thomas Herntrich: Thüringen. Von den thüringischen Kleinstaaten nach Zerfall des Alten Reiches bis zum Freistaat Thüringen. Eine völkerrechtliche und verfassungsrechtliche Betrachtung. 2010.

Band 90 Marcelo Antonio Villagrán Abarzúa: Verfassungsrechtliche Grundlagen der Gemeindeverwaltung in Chile. Auch ein Beitrag zur Dezentralisierung und Dekonzentration. 2010.

Band 91 Manfred Hechtl: Die offensive Defensive: Das Recht der präventiven Selbstverteidigung? Lösungsansätze für (scheinbare) Bedrohungen durch einzelne Staaten und internationale Terrornetzwerke. 2011.

Band 92 Christian Grüner: Quantität und Qualität der europäischen Rechtsetzung. 2011.

Band 93 Anna Keller: Der neue Rechtsrahmen für den öffentlichen Rundfunk in Frankreich. 2011.

Band 94 Jörn Eschment: Musterprozesse vor dem Europäischen Gerichtshof für Menschenrechte. Probleme und Perspektiven des Piloturteilsverfahrens. 2011.

Band 95 Marija Dietrich: Staatliches Souveränitätsverständnis im Wandel der gesellschaftspolitischen Strukturen. Eine Perspektive der Europäischen Union nach Inkrafttreten des Vertrags von Lissabon. 2011.

Band 96 Philipp Austermann: Die Anrechnungsbestimmungen im Abgeordnetenrecht des Bundes und der Länder. Eine verfassungsrechtliche und verfassungspolitische Untersuchung unter besonderer Berücksichtigung des Abgeordnetenstatus. 2011.

Band 97 Gilbert Gornig (Hrsg.): Krisengebiete der Welt. Völkerrechtliche und politische Aspekte. 2011.

Band 98 Jörg Brackmann: Genehmigung, Anmeldung und Anzeige gentechnischer Arbeiten und Anlagen. Nach den Änderungen des Gentechnikrechts 2002, 2005 und 2008. 2011.

Band 99 Giuseppe de Vergottini / Valeria Piergigli (eds.): Topographical Names and Protection of Linguistic Minorities. 2011.

Band 100 Nevzat Kirkagac: Verdachtsausweisungen im deutschen Rechtsstaat. 2011.

Band 101 Karlheinz Rode: Verfassungsidentität und Ewigkeitsgarantie. Anmerkungen zu einem Mythos der Deutschen Staatsrechtslehre. 2012.

Band 102 Markus Kühnl: Enteignung und Mediation. Ansätze mediativer Konfliktlösung hinsichtlich einer Enteignung zur Realisierung planfeststellungsbedürftiger Großvorhaben. 2012.

Band 103 Max Fischer: Das System konsistenter Entgeltregulierung im deutschen Telekommunikationsrecht. 2012.

Band 104 Jennifer Satish: Nationale Handlungsspielräume beim Anbau von gentechnisch veränderten Organismen (GVO). Europa- und welthandelsrechtliche Implikationen. 2012.

Band 105 Eva Marie Lischka: Völkerrechtliches und nationales Schifffahrtsrecht. 2013.

Band 106 Friederike Maria Posor: Der Darfur-Konflikt und seine Auswirkungen auf die internationale Staatengemeinschaft. Vor dem Hintergrund neuer völkerrechtlicher Rechtsfortbildung. Möglichkeiten und Grenzen der internationalen Friedenskonsolidierung. 2013.

Band 107 Kai Georg Krenz: Rechtliche Probleme des internationalen Kulturgüterschutzes. Durchsetzung, Harmonisierungsbestrebungen und Restitutionen von Kulturgütern. 2013.

Band 108 Jörg Sommer: Das Recht der Kriegsgefangenen in modernen bewaffneten Konflikten. 2013.